U0937760

# 企业吸收能力与技术创新关系实证研究

Empirical Research on the Relationship between Organizational Absorptive Capacity and Technological Innovation

孙 婧 著

经济管理出版社
ECONOMY & MANAGEMENT PUBLISHING HOUSE

**图书在版编目（CIP）数据**

企业吸收能力与技术创新关系实证研究/孙婧著．—北京：经济管理出版社，2014.11
ISBN 978 - 7 - 5096 - 3348 - 9

Ⅰ.①企…　Ⅱ.①孙…　Ⅲ.①企业管理—技术革新—研究　Ⅳ.①F273.1

中国版本图书馆 CIP 数据核字(2014)第 206832 号

组稿编辑：宋　娜
责任编辑：宋　娜
责任印制：司东翔
责任校对：陈　颖

出版发行：经济管理出版社
（北京市海淀区北蜂窝 8 号中雅大厦 A 座 11 层　100038）
网　　址：www. E - mp. com. cn
电　　话：（010）51915602
印　　刷：北京晨旭印刷厂
经　　销：新华书店
开　　本：720mm × 1000mm/16
印　　张：14
字　　数：230 千字
版　　次：2014 年 11 月第 1 版　2014 年 11 月第 1 次印刷
书　　号：ISBN 978 - 7 - 5096 - 3348 - 9
定　　价：75.00 元

# 编委会及编辑部成员名单

# 序　一

博士后制度是19世纪下半叶首先在若干发达国家逐渐形成的一种培养高级优秀专业人才的制度，至今已有一百多年历史。

20世纪80年代初，由著名物理学家李政道先生积极倡导，在邓小平同志大力支持下，中国开始酝酿实施博士后制度。1985年，首批博士后研究人员进站。

中国的博士后制度最初仅覆盖了自然科学诸领域。经过若干年实践，为了适应国家加快改革开放和建设社会主义市场经济制度的需要，全国博士后管理委员会决定，将设站领域拓展至社会科学。1992年，首批社会科学博士后人员进站，至今已整整20年。

20世纪90年代初期，正是中国经济社会发展和改革开放突飞猛进之时。理论突破和实践跨越的双重需求，使中国的社会科学工作者们获得了前所未有的发展空间。毋庸讳言，与发达国家相比，中国的社会科学在理论体系、研究方法乃至研究手段上均存在较大的差距。正是这种差距，激励中国的社会科学界正视国外，大量引进，兼收并蓄，同时，不忘植根本土，深究国情，开拓创新，从而开创了中国社会科学发展历史上最为繁荣的时期。在短短20余年内，随着学术交流渠道的拓宽、交流方式的创新和交流频率的提高，中国的社会科学不仅基本完成了理论上从传统体制向社会主义市场经济体制的转换，而且在中国丰富实践的基础上展开了自己的伟大创造。中国的社会科学和社会科学工作者们在改革开放和现代化建设事业中发挥了不可替代的重要作用。在这个波澜壮阔的历史进程中，中国社会科学博士后制度功不可没。

值此中国实施社会科学博士后制度20周年之际，为了充分展示中国社会科学博士后的研究成果，推动中国社会科学博士后制度进一步发展，全国博士后管理委员会和中国社会科学院经反复磋商，并征求了多家设站单位的意见，决定推出《中国社会科学博士后文库》（以下简称《文库》）。作为一个集中、系统、全面展示社会科学领域博士后优秀成果的学术平台，《文库》将成为展示中国社会科学博士后学术风采、扩大博士后群体的学术影响力和社会影响力的园地，成为调动广大博士后科研人员的积极性和创造力的加速器，成为培养中国社会科学领域各学科领军人才的孵化器。

创新、影响和规范，是《文库》的基本追求。

我们提倡创新，首先就是要求，入选的著作应能提供经过严密论证的新结论，或者提供有助于对所述论题进一步深入研究的新材料、新方法和新思路。与当前社会上一些机构对学术成果的要求不同，我们不提倡在一部著作中提出多少观点，一般地，我们甚至也不追求观点之“新”。我们需要的是有翔实的资料支撑，经过科学论证，而且能够被证实或证伪的论点。对于那些缺少严格的前提设定，没有充分的资料支撑，缺乏合乎逻辑的推理过程，仅仅凭借少数来路模糊的资料和数据，便一下子导出几个很“强”的结论的论著，我们概不收录。因为，在我们看来，提出一种观点和论证一种观点相比较，后者可能更为重要：观点未经论证，至多只是天才的猜测；经过论证的观点，才能成为科学。

我们提倡创新，还表现在研究方法之新上。这里所说的方法，显然不是指那种在时下的课题论证书中常见的老调重弹，诸如“历史与逻辑并重”、“演绎与归纳统一”之类；也不是我们在很多论文中见到的那种敷衍塞责的表述，诸如“理论研究与实证分析的统一”等等。我们所说的方法，就理论研究而论，指的是在某一研究领域中确定或建立基本事实以及这些事实之间关系的假设、模型、推论及其检验；就应用研究而言，则指的是根据某一理论假设，为了完成一个既定目标，所使用的具体模型、技术、工具或程序。众所周知，在方法上求新如同在理论上创新一样，殊非易事。因此，我们亦不强求提出全新的理论方法，我们的最低要求，是要按照现代社会科学的研究规范来展开研究并构造论著。

我们支持那些有影响力的著述入选。这里说的影响力，既包括学术影响力，也包括社会影响力和国际影响力。就学术影响力而言，入选的成果应达到公认的学科高水平，要在本学科领域得到学术界的普遍认可，还要经得起历史和时间的检验，若干年后仍然能够为学者引用或参考。就社会影响力而言，入选的成果应能向正在进行着的社会经济进程转化。哲学社会科学与自然科学一样，也有一个转化问题。其研究成果要向现实生产力转化，要向现实政策转化，要向和谐社会建设转化，要向文化产业转化，要向人才培养转化。就国际影响力而言，中国哲学社会科学要想发挥巨大影响，就要瞄准国际一流水平，站在学术高峰，为世界文明的发展作出贡献。

我们尊奉严谨治学、实事求是的学风。我们强调恪守学术规范，尊重知识产权，坚决抵制各种学术不端之风，自觉维护哲学社会科学工作者的良好形象。当此学术界世风日下之时，我们希望本《文库》能通过自己良好的学术形象，为整肃不良学风贡献力量。

中国社会科学院副院长

中国社会科学院博士后管理委员会主任

2012 年 9 月

# 序　二

在21世纪的全球化时代，人才已成为国家的核心竞争力之一。从人才培养和学科发展的历史来看，哲学社会科学的发展水平体现着一个国家或民族的思维能力、精神状况和文明素质。

培养优秀的哲学社会科学人才，是我国可持续发展战略的重要内容之一。哲学社会科学的人才队伍、科研能力和研究成果作为国家的“软实力”，在综合国力体系中占据越来越重要的地位。在全面建设小康社会、加快推进社会主义现代化、实现中华民族伟大复兴的历史进程中，哲学社会科学具有不可替代的重大作用。胡锦涛同志强调，一定要从党和国家事业发展全局的战略高度，把繁荣发展哲学社会科学作为一项重大而紧迫的战略任务切实抓紧抓好，推动我国哲学社会科学新的更大的发展，为中国特色社会主义事业提供强有力的思想保证、精神动力和智力支持。因此，国家与社会要实现可持续健康发展，必须切实重视哲学社会科学，“努力建设具有中国特色、中国风格、中国气派的哲学社会科学”，充分展示当代中国哲学社会科学的本土情怀与世界眼光，力争在当代世界思想与学术的舞台上赢得应有的尊严与地位。

在培养和造就哲学社会科学人才的战略与实践上，博士后制度发挥了重要作用。我国的博士后制度是在世界著名物理学家、诺贝尔奖获得者李政道先生的建议下，由邓小平同志亲自决策，经国务院批准于1985年开始实施的。这也是我国有计划、有目的地培养高层次青年人才的一项重要制度。二十多年来，在党中央、国务院的领导下，经过各方共同努力，我国已建立了科学、完备的博士后制度体系，同时，形成了培养和使用相结合，产学研相结合，政府调控和社会参与相结合，服务物质文明与精神文明建设的鲜明特色。通过实施博士后制度，我国培养了一支优秀的高素质哲学社会科学人才队伍。他们在科研机构或高等院校依托自身优势和兴趣，自主从事开拓性、创新性研究工作，从而具有宽广的学术视野、突出的研究能力和强烈的探索精神。其中，一些出站博士后已成为哲学社会科学领域的科研骨干和学术带头人，在“长江学者”、“新世纪百千万人才工程”等国家重大科研人才梯队中占据越来越大的比重。可以说，博士后制度已成为国家培养哲学社会科学拔尖人才的重要途径，而且为哲学社会科学的发展造就了一支新的生力军。

哲学社会科学领域部分博士后的优秀研究成果不仅具有重要的学术价值，而且具有解决当前社会问题的现实意义，但往往因为一些客观因素，这些成果不能尽快问世，不能发挥其应有的现实作用，着实令人痛惜。

可喜的是，今天我们在支持哲学社会科学领域博士后研究成果出版方面迈出了坚实的一步。全国博士后管理委员会与中国社会科学院共同设立了《中国社会科学博士后文库》，每年在全国范围内择优出版哲学社会科学博士后的科研成果，并为其提供出版资助。这一举措不仅在建立以质量为导向的人才培养机制上具有积极的示范作用，而且有益于提升博士后青年科研人才的学术地位，扩大其学术影响力和社会影响力，更有益于人才强国战略的实施。

今天，借《中国社会科学博士后文库》出版之际，我衷心地希望更多的人、更多的部门与机构能够了解和关心哲学社会科学领域博士后及其研究成果，积极支持博士后工作。可以预见，我国的博士后事业也将取得新的更大的发展。让我们携起手来，共同努力，推动实现社会主义现代化事业的可持续发展与中华民族的伟大复兴。

王晓初

人力资源和社会保障部副部长
全国博士后管理委员会主任
2012 年 9 月

# 摘 要

知识经济的高速发展与经济全球化的来临使外部知识吸收对企业技术创新活动的价值愈加明显。在现实管理实践中，许多企业因其对外部新知识的有效利用而占据了市场的优势地位。很多知名企业的成败都与其对外部知识与信息的吸收能力密切相关。Zahra 和 George（2002）从动态能力入手，将吸收能力定义为“嵌入在一系列惯例和规范中的企业动态能力，由此企业实现对外部新知识的获取、消化、转化以及利用”，并基于这四个维度划分出潜在吸收能力和现实吸收能力。本书沿着吸收能力理论发展的脉络，对现有研究尚未深入探讨的问题以及学者们指出的理论发展方向进行了回应，有助于解释企业吸收能力与技术创新的复杂关系，从而加深我们对企业吸收能力理论的理解，深化对技术创新理论的认识，进一步理解和解释持续竞争优势的形成机制。

本书对吸收能力子能力间的互动关系对技术创新的影响进行了研究，并检验了吸收能力子能力间的互补性与两类技术创新的关系，同时探讨制度环境以及外部知识类型的调节效应。此外，还对企业吸收能力与技术创新的关系进行了深入讨论，剖析了潜在吸收能力以及现实吸收能力与不同类型技术创新（突破性技术创新以及渐进性技术创新）之间的关系。本书主要研究的问题如下：吸收能力两个子能力对两类技术创新的直接影响；制度环境对企业吸收能力和技术创新关系的调节作用；外部知识类型（行业外部知识以及科学外部知识）对企业吸收能力和技术创新关系的调节作用；潜在吸收能力和现实吸收能力的互补效应对两类技术创新的影响。

本书针对上述问题，通过理论演绎和实证分析，进行了深入研究，主要研究工作体现在以下几个方面：

（1）基于理论演绎和实践观察，构建理论模型框架。本书对企业吸收能力和技术创新等相关理论进行了系统的梳理，梳理出包括企业吸收能力、技术创新、制度环境以及外部知识类型在内的逻辑和联系。理论分析结合实践观察，构建起企业吸收能力与技术创新关系的分析框架。

（2）采用问卷调查方法收集关于企业吸收能力和技术创新等变量的大量翔实的实证资料。研究过程中，笔者在导师指导下对北京市、上海市以及长春市等城市的多家企业进行了问卷调查，收集到有效问卷 228 份。这 228 家企业具有较好的代表性，能够支撑本书的实证检验。

（3）运用统计软件对理论模型和假设进行实证分析。经过大样本数据收集之后，本书使用 SPSS16.0 统计分析软件对数据质量以及研究模型中的各个假设进行了实证检验，结论如下：第一，企业潜在吸收能力只对突破性技术创新具有显著正向影响，现实吸收能力对两类技术创新都有显著正向影响。第二，总体上，制度环境越完善，企业吸收能力对技术创新的正向影响越明显。第三，科学外部知识对吸收能力与突破性技术创新的关系有正向调节作用，而行业外部知识则对吸收能力与渐进性技术创新的关系有正向调节作用。第四，潜在吸收能力与现实吸收能力的互补效应正向影响突破性技术创新，但不影响渐进性技术创新。

**关键词：**潜在吸收能力　现实吸收能力　突破性技术创新　渐进性技术创新　制度环境　外部知识类型

# Abstract

With the rapid development of the knowledge economy and economic globalization, it is increasing value of external knowledge absorption for firm's technological innovation. In the reality of management practices, many enterprises occupy dominant positions in the market because of effective utilization of external knowledge. The success or failure of many well-known enterprises is closely related to the absorption of external knowledge and information. Based on dynamic capability theory, Zahra and George (2002) pointed out that the absorptive capacity is a kind of dynamic capability embedded in series of routines and processes, through which the firm can acquire, assimilate, transform and exploit external knowledge. Zahra and George (2002) discrimated potential absorptive capacity and realized absorptive capacity based on the four dimensions. Along the development of the theory of absorptive capacity, this book respones to the gap in the existing research and the development direction of theory pointed out by scholars and helps to explain the complex relationship between absorptive capacity and technological innovation, in orde to deepen our understanding about the theory of absorptive capacity and technological innovation, as well as the development mechanism of sustainable competitive advantage.

This book conducts research on the interactive relationship between subsets of absorptive capacity and technological innovation and, analyzes the complementary effect of the two subsets of absorptive capacity on the two types of technological innovations. In addition, the discussion about the moderating effects of institutional environment and type of external knowledge also has theoretical value. The book conducts an in-depth discussion on absorptive capacity and technological innovations, and analyzes relationship between subsets of absorptive capacity and different kinds of technological innovations (radical technological innovation and incremental technological innovation). The main research questions of this study are as follows: the direct effects of the subsets of absorptive capacity on the two kinds of technological innovations, the moderating impact of institutional environment and type of external knowledge (industrial external knowledge and scientific external knowledge), and the complementary effect of the two subsets of absorptive capacity on the two types of technological innovations.

This study follows the method of theoretical deduction and empirical analysis, and discusses the above problems deeply. This book mainly does the following aspects of jobs:

(1) This study constructed the conceptual model and theoretical analysis framework through theoretical deduction and practice observation. This book makes a systematic carding about absorptive capacity and technological innovation, discriminating the inner logic and relationship between the concepts of absorptive capacity, technological innovations, institutional environment and type of external knowledge. Based on the grasping of theory and the observation of enterprises, this study constructs a comprehensive analysis framework about absorptive capacity and technological innovation.

(2) This study got the details about absorptive capacity, technological innovation and other related concepts through questionnaire. During the researching period, the author did deep investigation in some organizations in Beijing, Shanghai, Changchun and some other cities through questionnaire. Altogether this paper collected 228 valid questionnaires for empirical studies. The sample of 228 enterprises has widely representation and can meet the need of empirical research.

(3) This study made the empirical test for conceptual model and

hypotheses through statistical method. After the large scale data collection, this book use SPSS16.0 statistical analysis software for data and hypothesis analyzing. This research mainly gets the following conclusions:

Firstly, potential absorptive capacity only affects radical technological innovation significantly and positively, and realized absorptive capacity has significant effects on two different technological innovations. Secondly, on the whole, the effect of absorptive capacity on technological innovations is more significant under the better institutional environment. Thirdly, scientific external knowledge moderate positively the relationship between absorptive capacity and radical technological innovation, and industrial external knowledge moderate positively the relationship between absorptive capacity and incremantal technological innovation. Fourthly, complementarity between subsets of absorptive capability has positive effect on radical technological innovation, but not on incremental technological innovation.

**Key Words**: Potential Absorptive Capacity; Realized Absorptive Capacity; Radical Technological Innovation; Incremental Technological Innovation; Institutional Environment; Type of External Knowledge

# 目　录

# Contents

# 第一章　引言

## 第一节　研究背景与研究意义

### 一、研究背景

1. 现实背景

经济全球化以及知识经济时代的来临使传统资源已经不足以成为企业竞争优势的来源，取而代之的是新知识与新信息。外部环境的剧烈变化，机遇与挑战并存的状态使得企业必须具备技术创新的能力。在过去的几十年里，企业的竞争规则发生了变化，更多地体现为基于知识的竞争（Prahalad、Hamel，1990）。外部环境错综复杂，如何不断更新自己的知识储备，不断积累新知识，快速识别市场机遇，高效利用外部新知识实现企业成长，已成为企业创造和保持核心能力的关键影响因素。在知识快速更新的年代，很多时候企业都需要运用外部知识来提高自身的创新能力（Laursen、Salter，2006）。我国在世界经济发展中扮演着重要的角色，随着我国经济的高速发展，企业的技术创新成为推动国家发展的重要驱动器。随着经济的全球化，国家的可持续成长依赖于科学技术体系的深入发展，依赖于技术创新能力的发展（Prahalad、Hamel，1990）。中国市场正处在高速增长、不断变化的阶段，不管是产品创新，还是商业模式创新，都处在一个日新月异的上升轨道。自20世纪中叶以来，世界范围内涌现出以信息技术、生物工程技术、新型能源、新材料技术等为代表的新技术革命。基因工程、基因治疗、纳米材料、新能源技术、绿色材料等一大批新兴技术成熟后带来的商业化潜力与产业变革影响程度难以估量。

在现实的管理实践中，许多企业由于对外部新知识的有效利用而占据了市场的优势地位，一些企业通过渐进性技术创新扩大了市场规模和经济效益，节省了组织成本，稳固了市场地位，一些企业则通过突破性技术创新打开了新局面，进入了新领域，抢得了先机。谈到技术创新，就不得不提到新知识的吸纳与利用，技术创新本身就是新知识的商业化应用过程，成功地搜索到外部新知识，并把这些新知识整合到新产品开发的过程中是一项至关重要的企业战略能力。很多知名企业的由盛转衰都使我们不得不重视外部知识吸收这个问题。一些曾经辉煌的企业面对知识和信息时代的来临，没能够抓住发展的契机，没能够预测市场的前景和顾客的需求，及时转向新的技术，最终导致了企业的失败（Lane、Koka、Pathak，2006）。导致企业失败的原因是多方面的，其中一个重要的原因便是未能及时地对外部新知识加以吸纳和利用。

任何企业都无法在市场上永远立于不败之地，尤其是在科技飞速发展的今天，即使是成功的大企业，也需要不断地对外部信息进行吸收，否则，今天的成功反而会桎梏企业发展的脚步。企业必须能够紧随科学技术的发展，进行持续有效的创新活动，比竞争对手更快地创造并推出新产品和新服务，创造更多客户价值，才能够获得持续竞争优势。问题的关键并不在于企业要不要创新，而是如何才能有效地开展创新。目前，我国市场经济体制不断完善、信息技术快速发展，市场逐步取代计划成为企业推出新产品的主要渠道，技术发展动态性不断加强，技术生命周期也不断缩短，企业间的竞争愈演愈烈。面对信息技术的高速发展，我国各级政府积极响应，支持并推进高新技术的发展（比如高新技术产业园的建立等），并正采取种种政策鼓励企业引入信息技术改造传统产业。企业积极开展创新活动也是我国企业响应中央提出的产业转型升级、战略性新兴产业发展以及创新型国家建设号召的有利途径和现实选择。如何良性、持续地开展创新已成为全球商界探讨最为热烈的话题之一。不仅是高新技术产业，传统产业技术发展的动态性也大大加强了。动荡的外部环境对企业来说既是巨大的挑战，也是发展的机遇。在这样的环境中，信息和知识的流量非常大、更新速度非常快，这些知识和信息对于企业来说具有极大的潜在价值。越是处于动荡不稳定的外部环境中，对外部知识的合理利用越能够成为企业竞争优势的重要来源（Laursen、Salter，2006）。处于同一环境中的企业，有的成功了，有的却失败了，这其中一个重要的原因就是，企业从外部知识当中获益的能力有很大差别。这正是本书所依托的现实背景。

2. 理论背景

管理思想大师杜拉克（Drucker，1985）强调系统化地讨论创新活动，认为创新是可以训练、可以学习的，而非“灵机一动”的。一定的组织路径和过程的形成能够帮助企业培养持续的创新能力。资源观理论将企业视为异质性的资源的独特组合，因而管理的首要任务就是通过对已有资源的优化配置来最大化企业价值。作为资源观的深化和延伸，知识观理论进一步指出，知识才是企业最重要的战略性资源，企业价值创造的关键并不是基于其所拥有的有形资源，而是依赖其所拥有的具有缄默性、复杂性和难以转移性特点的基于知识的资源（Grant，1996a）。这种异质性知识是造成企业间持续竞争优势和绩效差异的原因，这是对传统资源观理论的拓展，也是知识观理论的核心观点。知识观理论将企业的创新过程视为不同类型知识的整合与创造的过程。创新实际上可以认为是知识和信息的再组合（Grant，1996a），新颖的技术信息的获取与利用是实现企业技术创新的重要条件。

正式提出“吸收能力”概念的学者是Cohen和Levinthal，他们认为“吸收能力”是这样一种能力：它帮助企业识别出外部新知识的价值所在，将其消化并利用（Cohen、Levinthal，1989）。技术知识曾被认为是一种公共物品，企业可以无偿地加以使用，正如任何购买了收音机的人都可以享受广播一样（Lane、Koka、Pathak，2006）。Cohen和Levinthal（1989，1990）对此有不同的解释：如果说企业对外部新知识的利用成本很小，原因并不是外部知识是免费的，而是企业在此之前已经对吸收能力进行了投资。研发一直以来都被认为能够产生一种产物，即新信息，他们提出这仅仅是一方面，研发还能提升企业的知识吸收能力（Cohen、Levinthal，1989）。

吸收能力理论认为外部知识资源对企业独特资源和能力的形成至关重要，知识资源难以市场交易，隐性知识尤其如此，因此很多知识是企业无法轻易得到和理解的。“干中学”（Learning-by-doing）使企业能够把正在进行或以前做过的工作做得更好，与“干中学”不同，吸收能力使企业能够学着做不同的事情。企业吸收能力具有路径依赖的特点，它建立在个体成员吸收能力的基础上，依赖于企业对知识的分享和沟通（Cohen、Levinthal，

1990）。吸收能力不仅能够实现知识的利用，而且还是预测知识发展方向和行业发展趋势的先决条件（Cohen、Levinthal，1994）。Zahra 和 George（2002）进一步提出，企业吸收能力嵌入在一系列惯例和规范中，是一种动态的能力，并创造性地区分出潜在吸收能力和现实吸收能力，更加细致深入地对企业吸收能力作用机制进行了剖析。自吸收能力概念提出以来，学者们从吸收能力入手对一系列的组织活动进行了研究，例如技术创新（Tsai，2001；Lichtenthaler，2009）、知识转移（Szulanski，1996；Pak，Park，2004）、组织学习（Lane 等，2001）等。吸收能力理论开辟出新的研究领域（David、Deeds，2001），提供了新的研究视角，学界针对这个问题进行了许多研究，得出了很多具有启发性的结论，同时也引发了很多有意义的研究问题，有待进一步挖掘。这正是本书所依托的理论背景。吸收能力理论发展脉络为本书指明了研究方向，现有文献取得的成果以及存在的不足为本书提供了研究机会和研究切入点。

## 二、研究意义

技术创新是一种对新知识的利用和创造的过程，企业要利用新知识就要具备一定的内部能力，企业吸收外部知识的能力不同，可以解释企业间绩效的差异。这种观点对战略管理，特别是技术创新研究具有重要意义。本书旨在深化对企业吸收能力与技术创新关系的认识，研究企业吸收能力子能力对不同类型的技术创新的作用，具有一定的理论意义和现实意义。

1. 理论意义

从理论角度看，本书的价值主要体现在以下几个方面：

（1）有助于进一步深化吸收能力理论的相关研究。本书从多维度入手，立足企业层面考察企业吸收能力和技术创新的关系，基于要素互动过程，分析及检验企业吸收能力（潜在吸收能力及现实吸收能力）与技术创新（突破性技术创新及渐进性技术创新）的理论关系，同时检验制度环境和不同类型外部知识（科学外部知识和行业外部知识）的调节效应。特别地，本书还对潜在吸收能力、现实吸收能力的互补效应（Complementarity）与技术创新的关系进行了讨论和检验。这不但有助于解释企业吸收能力与技术创新的复杂关系，也有助于深刻理解权变因素是如何发挥作用的，加深我们对企业吸收能力理论的理解。

（2）有助于深化对技术创新理论的认识。技术创新既是一个普遍的现象，也是一个非常复杂的过程。技术创新的表现形式和结果具有多样性特征。如何认识技术创新以及把握技术创新是学者们共同关注的话题。技术创新的实现和创新结果的获取需要企业实现对知识的商业化应用。任何企业都没有能力和可能对所有所需的知识进行内部创造，更多的时候需要从外部环境中进行新知识的“吸收”。本书基于企业层面，研究吸收能力和技术创新的关系，能够深化对企业不同类型的技术创新活动的认识。同时，我国正处于经济转型时期，企业面临的外部环境与完善的市场经济体制有很大的不同。现有研究对于企业外部环境的讨论大部分是在市场经济体制背景下进行的。虽然这些研究取得了很多成绩，但还是需要对我国经济转型背景下的制度环境进行研究。我国企业面临的制度环境具有很多特定的特点，如金融体制不健全、政府干预明显等。对于转型期技术创新研究的文献比较缺乏，大部分技术创新研究都是基于市场经济情景进行的（Peng，2007）。制度理论将会在很大程度上指导和丰富企业技术创新相关的研究。

（3）有助于理解和解释持续竞争优势的形成机制。企业的持续发展源于竞争优势的获取和形成，持续的竞争优势来源于动态能力。动态能力的核心要义在于企业整合内外部资源和能力实现对环境变化的适应。从此意义上讲，潜在吸收能力与现实吸收能力的培养构成了企业持续竞争优势的微观形成机制。吸收能力是创造和保持竞争优势的来源，对吸收能力的研究打开了企业如何在动态环境中创造及保持竞争优势这个“黑箱子”（Zahra、George，2002）。企业对外部新知识的利用是一个复杂的过程，新知识在这个过程中经过一系列的变化，最终形成了企业的竞争优势。潜在吸收能力和现实吸收能力之间具有互补效应，二者协同发展，有助于在企业内部形成持续不断的创新流，进而形成持续的竞争优势（Zahra、George，2002）。本书将有助于从较微观层次揭示企业持续竞争优势的来源，即以更加动态的视角剖析企业吸收能力子能力以及它们之间的关系对技术创新的影响。

（4）沿着吸收能力发展的理论脉络，基于现有文献的研究成果，对现有研究尚未深入探讨的问题以及学者们指出的理论发展方向进行了回应。学者们指出，对企业吸收能力的研究需要从多维度入手，原因在于企业吸收能力各个维度的作用对企业的影响不同。从单一维度入手研究企业吸收能力无法反映吸收能力的本质（Zahra、George，2002），同时有必要对创新活动进行分类研究，不同类型的创新活动需要不同的资源和核心能力（Lane、Koka、Pathak，2006）。学者们指出，未来的吸收能力研究还需要关注这些问题：吸收能力是一个整体，需要对吸收能力不同维度的相互关系和整合效应进行研究（Lichtenthaler，2009）；环境因素对企业吸收能力效能的影响（Lichtenthaler，2009）；知识类型以及知识属性的影响（Lane、Koka、Pathak，2006）等。

本书力图回应学者们曾提出的未来研究展望。在本书的模型中，企业吸收能力和技术创新都是多维度概念，分别探讨吸收能力子能力与不同类型的技术创新之间的关系，同时挖掘潜在吸收能力和现实吸收能力之间互补效应对技术创新的影响。除此之外，本书还将检验制度环境和不同类型外部知识的调节效应。企业的创新过程嵌入在环境情景中（Lichtenthaler，2009）。企业吸收能力作为一种动态能力，具有情景依赖（Context-dependent）的特点（Teece，2007），在不同的环境下动态能力的价值会有差别（Eisenhardt，Martin，2000）。同时，外部知识因其类型不同也会对企业吸收能力和技术创新的关系产生影响。制度环境和外部知识类型的影响作用在先前的研究中没有得到充分的重视（Lane、Koka、Pathak，2006），本书所研究的几个问题试图对这些不足进行一定程度的补充和丰富。

2. 实践意义

企业的经营实践表明，企业内部知识、知识吸收以及技术创新之间存在着密切的联系，它们对于组织知识与能力的长期累积至关重要。企业知识吸收的基本层面存在于组织个体，企业拥有超越单个个体知识水平的能力。企业知识吸收的重点体现在知识和能力的整合上，差异性、多样性的知识利用的最终效果取决于企业的知识积累和知识利用能力。把新获得或新构建的知识与企业现有知识有机地整合、灵活地调动起来，技术创新能力才有可能产生，或者可以说，只有经过内部化整合的外部知识，才能为企业卓越绩效的可持续性做出贡献。吸收能力在新能力的开发过程中处于举足轻重的地位，关系到企业成长和创新能力的形成。

本书对在不同权变因素影响下，企业吸收能力（潜在吸收能力及现实吸收能力）与技术创新（突破性技术创新及渐进性技术创新）理论关系的分析，能够加强企业对培养自身吸收能力的重视，促进企业认清吸收能力对技术创新的作用，合理利用外部知识，结合自身的知识储备进行技术创新，因此研究具有一定的实践指导意义。加深对企业吸收能力的理解和认识，在企业实践中培养这种动态能力，从而适应环境变化，能够切实提升企业技术创新的能力和效果。本书可帮助企业更加深刻地认识到，虽然许多企业都有机会直接接触和间接接触到很多外部的信息，但并不是所有的企业都能够及时地捕捉到有价值的信息并加以内化和利用，企业的管理者需要认识到吸收能力的重要性。明确吸收能力对企业创新的影响及作用机理是企业实现创新能力提升的关键，本书将为企业知识管理实践和创新能力提升提供有益的指导和帮助。吸收能力理论强调，不管是多么强大的企业，都没有能力实现完全的知识内部创造。企业管理者需要充分认识到这一点，经常与外部要素进行互动，获取新的科学和技术知识，跟踪市场的趋势。企业的管理者只有更多地关注企业外部环境及资源的整合，同时培养知识获取、消化以及转化和利用能力，才能从整体上提升企业的创新能力和创新效果。

本书可以使企业管理者意识到，任何企业要想利用外部新知识，都要培养自己的吸收能力，单纯模仿其他企业的某一种吸收能力是不够的，因为企业吸收能力是一个整体的、动态的能力。同时，管理者需要充分考虑到外部制度环境对吸收能力价值发挥的影响，以及不同类型的外部知识与吸收能力的结合对不同类型技术创新的影响。也就是说，企业吸收能力作用的发挥要受到外部制度环境以及外部知识类型的影响。

## 第二节 研究问题与研究方法

### 一、研究问题

吸收能力是企业利用外部新知识和信息增强创新能力的关键影响因素。本书旨在细致展示潜在吸收能力、现实吸收能力与突破性技术创新以及渐进性技术创新的关系图谱。

企业的吸收能力解释了这样一个问题：面临相似的外部知识环境，企业从这些知识中获益的能力为何会有差别，这种差异的来源就是企业吸收能力的高低（Cohen、Levinthal，1990）。企业吸收能力与技术创新的关系一直以来都是学界关注的重要问题。企业吸收能力与技术创新都是多维度概念，本书对企业吸收能力与技术创新的关系进行了细致的分类研究，这样的分类研究是非常有必要的，因为，仅仅从单一维度入手研究企业吸收能力无法反映吸收能力的本质（Zahra、George，2002）。对技术创新活动进行分类研究也很重要，不同类型的创新活动需要依托不同的资源和核心能力，对不同类型的创新活动不加区分地研究将得出不确定的研究结论（Darroch、McNaughton，2002）。

随着研究的深入，学者们意识到，对企业吸收能力与技术创新关系的研究需要不断地细化，沿着这个思路，笔者针对企业吸收能力对技术创新的影响进行了分类研究——潜在吸收能力与现实吸收能力对突破性技术创新与渐进性技术创新的影响，不仅考虑到企业吸收能力和技术创新之间的复杂关系，还将考察制度环境和外部知识类型的调节效应，如图1－1所示。

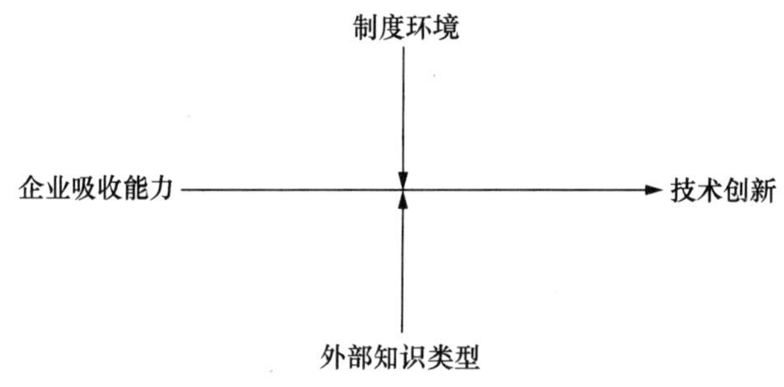


**图1－1 本书的研究问题**

本书拟解决的问题主要包括以下几个方面：

问题1：企业吸收能力（潜在吸收能力及现实吸收能力）对技术创新（突破性技术创新与渐进性技术创新）的直接影响。

本书试图考察企业吸收能力两个子能力分别对两种技术创新的影响，这样的分类研究能够更加细致地反映变量之间的关系。仅从整体上研究企业吸收能力的效应可能会得出不完整的结论（Lichtenthaler，2009），同时，技术创新因其类型不同对企业能力的要求也不同，需要企业投入不同的资源，采取不同的管理方式（Darroch、McNaughton，2002）。本书试图揭示潜在吸收能力对突破性技术创新和渐进性技术创新的直接影响以及现实吸收

能力对这两类技术创新的直接影响。

问题2：制度环境的调节作用。

“环境”指在组织之外的可以影响组织行为同时也受组织行为影响的力量和元素（Covin、Slevin，1991）。企业作为一个开放的系统，其创新活动与组织的开放性，即组织与其所处的外部环境之间的物质以及信息等资源的交换密切相关，这种交换关系是组织变革及绩效的关键影响因素。外部环境对组织的影响以及组织与环境的关系一直以来都是组织研究的重要问题，并形成了不同的理论学派。“环境”对组织的作用机制是使组织获得资源或者丢失资源。一直以来环境都是战略管理理论中的重要权变变量。任何组织的活动都无法脱离环境的影响，不管是组织的内部还是组织的外部，新创意都在不断开发着（Koberg，2003）。企业在运营过程中，无时无刻不在与外部环境进行着信息、资源的交流。环境的变化会影响企业的资源及能力配置，进而影响企业的战略选择。本书关注的是制度环境对企业的影响。制度环境是转型经济中企业行为的重要外部影响因素。研究吸收能力的文献对环境因素研究不足，对制度环境的关注就更少了。本书试图揭示制度环境能否改变企业吸收能力对技术创新的影响强度，具体来说，制度环境完善程度越高，企业吸收能力对技术创新的影响是否越强。我国的制度环境使得企业面临着很大的不确定性，企业吸收能力是一种动态的组织能力（Zahra、George，2002），而动态能力的提出正是基于企业外部环境的剧烈变化。企业吸收能力的价值将受到制度环境的影响，企业感知到的制度环境必然会影响企业的行为以及行为的效果。

目前，对于技术创新的研究基本上都是基于西方市场经济情景，不能完全反映制度环境对企业行为的影响。诸如中国、东欧和原苏联加盟共和国的转型经济可能代表着一个充满希望的新的研究情境，尽管这些国家存在很大的不同，但是它们都有一个共同的特征，即由于市场机制不完善而产生“制度漏洞”（Peng，2000）。我国处在经济转型期，制度环境与市场机制完善的环境有很大的差别。制度对市场经济的作用非常大，能够支持市场机制有效运转（North，1990）。当制度支持市场机制运转和自由交易的时候，制度就比较完善，而当制度不能保证市场机制有效运转的时候，制度就比较弱。在发达国家，制度比较完善，虽然它的作用是几乎看不见的。相反，当市场机制不健全的时候，比如一些发展中国家，制度缺失引起的效果就比较明显了。本书将制度环境变量纳入研究模型中，分析其对吸收能力作用发挥的影响。

问题3：外部知识类型的调节作用。

随着经济与社会的不断发展，企业技术创新出现了新的发展态势：技术创新的周期缩短、新技术层出不穷；技术创新的跨领域特征日益明显；技术复杂性和不确定性逐渐增加。企业的发展目标总是不断升级，相对于组织的发展需要，任何组织都不可能完全拥有其发展所需要的一切资源，企业创新活动所依赖的大量资源和信息都存在于组织之外，因此，组织不得不从外部环境中获取包括信息、原材料以及社会和政治方面的支持在内的各种资源。同时，组织的生存能力在很大程度上取决于组织与外部知识源的互动能力。为了获得资源，组织就会同控制着这些资源的其他组织化的实体进行互动。技术创新的成功不仅取决于技术因素，更重要的是取决于企业与利益相关者（包括政府、客户、供应商、竞争对手、银行等金融机构、高校等科研机构）之间的紧密联系。

本书将考察不同类型外部知识对企业吸收能力与技术创新关系的调节作用。外部知识与企业吸收能力以及技术创新的关系都非常密切。但现有关于企业吸收能力与技术创新的文献，极少将外部知识纳入考虑中，很少有研究关注到外部知识吸收对于创新结果新颖性（Novelty）程度的影响（Vega-Jurado，2008）。外部知识的影响作用在先前的吸收能力研究中没有得到充分的重视（Lane、Koka、Pathak，2006）。对于吸收的知识的性质及特点的理解能够帮助我们明晰不同情况下对不同类型学习过程的需要，以及最终对企业创新及绩效产生的不同影响（Vega-Jurado，2009）。本书将外部知识类型（科学外部知识和行业外部知识）纳入理论模型中，以期更加完整和深入地反映企业吸收能力对技术创新的影响，讨论不同类型外部知识对企业吸收能力与技术创新关系的调节效应。不同类型的外部知识性质不同，与吸收能力结合起来对技术创新的作用也有差别。

企业吸收能力是备受研究关注的问题，大量学者都对企业吸收能力与其前因以及结果变量的关系进行了理论和实证研究，吸收能力可以说是外部知识与企业内部创新活动的桥梁。外部知识具有很大的潜在利用价值，外部知识转化成有形的产品和商业价值需要企业自身具备知识吸收的能力（Cohen、Levinthal，1990）。企业吸收能力对不同类型技术创新的影响将受到外部知识的类型的影响。

问题4：潜在吸收能力、现实吸收能力的互补效应对突破性技术创新与渐进性技术创新的作用。

本书还试图剖析吸收能力子能力间互补效应对技术创新的影响，笔者基于资源基础论以及互补性理论等相关理论与实证研究，对潜在吸收能力和现实吸收能力的互补性进行了理论和实证检验。

互补性理论认为，资源整合的附加价值比单一资源的价值之和要大（Tanriverdi、Venkatraman，2005），“互补”指的是更频繁或深入地进行一项活动能够增加另一项活动的收益。资源理论指出，企业单一的资源或能力往往无法影响组织产出，而要通过资源或能力的整合才能实现。潜在吸收能力和现实吸收能力之间互补，从整体上构成企业吸收能力，企业需要实现二者的协调发展（Zahra、George，2002）。互补性等相关理论告诉我们，潜在吸收能力与现实吸收能力都是技术创新活动的必备条件，缺一不可，二者相互影响，过于强调二者之一会限制企业的技术创新活动（Zahra、George，2002）。两种子能力之间不是相互替代的关系，想单独通过提升一种子能力来促进技术创新是不可行的。现实吸收能力对于新旧知识的整合利用是以潜在吸收能力对外部知识的获取和消化为基础的；潜在吸收能力需要现实吸收能力的帮助来更好地实现知识的商业化转换（Zahra、George，2002）。潜在吸收能力强但现实吸收能力弱，会增加企业知识搜索的成本，造成创意囤积；潜在吸收能力弱而现实吸收能力强，则会造成企业知识结构更新不及时，形成能力刚性（Jansen，2005）。企业吸收能力是一个整体的能力（Zahra、George，2002），这也恰恰反映出资源基础论的观点，即企业的竞争优势来源是异质性资源和能力的整合。这种资源和能力的整合增加了企业行为复杂性和因果模糊性（Barney，1991）。因果模糊往往不是源于单一能力的存在，而是源于能力的协同作用而产生的复杂性（Reed DeFillippi，1990），潜在吸收能力和现实吸收能力相互作用形成一种整体的吸收能力，而这种能力是单一能力不能取代的（Zahra、George，2002）。战略匹配领域文献指出，企业绩效水平与企业内部资源或能力的匹配以及内部能力与外部环境的匹配密切相关（Venkatraman，1989）。Jansen、Bosch 和 Volberda（2005）认为，未来的研究需要更加关注这个研究问题，即潜在吸收能力和现实吸收能力之间的平衡（Balance）对企业竞争优势的影响。Lichtenthaler（2009）也指出，研究人员需要进一步剖析吸收能力内部组成部分之间的互补性，以便更好地理解企业从外部知识中获益的能力。

基于上述理论，本书认为，潜在吸收能力对技术创新的作用得到何种程度的体现依赖于现实吸收能力的水平；现实吸收能力对技术创新的作用得到何种程度的体现依赖于潜在吸收能力的水平。潜在吸收能力与现实吸收能力会提升彼此对企业技术创新的影响；潜在吸收能力与现实吸收能力之间发展失衡将会阻碍技术创新。单独提升潜在吸收能力或现实吸收能力往往得不到期望的结果，两种子能力的整合效应体现的是一种动态的企业能力，子能力间需要得到协调的发展，重视一种子能力而忽略另一种子能力将会阻碍技术创新。基于吸收能力、知识管理以及战略导向等领域相关实证研究（Moorman、Slotegraaf，1999；Baker、Sinkula，1999；Jansen、Bosch、Volberda，2003；Tanriverdi、Venkatraman，2005；Song 等，2005；李雪松，2009；Lichtenthaler，2009；Yung-ching Ho，2011），本书通过潜在吸收能力和现实吸收能力的交互项以及绝对差额来测度二者的互补性，以期更加全面地反映二者之间的互补性关系。交互项检验重在反映二者之间的整合效应，即潜在吸收能力和现实吸收能力对技术创新的作用会因彼此的辅助而提升，形成整体效应；绝对差额检验重在反映二者之间均衡发展的重要性，即二者之间不平衡会阻碍技术创新的进行。

## 二、研究方法

选择科学而适合的研究方法是研究顺利进行的重要保证，为了达到本书的研究目的，满足本书的研究需要，笔者拟采用文献分析法、问卷调查法等研究方法进行实证研究，具体如下：

1. 文献分析

笔者围绕着研究问题，对国内外吸收能力研究相关的文献进行了系统的整理与分析，并在此基础上进行了逻辑分析和理论分析，最终形成清晰的研究思路、概念模型和研究假设。充分的文献研究能够为本书的研究奠定一个良好的基础。国外文献是把握研究发展脉络，进而谋求理论创新的基础。本书通过对国内的学术期刊网以及国外的 ProQuest Academic Research、EBSCO 以及 PQDD 博士论文等数据库的全面检索，了解到国内外学者关于吸收能力和技术创新等方面的以往的研究文献以及最新研究成果，在此基础上，寻找到本书的切入点，进一步研究。本书在进行了大量国内外文献阅读和梳理的基础上，结合对一些企业成长和发展的现实观察，通过理论分析、归纳与整合，提出本书的研究问题，并且合理构建起本书的理论模型和理论假设。

2. 问卷调查

问卷调查是获取大量企业信息的重要手段之一，在社会调查研究中被广泛使用。笔者在研究中，通过问卷调查收集第一手数据资料。本书通过文献的阅读和分析，根据相关研究问题和假设，基于此前研究设计出相关变量的测度量表，通过预测试等过程，形成正式调查问卷。经过问卷的发放、回收、筛选、整理等程序，通过多种方式尽量扩大研究的样本量和样本的代表性。

3. 统计检验

本书基于规范性实证研究，针对研究问题提出研究假设，通过问卷调查收集企业数据，利用相关统计方法进行假设检验。本书通过大规模问卷调查来收集样本数据，采用 SPSS 16.0 统计软件对数据进行描述性统计、因子分析、相关分析和多元回归分析等。

## 第三节 关键概念界定

基于本书的研究目的、意义与研究内容，笔者将涉及的一些重要概念加以界定：

1. 吸收能力

吸收能力（Absorptive Capacity）是一个源自宏观经济学研究的概念，Adler（1965）在研究中指出，吸收能力是一个宏观经济体系利用和吸纳外部信息与资源的能力。这一概念被用于微观的组织分析始于 Cohen 和 Levinthal（1989），被认为是企业识别（Identify）、消化（Assimilate）及利用（Exploit）外部新知识的能力（Cohen、Levinthal，1989）。

本书对于吸收能力及其子能力的理解建立在 Zahra 和 George（2002）研究基础之上。吸收能力具有动态性，嵌入在一系列惯例和路径中，包括获取、消化、转化及利用新知识的能力（Zahra、George，2002）。获取能力帮助企业认识、评估及取得与企业运营紧密相关的外部新知识。消化能力指对获得的新知识的分析及解释的能力。转化能力则是企业发展及细化流程的能力，它能够促进现有知识、新取得的及已消化的知识的结合，它可以由知识的增加、删除或以不同的方式来诠释同样的知识来完成。利用能力的作用在于对知识的使用，实现商业化产出，使企业能够细化既有能力，或者结合已取得及转化的知识，融入企业的运营。企业吸收能力的两个子能力分别是潜在吸收能力（Potential Absorptive Capacity）和现实吸收能力（Realized Absorptive Capacity），前者包含获取和消化能力，后者则包含转化和利用能力（Zahra、George，2002）。

本书不仅关注潜在吸收能力和现实吸收能力对技术创新的独立的直接作用，还将考察二者的互补效应。吸收能力是一个整体的能力，潜在吸收能力和现实吸收能力都是企业绩效提升的必要条件（Zahra、George，2002）。Zahra 和 George（2002）提出，这两个子能力的作用是不同的，同时也是互补的。互补理论认为，互补性指的是进行一项活动能够增加另一项活动的回报，这两项活动彼此不同，但是作用的体现需要彼此的辅助（Milgrom、Roberts，1995）。互补性的资源是不同的，但是彼此影响，彼此支撑，整合效应比单独效应的加和大（Milgrom、Roberts，1995）。资源理论也指出，资源的结合能够产生附加值，而这种价值是单一资源所没有的（Barney，1991）。潜在吸收能力和现实吸收能力正是这种具有互补性的能力。

2. 突破性技术创新与渐进性技术创新

突破性技术创新（Radical Technological Innovation）和渐进性技术创新（Incremental Technological Innovation）包含信息或知识的新颖程度具有很大差异（Dewar、Dutton，1986），突破性技术创新包含大量的新知识，而这些新知识与企业现有知识基础的偏离程度较大，而渐进性技术创新的实现以企业现有知识为基础，更多的是对企业现有知识的巩固和延伸（Kimberly，1981）。突破性技术创新使企业的产品、工艺或服务拥有此前未有过的性能特征或者与此前性能特征相似，但是性能和成本控制有巨大提高，或者推出全新产品（Tushman、Anderson，1996）。

突破性技术创新与渐进性技术创新的主要区别可以从以下两个角度理解：是否沿着原有技术轨道；是否依照主流用户需求。突破性技术创新开辟了一个新的技术轨道，可能暂时不符合主流客户的偏好；渐进性技术创新性能改进的轨道依然是其主流用户所要求的性能轨道（张洪石、卢显文，2005）。

3. 制度环境

管理和组织研究中使用的“制度”一般是从英文单词“Institution”的翻译得来的。North（1990）在研究中指出，制度是人为设定的决定人们之间相互关系的约束。制度环境（Institutional Environment）是建立起生产和交换基础的一系列的政治、经济、社会以及法律规则，是一系列的规则和要求，组织必须遵从这些规则和要求才能获得支持和合法性（Scott，1995）。

Scott（1995）认为，制度在本质上是一种约束，由规则（Regulation）、规范（Norm）和认知（Cognition）要素构成，也就是Scott所说的制度的“三个支柱”（Three Pillars）。规则旨在反映法律法规等具有强制性的约束条款对组织和个体的影响。规范的作用机制在于通过威胁个体与组织违反规制将要受到惩罚而使他们遵从规制性约束。认知的作用更多地体现在社会价值观和道德上，表现为对角色的认知，往往内化成一些“不言自明”（Taken for Granted）的东西。

4. 外部知识

本书对外部知识（External Knowledge）的讨论从知识类型的角度入手，基于现有的研究，企业外部影响创新活动的知识可以区分为科学外部知识和行业外部知识两类（Tortoriello，2005；Vega-Jurado，2009；Schmidt，2010），科学知识和行业知识的来源是不同的。企业外部往往存在各种与技术创新相关的知识，其中包括来源于供应商及用户、竞争者、科研院所、高等院校、政府机构的知识以及其他知识（Malerba，1992；赵晓庆，2004）。OECD出版的奥斯陆手册（Oslo Manual）1997年版本和2001年版本指出，企业外部知识来源可以归纳为4大类——市场类、机构类、标准类和其他类，这4个大类进一步细分为18小类，2005年版本将4个大类修定为3大类——市场知识来源、公共机构知识来源、综合信息知识来源（OECD，2005）。Becker和Peters（2000）指出，供应商、顾客以及竞争者所带来的知识形成外部行业知识流；行业以外的机构，例如科研机构、学术界带来的知识构成外部非行业知识流。Vega-Jurado（2009）指出，企业技术创新知识来源主要有两类：一类是来自行业相关者（顾客、供应商、竞争者以及其他企业），另一类是来自科研机构（研究室/研发企业、高校、公共科研机构以及研究中心）。

本书主要借鉴Tortoriello（2005）和Vega-Jurado（2009）等学者的研

究，认为外部知识可以分为科学外部知识（Scientific External Knowledge）和行业外部知识（Industrial External Knowledge）两类。科学外部知识来源主要是学术会议、科学刊物、专利以及与科研机构合作；行业外部知识来源主要是竞争者、其他企业、客户以及供应商之间的合作。

## 第四节 研究过程与结构安排

### 一、研究过程

本书的技术路线如图 1-2 所示。笔者基于研究需要，首先对国内外相关研究领域的文献进行细致和深入的研读整理，从而对相关各理论流派及前沿研究问题形成系统的认识。基于对文献的深入理解，笔者从理论以及管理实践两个方面理解研究问题：①企业吸收能力子能力对突破性技术创新及渐进性技术创新的直接影响；②制度环境的调节效应；③外部知识类型的调节效应；④企业吸收能力子能力间对突破性技术创新及渐进性技术创新的互补性影响，并进而提出变量之间关系的理论假设。

提出理论假设之后，笔者基于以往研究对相关变量的测度，量化理论模型。本书考虑到研究的严谨性和科学性，采用的量表均是现有权威文献中出现过的量表，因为这些量表具有较好的信度和效度。本书采用的量表的原文都是英文的，考虑到外文量表在中国情境下的适用性和可操作性，笔者对行业专家以及学者进行了访谈，认真听取他们的建议和意见，经过预测试，完善问卷，最终形成终稿。利用问卷调查的方式进行大规模问卷调查，收集数据。

本书以高新技术企业为研究样本进行数据的收集，收集数据之后，运用多种统计分析方法（因子分析及回归分析等）对收集到的数据进行整合和分析，通过 SPSS 16.0 统计软件对理论假设进行实证分析和验证，得出研究结论，并结合先前研究解释检验结果，阐述可能的创新之处，指出本书存在的不足，展望未来的研究方向。

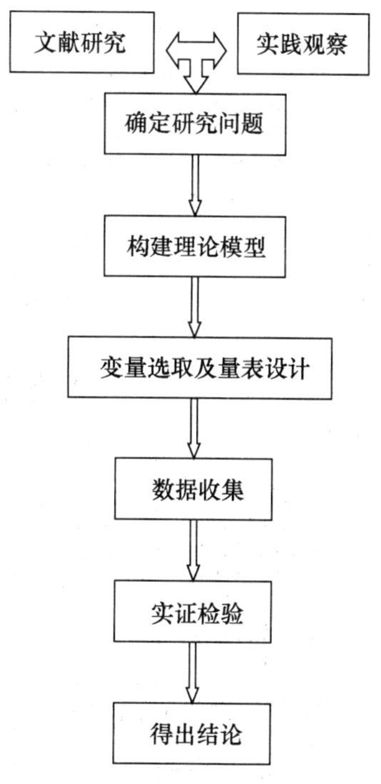


**图 1－2　本书的技术路线图**

## 二、结构安排

通过实际的调研和对相关文献的研读与整理，确定企业吸收能力与技术创新的关系是本书的研究主题。本书的理论和实证研究始终都是围绕着这个主题进行的。本书的具体研究结构如图 1－3 所示，全书共包括六章：

第一章为引言。引言是本书的研究起点，在阐明论文研究背景、研究目的与意义的基础上明确本书的研究内容，介绍主要的研究方法，概括出整体的技术路线和结构逻辑。

第二章为文献回顾与评述。此部分的内容为在国内外相关文献研究梳理的基础上，系统回顾企业吸收能力和技术创新相关研究的研究内容、发展脉络和研究方向，对相关研究文献进行总结和评析，明确本书研究的切入点。

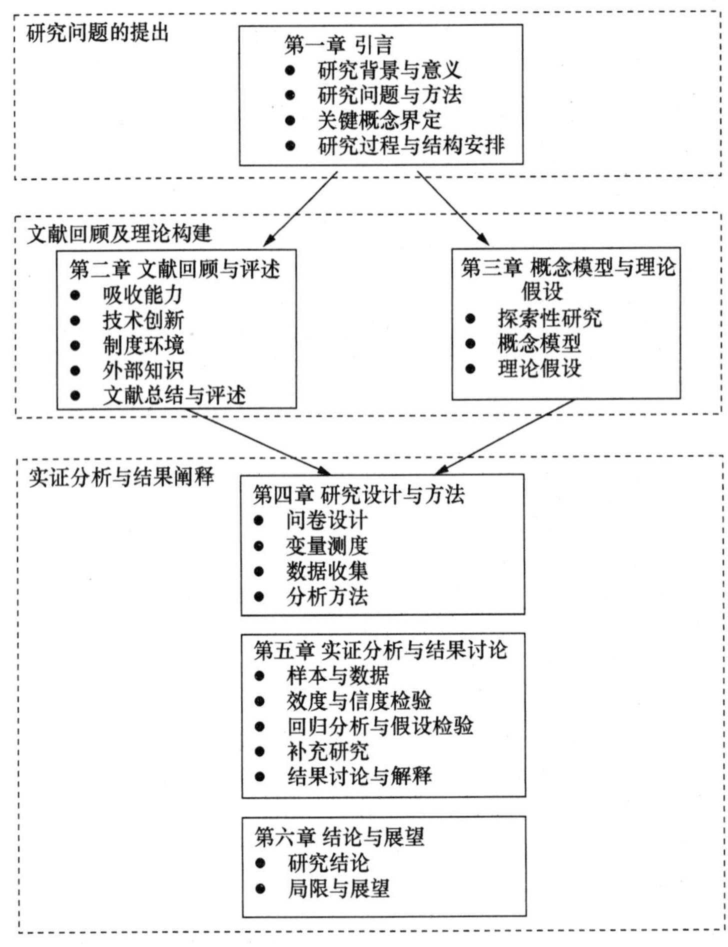


**图1-3 本书整体结构逻辑**

第三章为概念模型与理论假设。此部分在整个研究中占据非常重要的位置，笔者建立起变量间理论关系的框架，提出理论假设，构建起包括企业吸收能力、技术创新、制度环境以及外部知识类型在内的理论框架。

第四章为研究设计与方法。这部分的工作能够为下一章的假设检验奠定坚实的基础。包含的内容是在相关研究文献的基础上确定研究变量的测量题项，总结出初步的问卷，之后进行小样本预测试，并在此基础上完善问卷，确定最终的问卷。最后，简要概述本书将采用的分析方法，如相关分析、多元回归分析等。

第五章为实证分析与结果讨论。这部分主要包括 3 方面的内容。①大样本数据收集情况以及数据的描述性统计，信度与效度分析，确定数据是否适合进行进一步研究与讨论。②数据多元回归分析，使用 SPSS 16.0 统计软件对样本数据进行实证分析，以便确定变量之间的关系，完成理论假设的实证检验。③对检验的结果进行进一步的讨论。

第六章为结论与展望。这一章是对本书的主要结论发现进行总结，指出研究创新之处，并结合本书的研究结果以及此前的相关研究，分析本书的不足并指出今后进一步的研究方向。

# 第二章 文献回顾与评述

## 第一节 吸收能力研究综述

吸收能力作为组织管理领域的重要概念，是学界研究非常关注的问题之一。“吸收能力”这个概念在很多研究领域的相关文献中都是非常重要的解释变量，如组织学习、技术创新、战略联盟以及基于资源观的竞争优势等。在过去的几十年里，产业结构发生变革，企业的竞争规则发生了非常大的变化，越来越以知识为基础（Prahalad、Hamel，1990）。我们甚至可以认为，在当今的市场环境中，变化已经成为常态。外部环境的剧烈变化所带来的巨大机遇和挑战，要求企业必须具备持续创新的能力和资源。展望未来，以产品为中心的传统战略将无法满足增长性公司的需求。企业间竞争格局出现了变化，企业间的竞争已经不再仅仅是产品和服务的竞争，更多的是基于商业概念、商业模式、创新流程的竞争（Christensen，1997）。外部环境错综复杂，成功的机会往往是昙花一现，这些都要求企业具有高度的适应能力，那么，如何不断地充实自己的知识储备，不断地积累新的知识，利用企业的吸收能力快速识别市场机遇，高效利用外部新知识实现企业成长，已成为企业创造和保持核心能力的关键影响因素。知识和信息迅猛发展的时代，企业需要快速识别出自身的问题所在，并快速解决，这就使得企业往往没有足够的时间和精力对所有所需的资源都进行内部的开发，企业更多的是运用外部知识源来提高自身的创新能力。企业吸收能力越强，则表明其利用外部知识的效率越高，效果越好，能更好地提升创新绩效，改进创新效果。越是处于动荡不稳定的外部环境中，吸收能力越能够成为企业竞争优势的重要来源。

吸收能力概念的起源可以追溯到熊彼特主义经济理论关于研发活动和技术创新对经济增长作用的研究。早期的学者发现这样一种现象，即当公司致力于研发活动，进行研发投入的时候，能够同时获得一种能力——从外部环境获取知识的能力（Tilton，1971）。基于前人相关研究的启示，Cohen 和 Levinthal 以产业组织经济学作为分析视角，讨论企业“吸收能力”，试图揭示企业的研发投入究竟为何能够提高企业对外部知识的获取及利用能力，并进行了实证研究（Cohen、Levinthal，1994）。

## 一、企业吸收能力研究的理论基础

1. 资源基础理论

资源基础理论认为，建立在隐性知识基础上的、稀缺的、难以交易的和不易模仿的能力是企业获得竞争优势的基础，导致企业持续绩效差异的根本原因在于企业的资源（Barney，1991）。但是这样的资源对企业的战略意义随着时间的流逝与模仿者的出现而渐渐减弱，企业首先的反应是进一步开发现有的内部知识，当企业发现这样不能满足企业对资源的需要时，就会转而利用外部机会完善企业的资源。Lane 与 Lubatkin（1998）从资源基础论与组织学习视角入手，以 48 家制药企业与 22 家生物技术企业之间的 69 个研发联盟为样本，研究组织之间的企业吸收能力，即评估能力、消化能力与商业应用能力。研究发现，一家企业向另一家企业学习的能力受到知识基础、管理正式化程度、研发集权化程度、薪酬政策与研发领域的影响。吸收能力影响联盟中的企业学习，联盟中两家企业间知识与知识处理过程的相似性比单一企业的知识基础对组织学习的影响作用大。

2. 动态能力理论

动态能力理论认为，企业融合、构建和重新配置内外部能力以应对快速变化环境的能力——动态能力才是企业持续竞争优势的根本来源（Teece，2007）。Zahra 和 George（2002）基于动态理论的视角，首先区别企业吸收能力中的潜在吸收能力与现实吸收能力，并在此基础上提出了吸收能力的分析模式，论证了潜在吸收能力与现实吸收能力对竞争优势的创造与保持的不同影响。

笔者认为，企业吸收能力为组织获取、吸收、转化与利用知识产出的一系列路径和过程，吸收能力为一种动态能力，影响企业的竞争优势，这也就解释了处于相同行业中的企业的绩效差异来源于哪里这个问题。这个理论框架的潜在含义是，潜在吸收能力影响企业对外部知识的获取，但本质上是在组织惯例下的过程中进行的，不会改变组织惯例；现实吸收能力重新整合企业内外部新旧知识，能够产生新的思想，促进新产品的开发，对发展和优化组织惯例有重要作用。笔者对潜在吸收能力与现实吸收能力的区分能够为检验与研究企业对核心竞争力的建立与保持提供基点。

3. 组织学习理论

组织学习理论关注的是学习的认知过程，以及识别和探索性与利用性学习的重要性（Crossan，1999），有关组织学习认知过程的研究为吸收能力维度的完善提供了理论依托。Cohen 与 Levinthal（1990）对企业吸收能力的研究与论证对其后的研究具有深刻的借鉴意义。文章以 1719 个企业部门为样本，这 1719 个部门代表 151 个行业中的 318 家企业。研究从个体的学习入手进行分析，个体的学习是累积性的，当目标知识和个体已有的知识相关时，个体的学习效果是最好的。Cohen 与 Levinthal（1990）认为企业的吸收能力的发展具有路径依赖的性质，并提出研发能力能够创造出吸收与利用新知识的能力，也就是说，企业以前的研发能够创造出企业的吸收能力，基础性的研究能够使企业拥有必要的基础知识，能够识别外界的各种信息，对外部市场的变化做出及时的反应。创新成果的推广也需要企业具备一定的吸收能力。吸收能力是组织学习的函数，Kim（1997）从组织学习视角出发以案例形式研究吸收能力与组织学习的关系，研究表明，吸收能力是组织学习体系中至关重要的部分。企业吸收能力使得企业内部高效的行事方式能够有效地转移，吸收者缺少吸收能力是导致僵化（Stickiness）的主要原因（Szulanski，1996）。

4. 知识基础理论

随着知识时代的来临，知识和信息对于企业持续竞争优势形成的意义越来越被学界所重视。管理学界越来越关注知识的价值，提出了基于知识的企业理论——知识基础理论。可以说，知识基础理论是企业资源论的深化和延伸。知识基础理论在知识特性的基础上，而不是在交易成本的基础上探讨和分析企业的本质（Daft，1978）。Demsetz（1988）在研究中对知识和企业本质之间的关系进行了讨论，认为企业的本质是生产活动所需知识的获得、运用和积聚的有效制度，蕴含在企业能力背后并决定企业能力水平的是企业拥有的知识。Demsetz（1988）认为，企业之所以会出现的一个重要原因就是“知识”，知识成本的节约决定企业的纵向边界。企业与企业之间的差异性反映在知识形成和积聚的异质性上，企业的绩效很大程度上取决于与企业的组织条件和业务相适应的知识积累程度（Spender，1989）。

企业知识理论指出，即便假定交易成本为零，知识一体化还是存在很大的困难，原因在于知识的专业化和模糊性。企业在生产过程中形成和积聚的知识具有很大的差异，首先，企业吸纳的个体成员的知识专业化方向和程度都有很大差异，同时，成员间相互作用的形式和持续的时间也有很大差异。从知识的角度来看，企业在本质上可以说是一个动态的、不断更新的、共享的知识系统，管理者的主要任务和角色就在于管理和促进企业知识共享、知识运用与知识创新。企业技术创新活动正是新知识利用的结果，而对于知识的利用是一个动态的过程。企业以一种独有的路径获得知识，将获得的知识融入企业现有的正式和非正式组织结构中，进而有助于企业未来的知识积累（陈娟、芮明杰，2005）。最基本的层面上，知识存在于组织的个体成员，并专业化于某一特殊领域，个体之间的专业领域有所差异。企业知识理论强调，企业是生产性知识的集合体，知识是生产过程中最重要的投入。知识的专业性的存在要求企业在生产经营过程中，整合个体知识，尽量使拥有各种不同类型知识的专家之间通力协作。即使是资深专家的个体知识也不会自动转化为组织知识，有效的组织产出要求企业建立能够协调个体专业人员知识的机制。

企业之所以存在，在于对知识的整合，而这种整合能力是个体所必须具备的。市场无法很好地完成这项工作，隐性知识不可流动，潜在购买者占用显性知识的风险，都使得市场在协调过程中失效。企业的存在为多个个体集中使用其各自拥有的专业知识创造环境和条件，促进隐性知识在个体之间的交流、传播以及分享。企业的知识以个体知识为基础，企业对于知识的积累要依靠拥有各种专业知识的多个个体在生产过程中互动和相互促进。企业知识并不是个体知识的加和，这些额外的知识体现在组织惯例和组织路径中。从本质上讲，惯例的形成是知识在企业内部社会化的过程，指的是“一个组织得以构成和运营于其中的行事方式、规则、程序、习惯、战略和战术”（Nelson，1994）。组织惯例的形成和发展解释了为何企业在生产过程中协调个人知识和促进合作方面比市场的效率要高很多，也在很大程度上决定了企业成长的过程中呈现出的路径依赖特征。

## 二、吸收能力的含义及维度

“吸收能力”是一个源自宏观经济学（Macroeconomics）研究的概念，指一个宏观经济体系利用（Utilize）、吸收（Absorb）外部信息与资源的能力（Adler，1965）。这一概念被用于微观的组织分析当中始于 Cohen 和 Levinthal（1989），研发活动对企业的作用在这篇文章之前并没有得到学界的充分关注，技术知识曾被看成一种公共物品，能够无偿地被任何企业所利用（Lane、Koka、Pathak，2006）。Cohen 和 Levinthal（1989）对此进行了另一番解释：如果说获取外部知识的成本在一定的时期内很低的话，那也是由于企业已经对培养识别、消化和利用外部知识的能力进行了投资。企业识别、消化及利用外部新知识的能力为企业吸收能力（Cohen、Levinthal，1989）。之后作者从认知（Cognitive）角度入手将这个概念定义为企业认识（Recognize）其价值、消化（Assimilate）并利用（Apply）外部新知识的能力（Cohen、Levinthal，1990）。Cohen 和 Levinthal 在 1989 年与 1990 年研究的问题基本相同，但是其 1990 年采用社会认知（Sociocognitive）视角，基于截面数据通过回归模型检验展开研究，而 1989 年基于经济学模型展开研究。在之后的研究中，作者指出，借助吸收能力，企业不仅能利用外部新知识，也能更准确地预测技术发展趋势（Cohen、Levinthal，1994）。总体来看，Cohen 和 Levinthal 认为企业吸收能力为对外部知识的识别、评估、消化以及商业化利用（Commercially Apply）的能力（Lane、Koka、Pathak，2006）。

基于认知视角，Cohen 和 Levinthal（1990）指出，企业的创新结果依赖于先验知识积累，提出“吸收能力”概念，即企业识别出外部新知识的价值，将其消化并加以利用的能力。“认知”指的是个体构建的感知、理解外部世界并做出决策的思维模式、价值体系以及知识结构。这种研究视角认为组织可以产生创造力，能够进行有效学习并创造知识（Amabile，1988），将创新定义为“将新的问题解决想法加以实现”的过程（Cohen、Levinthal，1990）。企业吸收能力具有路径依赖的特点，建立在个体成员吸收能力基础上，依赖于组织对知识的分享和沟通。企业对外部新知识的吸收不仅能够实现知识的利用，而且还是预测知识发展方向和行业发展趋势的先决条件。从这个角度看，理解认知和组织知识吸收对创新行为的促进或抑制作用很有意义。从认知学的角度看，个体处理外部环境中的复杂的、差异化的信息的能力是有限的，人们会建立起心智模式（Mental Representations）以过滤、诠释并重构外界信息，这在一定情况下会形成创新性的想法和新颖的观点，但也有可能会产生偏见和惰性（Amabile，1988）。组织和管理学研究学者将这些分析延伸至团队和组织层面并指出，组织会形成集体心智模式和诠释图式（Interpretive Schemes），这些模式和图式将影响管理决策和组织行为。

Cohen 和 Levinthal（1989、1990、1994）的研究观点主要集中在以下几个方面：①吸收能力的作用：通过研发活动，企业积累起某一领域的科学和技术知识，进而提升创新绩效；②吸收能力的构成：一系列能力的综合，包括识别外部新信息的能力、消化信息的能力以及商业化应用的能力；③吸收能力形成和特征：企业吸收能力以个体成员的个体吸收能力为基础，主要取决于先验相关知识相关性和多元化，具有累积性和路径依赖性，但作者同时指出，企业吸收能力并非员工个体吸收能力的简单相加，它受企业和外界环境的相互作用、企业内部部门间的知识转移等影响（Lane、Koka、Pathak，2006）。

Cohen 和 Levinthal 对“吸收能力”的定义方式得到后续学者的支持与拓展。在 Mowery 和 Oxley（1995）看来，吸收能力也是一种组织技能，这种技能帮助企业处理从外部转移过来的新技术中的隐性要素，并在企业中加以利用。Kim（1997）认为吸收能力其实是学习以及解决问题的能力。随着学者们研究的逐步深入，Lane 和 Lubatkin（1998）从一个相对的角度阐述吸收能力，提出吸收能力是一个相对的概念，需要从“一对一”关系入手研究，取决于两个企业之间知识水平的匹配程度等要素。

Zahra 和 George 是对吸收能力概念发展具有重要推动作用的学者。Zahra 和 George（2002）认为吸收能力是组织的一系列惯例和规范，企业通过这些惯例和规范实现知识获取、消化、转化和利用，这四种能力相互作用共同形成一种动态能力。Zahra 和 George（2002）指出，获取能力帮助企业识别、评估及取得与企业运营紧密相关的外部新知识。消化能力指对获得的新知识的分析及解释的能力。转化能力则是企业发展及细化流程的能力，它能够促进现有知识、新取得的知识及已消化知识的结合，它可以由知识的增加、删除或以不同的方式来诠释同样的知识来完成。利用能力的作用在于对知识的利用，实现商业化产出，使企业能够细化既有能力，或者结合已取得及转化的知识，融入企业的运营。

对概念的科学测度是实证研究的重要基础。目前学术界对企业吸收能力这一概念的测度有多种方式（见表2－1），Cohen 和 Levinthal（1990）认为吸收能力包含三个维度：识别、消化与知识的利用，采用研发强度测评吸收能力，此测度方式为其后的研究奠定了重要的基础，许多文献基于此研究及此定量指标对吸收能力进行测量（Wenpin、Tasi，2001；Stock，2001）。另有许多学者使用其他的测度指标测评企业吸收能力，Boynton、Zmud 和 Jacobs（1994）采用管理者知识及管理过程有效性测度吸收能力，Mowery 和 Oxley（1995）采用科研培训的投入与加强竞争力的经济政策测度吸收能力，Liu 和 White（1997）利用针对研发人员的投入测度吸收能力，Szulanski（1996）则用9个指标对吸收能力进行整体测量。随着研究的深入，目前学界更倾向于从多维度入手测度研究变量，认为企业吸收能力是一种多维度概念。Van den Bosch 等（1999）区分出三个吸收能力维度：效率（成本）、范围（知识的广度）和灵活度（重组知识结构的能力）。Van Wijk 等（2001）根据企业先前相关知识来区分出吸收能力两个维度：深度（专业知识）和广度（普适知识）。Zahra 和 George（2002）从动态能力视角入手，把吸收能力划分为四个维度：获取、消化、转化及利用，前两者构成潜在吸收能力，后两者构成现实吸收能力。Liao、Welsch 和 Stoica（2003）在 Zahra 和 George（2002）研究的基础上，将吸收能力分为外部知识获取（Acquisition）和内部知识扩散（Dissemination）两个维度，前者指对外部新知识的识别和获取，后者指对外部新知识的沟通。Jansen、Bosch 和 Volberada（2005）基于 Zahra 和 George（2002）对企业吸收能力的维度划分开发出企业吸收能力的多维度量表。与先前学者不同，Mahnke 等（2005）指出，之前的吸收能力维度划分强调更多的是企业的能力，却忽视了员工知识吸收的积极性和动力，认为吸收能力应该包括两个方面的内容，即员工能力（Ability）和员工动力（Motivation）。Murovec 和 Prodan（2009）指出，企业需要不同的吸收能力吸收不同的外部知识，基于这个观点，将吸收能力分为科技推动（Science-push）吸收能力和需求推动（Demand-pull）吸收能力。Lichtenthaler（2009）从组织学习的视角出发，将吸收能力分为探索能力（Exploratory），转化能力（Transformative）和应用能力（Exploitative）。

表 2-1 吸收能力概念维度

| 吸收能力维度划分 | 研究来源 |
| --- | --- |
| 识别<br>消化<br>利用 | Cohen 和 Levinthal（1989） |
| 效率<br>范围<br>灵活度 | Van den Bosch 等（1999） |
| 深度<br>广度 | Van Wijk 等（2001） |
| 获取<br>消化<br>转化<br>利用 | Zahra 和 George（2002）<br>Jansen、Bosch 和 Volberda（2005） |
| 外部知识获取<br>内部知识扩散 | Heeley（1997）<br>Liao、Welsch 和 Stoica（2003） |
| 员工能力<br>员工动力 | Mahnke 等（2005） |
| 科技推动吸收能力<br>需求驱动吸收能力 | Murovec 和 Prodan（2009） |
| 探索能力<br>转化能力<br>利用能力 | Lane 等（2006）<br>Lichtenthaler（2009） |

资料来源：根据相关文献整理。

在以上概念维度划分中，Zahra 和 George（2002）的研究对 Cohen 与 Levinthal（1990）的研究具有非常重要的推动作用，对企业吸收能力的研究理解做出了很大的理论贡献，具有很大的现实指导意义，得到了后续学者很大程度的支持。

Jansen、Bosch 和 Volberda（2005）在研究中对 Zahra 和 George（2002）吸收能力维度划分进行了实证检验，开发出潜在吸收能力和现实吸收能力量表，实证检验了吸收能力与组合能力各维度之间的关系。分别从潜在和现实两个方面研究系统性能力、协调能力和社会化能力与吸收能力的关系。

Madel Carmen Haro-Domínguez 等（2007）对吸收能力、技术获取决策与企业绩效之间的关系进行了实证研究，此研究基于 Zahra 和 George（2002）的吸收能力维度划分并根据研究需要进行了一定的调整，按各维度能力的作用方式，把消化能力和转化能力进行了合并。研究得出了这样的结论：获取能力改善企业技术知识储备，消化、转化能力对知识学习产生影响。

Andrawina 等（2008）从 4 个维度（获取、消化、转化和利用）入手研究吸收能力，讨论吸收能力、知识共享以及创新能力的关系。各个维度的作用和意义都不同：获取能力强说明企业与顾客、其他组织的沟通程度高；消化能力强则说明企业过去经验的使用和员工参与情况好；转化能力说明的是企业是否能够很好地储备外部获取的信息并在评估中使用这些信息；利用能力反映的则是企业是否能利用知识改进现有工作惯例和流程。通过研究，作者得出了这样的结论：知识共享能力提升企业创新能力；吸收能力会增强知识共享能力对创新能力的影响。

需要特别指出的是，企业层面吸收能力和个体层面吸收能力之间既有联系也有区别。组织能够进行集体性思考和行动这种观点引发了学者对于组织学习和知识创造的关注，考察组织中的社会交互和团队互协如何影响集体知识、组织学习和知识创造（Amabile，1988）。企业对外部知识的吸收在最基本的层面上源于个体的知识吸收，而个体吸收能力主要取决于个体先前的知识结构，即员工和管理者对工作技能、技术以及管理实践的认识和理解，包括组织中个体拥有的能够影响创新执行过程的事实和观点（Cohen、Levinthal，1990）。具备某领域高教育背景的员工往往更容易吸收该领域的新知识，一定相关背景的先验知识和技能有利于加快新知识的识别和新旧知识的整合，适度的多样化知识背景在一定程度上增加了企业促成新知识与现有知识相关联的机会，同时可以帮助企业从多种视角来处理获得的知识。企业层面的知识吸收“源于”但是“高于”个体层面的知识吸收，涉及更多的组织层面的影响要素，诸如组织文化以及组织结构。

组织现象不仅产生于个体成员属性的整合，也产生于组织作为一个集体的整体构架和互动模式，组织现象是个体和集体方面的有机整合。虽然企业是由个体成员组成的，但企业层面的知识吸收不等于员工个人的知识吸收的简单加总。劳动分工加深了专业化水平，随着个体越来越专业化，其获得的普适性知识越来越少，专业化的知识要想发挥作用，需要有效的协调和整合。员工个人的知识吸收主要取决于个人的先前知识和经验，企业层面的知识吸收则依赖于企业整合性的动态能力（Zahra、George，2002），强调外部新知识在企业内部的扩散、利用与再创新，与组织成员之间的沟通联系以及知识分享密切相关。

企业个体成员，尤其是“看门人”（Gate Keeper）的知识吸收能力与企业层面知识吸收效果联系紧密，“看门人”作为企业内外部联系或部门间联系的纽带，是企业各部门间的边界跨越者，并且促成组织与外部知识环境间的沟通。“看门人”密切关注企业外部环境的变化，评价企业可能需要的相关知识，并促进新知识在组织内部的流动。外部新知识的结构有时与企业现有知识的结构并不相同，“看门人”需要把它转化成组织能够理解的模式。“看门人”不但要筛选出对企业有价值的知识，也要促进这些新知识在企业内部的转移，在组织内部创造一种通用的语言。但企业对新知识的吸收效果不等于“看门人”能力的加和，因为企业对于知识的吸收不但依赖于这些“看门人”的吸收能力，还与组织和外部环境间的沟通结构密切相关，与组织部门间的沟通结构以及组织内部专业化知识的分布密切相关。拥有多样化知识结构的个体之间的互动会增强组织持续创新的能力，而这种能力是个体不能实现的。

即使企业拥有很高比例的资深专家，也无法确保对外部知识的吸收，在企业的协作氛围比较差的情况下，资深专家甚至具有负向的影响。个体可能由于企业内部协调机制不健全而沟通不够，或由于安于现状不愿改变、担心自身利益受损等原因无法整合彼此的经验和专业性知识。一些国有企业管理结构僵化，管理理念落后，虽然内部拥有资深的专家，却没有令人满意的创新绩效。相反，一些私营企业，虽然雇员的经验和资历不够深，但是由于组织结构灵活，文化开放，更加倾向于采用新的管理或工艺。这些都说明，除了个体因素之外，更重要的是诸如企业内部对知识的整合能力以及沟通机制等企业层面的因素，最终决定着企业层面的知识吸收能力。

## 三、企业吸收能力的实证研究

目前学界对企业吸收能力的实证研究主要分为以下几类：吸收能力作为结果变量的研究；吸收能力作为调节变量或中介变量的研究；吸收能力作为前因变量的研究。

1. 吸收能力作为结果变量的研究

这类研究试图揭示出哪些因素会影响企业吸收能力的水平，主要体现在个体因素、团体因素、组织因素以及外部环境，如表 2 - 2 所示。

**表 2 - 2　吸收能力前因变量研究选择性回顾**

| | | |
|---|---|---|
| 个体因素 | 员工个人吸收能力<br>知识背景多样化 | Cohen 和 Levinthal（1990）<br>Matusik 和 Heely（2005） |
| | 组织跨界者外部和内部关系嵌入性<br>关系力量 | Ebers 和 Maurerb（2014） |
| 团体因素 | 结构性惯例<br>知识基础 | Lane 和 Lubatkin（1998）<br>Matusik 和 Heely（2005） |
| 组织因素 | 先前知识基础 | Cohen 和 Levinthal（1990）<br>Lane 和 Lubatkin（1998）<br>Narasimhan（2006） |
| | 知识搜寻经验 | Fosfuri 和 Tribo（2006） |
| | 研发投入<br>营销投入和运营能力 | Fosfuri 和 Tribo（2006）<br>Narasimhan（2006） |
| | 跨部门合作能力<br>分权和岗位轮换<br>社会关系和交际能力 | Jansen、Bosch 和 Volberda（2005） |
| | 组织结构和薪酬体系 | Lane 和 Lubatkin（1998） |
| | 冗余资源<br>失败容忍度<br>互博意愿<br>外部开放性 | Luiza 等（2014） |
| 外部环境 | | Matusik 和 Heely（2005） |

资料来源：笔者根据相关文献的总结。

Cohen 和 Levinthal（1990）等的研究都强调了先前相关知识对提升企业吸收能力的重要作用，但仅仅接触到外部知识不足以保证企业有效获取、消化和利用新知识。企业的吸收能力还受企业内部机制和组织情景等因素的影响。个体吸收能力是与先前相关知识紧密联系的一个概念，企业吸收能力的形成与个体吸收能力密切相关，但不是个体成员吸收能力的简单加和，研究人员需要更多地考虑企业吸收能力的组织特征。

Lane 和 Lubatkin（1998）的研究表明，组织机制（Organizational Mechanisms）对吸收能力的解释作用大于研发联盟，他们的研究对以研发投入作为吸收能力衡量指标的科学性提出一定的质疑。到目前为止，学界对吸收能力前因变量还是缺乏系统的研究。

Jansen、Bosch 和 Volberda（2005）对此作出了很大贡献，对后续研究具有极大的借鉴价值。Jansen、Bosch 和 Volberda（2005）以一家大型的多部门财务服务公司为研究样本，基于 Zahra 和 George（2002）对潜在吸收能力和现实吸收能力维度的划分开发出潜在吸收能力和现实吸收能力量表，对三种整合能力（Combinative Capabilities）的组织系统变量对吸收能力的影响进行了实证研究。这三种整合能力分别是合作能力（Coordination Capabilities）、系统能力（Systems Capabilities）和社会化能力（Socialization Capabilities）。其中合作能力变量指标包括：组织部门间协调能力、员工岗位轮换程度和员工决策参与度，结果表明三者都能够影响企业的吸收能力，但对吸收能力的不同维度的作用不同。组织部门间协调能力、岗位轮换影响潜在吸收能力；员工参与决策促进企业获取外部知识，但不影响对外部知识的消化；部门间协作及岗位轮换与转化能力正相关，但不影响利用能力；决策参与与转化能力正相关，但不影响利用能力。作者通过正规化和常规化程度衡量企业的系统能力，结果表明，正规化程度对现实吸收能力具有正向影响，常规化对潜在吸收能力具有正向影响。社会化能力通过联通性和社交技巧来衡量，结果表明，二者都对现实吸收能力具有积极的影响，对潜在吸收能力没有显著影响。Jansen、Bosch 和 Volberda（2005）的研究结果表明，组织机制前因变量对潜在吸收能力和现实吸收能力具有不同的影响，这也在一定程度上解释了为何企业很难平衡两类吸收能力。

Luiza 等（2014）指出，组织前因变量，如冗余资源、失败容忍度、互博意愿以及外部开放性是知识吸收的组织前因影响因素，因为这些因素阻止组织惰性的出现。研究以丹麦 169 家中小型企业为样本。作者研究发现，这些前因变量（失败容忍度）对吸收能力的不同方面（潜在吸收能力和现实吸收能力）具有显著正向影响。具体来说，冗余资源对知识获取和知识转化具有显著正向影响；失败容忍度对吸收能力 4 个维度没有显著影响；互博意愿对知识利用具有正向显著影响；外部开放性对吸收能力 4 个维度都具

有显著正向影响。

Ebers 和 Maurerb（2014）指出，虽然很多研究都证实吸收能力影响企业的创新能力和绩效水平，但我们对为何一些企业比另一些企业具有更高的吸收能力这个问题还是所知甚少。此研究指出，吸收能力是组织跨界者外部和内部关系嵌入性和关系力量的结果。此研究以德国机械行业 218 项组织间项目为数据基础，理论分析并实证检验了潜在吸收能力和现实吸收能力的影响因素。

2. 吸收能力作为调节变量或中介变量的研究

即使企业面临着同样的外部知识，也不必然能从外部知识中同样受益（Cohen、Levinthal，1990）。Veugelers（1997）以 290 家荷兰企业为研究样本，发现只有企业具备必要的吸收能力的时候，研发合作才会促进企业自身的研发活动。

Nieto 和 Quevedo（2005）以 406 家西班牙制造企业为研究样本，研究吸收能力在知识溢出和创新间的调节作用。Zahra 和 Hayton（2008）利用 217 家全球化制造业公司的数据，基于组织学习框架，通过实证研究发现，吸收能力越强，企业利用从国外市场获取的外部知识的效果就越好。

Escribano 等（2009）的研究发现，企业吸收能力能够提升企业利用知识外溢提升创新绩效的效果。知识环境越动荡，吸收能力的调节作用越明显，同时作者指出，知识产权保护越严格，吸收能力调节作用越大。Becker 和 Peters（2000）研究发现，在不考虑企业吸收能力情况下，技术机会（科学知识信息）显著影响着创新活动；当考虑吸收能力时，企业采取研发行动的可能性会大大增强。

Berchicci（2012）等对远程合作、吸收能力和创新结果之间的关系进行了理论分析和实证检验，研究以 250 家荷兰高新技术小型企业为样本。作者指出，远程合作对于企业来说是有很大挑战性的，地理上的距离会阻碍隐性知识的转移和组织之间的学习。作者对吸收能力的调节作用进行了检验，研究发现，远程合作能够提升企业的创新绩效，但是在研发强度低的企业中，这种关系是不存在的。

Liu 等（2013）在研究中对供应链情景下 IT 能力与企业绩效之间的关系进行了剖析。此研究整合了动态能力视角和能力阶层视角，构建起 IT 能力、吸收能力、供应链灵活性以及企业绩效之间的关系模型。作者以扬子江地区工业园的 1000 家企业为样本，研究发现，灵活的 IT 基础建设对吸收能力具有显著正向影响，IT 能力对吸收能力具有显著正向影响，吸收能力对企业绩效具有显著正向影响，吸收能力在 IT 能力与企业绩效之间起着中介作用。同时，研究发现，供应链灵活性也在 IT 能力与企业绩效之间起着中介作用。此外，作者发现，吸收能力还会通过供应链灵活性对企业绩效产生间接性正向影响。

Seo 等（2014）构建起个体创造力模型，这个模型包含 7 个主要的构念，分别是创造性自我效能、个体知识、IT 支持、个体吸收能力、探索、利用以及个体创造性。作者认为，创造性自我效能、个体知识、IT 支持通过个体吸收能力、探索、利用的中介作用对个体创造性产生影响。此外，作者还对主观幸福感的调节作用进行了检验，将样本分为两组，即高主观幸福感组和低主观幸福感组。研究以韩国 IT 企业为样本，收集到 706 份问卷，利用结构方程模型分析数据。实证结果表明，创造性自我效能、个体知识、IT 支持通过个体吸收能力、探索、利用的中介作用对个体创造性产生影响；主观幸福感在该书中自变量与中介变量、中介变量与因变量之间都起着调节效应。

Qadir 等（2014）对组织支持要素（创意产生组织支持、时间分配、工作独立性、绩效工资以及风险容忍）、吸收能力（获取、消化、转化和利用能力）以及它们的整合效应对技术创新的影响进行了实证检验。研究以伊拉克企业为样本，利用多元回归分析对假设进行检验。研究表明，组织支持要素对技术创新和吸收能力都有显著影响，同时，吸收能力在组织支持要素与技术创新之间起着完全中介作用。

Sciascia 等（2014）认为，非高技术行业中，创业导向对企业绩效的影响是一个研究不足的问题。作者在其研究中针对创业导向与企业绩效的关系引入吸收能力这个构念。具体来说，作者基于知识基础论观点，检验潜在吸收能力和现实吸收能力在企业创业导向与绩效之间的调节作用。研究以意大利 103 家中等规模的非高新技术企业为样本，研究发现，创业导向与高潜在吸收能力和高现实吸收能力结合起来，将对企业绩效产生显著正向影响。

3. 吸收能力作为前因变量的研究

此问题也是学界研究的热点问题之一。在研究吸收能力产出的实证文献中，涉及的组织产出变量主要包括技术创新、企业绩效、知识转移与组织学习（见表 2 - 3 与表 2 - 4）。

**表 2-3 吸收能力组织产出研究选择性回顾——技术创新**

| 年份 | 作者 | 研究结论 | 变量测度 |
|---|---|---|---|
| 2001 | Tsai | 部门吸收能力提升创新绩效 | 吸收能力：研发强度<br>企业创新：某一年中实际推出的新产品数量/计划推出的数量 |
| | Stock、Greis 和 Fisher | 吸收能力与新产品的开发绩效之间呈倒“U”形关系 | 吸收能力：研发强度<br>新产品开发绩效<br>新产品技术绩效 |
| 2003 | Oltra 和 Folor | 企业吸收能力提升创新活动 | 吸收能力：系统、持续的研发投入<br>创新产出：新产品销售额占比 |
| 2005 | Nieto 和 Quevedo | 吸收能力促进创新努力；吸收能力提升技术机会对创新努力的影响 | 吸收能力：对竞争者技术的意识、培训投入等指标<br>创新努力：研发投入/销售额 |
| 2008 | Gao、Xu 和 Yang | 企业吸收能力会增强管理者社会关系对创新的作用 | 吸收能力：研发人员比例<br>技术创新：与竞争者相比，突破性技术创新和渐进性技术创新的数量（作为一个整体变量进入模型） |
| 2009 | Chen 等 | 吸收能力提升创新绩效 | 吸收能力：量表（3 题项，单维度）<br>技术创新绩效：量表（5 题项，单维度） |
| | Lichtenthaker | 转化与利用性学习促进企业创新；探索、转化与利用性学习的互补作用对企业创新起着积极的作用 | 吸收能力：量表（3 维度）<br>技术创新：量表（单维度） |
| | Huang 和 Rice | 企业间网络与吸收能力的交互效应对创新绩效的影响大于网络本身的影响 | 吸收能力：培训强度<br>技术创新绩效：研发强度 |
| | Escribano、Fosfuri 和 Tribo | 吸收能力对外部知识流量与创新结果的关系有正向调节作用 | 吸收能力：研发投入、正规研发部门、研发培训、科研人员比例<br>创新产出：新产品开发 |

续表

| 年份 | 作者 | 研究结论 | 变量测度 |
|---|---|---|---|
| 2013 | Ritala 和 Laukkanen | 潜在吸收能力和创新独占性对渐进性创新具有显著正向影响；对于突破性创新而言，创新独占性具有显著正向影响，而吸收能力无影响 | 问卷量表 |
| 2014 | Maurerb | 潜在吸收能力和现实吸收能力不仅对组织创新具有独立的影响，而且具有互补性的影响 | 问卷量表 |

资料来源：笔者根据相关文献的总结。

**表 2-4 吸收能力组织产出研究选择性回顾——企业绩效、学习效果以及知识转移**

| 年份 | 作者 | 研究结论 |
|---|---|---|
| 1993 | Nicholls-Nixon | 拥有高吸收能力的企业研发投资更多，开展更多的研发合作，并从研发合作中受益更多 |
| 1996 | Szulanski | 信息接收者吸收能力不足是知识转移的最大阻碍 |
| 2000 | Gupta Govindarajan | 部门的吸收能力对知识转移的影响非常大 |
| 2001 | George 等 | 当企业参与或保持多种方式的联盟关系时，有助于提高企业吸收能力，促进企业创新和提高财务绩效 |
|  | Deeds | 吸收能力能够提升创业绩效 |
|  | Tsai | 部门的吸收能力能够提升财务绩效 |
|  | Lane、Salk 和 Lyles | 吸收能力能够提升国际合资企业绩效 |
| 2003 | Minbaeva 等 | 员工能力和动机（吸收能力的两个维度）都是知识转移的必要条件 |
| 2004 | Pak 和 Park | 吸收能力与新产品开发知识和制造流程技能知识转移之间存在显著的正相关关系 |
| 2009 | Lichtenthaker | 技术和市场的动态性对企业的探索、转化和利用能力与绩效的关系起着正向的调节作用；吸收能力的三个维度的互补作用对企业绩效具有积极的影响 |
| 2014 | Popaitoon 和 Siengthai | 现实吸收能力对短期项目绩效具有显著正向影响，潜在吸收能力对长期项目绩效具有显著正向影响 |

资料来源：笔者根据相关文献的总结。

（1）企业吸收能力与技术创新。Cockburn 和 Henderson（1998）以重大产品创新案例跟踪和调查访谈的方法对吸收能力与产品创新的关系进行了研究，发现制药企业出于商业目的的研究和公共基础研究之间是有联系的，具体来说，拥有重大产品创新的企业不仅通过直接投资吸收能力（如企业内部基础研究等）来接触基础研究，而且也保持了与科学领域广泛的接触。

学者发现，部门的吸收能力会提升部门的创新与绩效水平（Tsai，2001）。Tsai（2001）的论述基于网络视角与组织学习理论，结果显示，吸收能力与部门网络中的位置对部门创新与绩效具有正向交互影响。占据部门网络中心位置对单个部门来说意味着能够获得更佳的战略资源，这样的资源使得部门能够获得产生新想法的必要信息，从而促进部门的创新活动。拥有较强吸收能力的部门更有可能利用其他部门的新知识帮助自身进行创新，吸收能力缺乏则意味着某一部门即使获取了必要的外部资源，还是不能够将这一外部资源与自身资源整合而产生创新必要的新的知识与想法。研究结果同时指出，网络中心位置与部门绩效之间没有明显的关系，作者是这样解释这一问题的，它很可能是由于网络中心位置带来绩效提高的同时还带来了高额的管理费用，而绩效的提高不足以抵消管理费用的增加。

Stock 等（2001）的研究结果表明，吸收能力与新产品开发绩效之间是倒“U”形关系，换句话说，吸收能力提升到一定程度后会出现收益递减现象，研发投入过多资源会阻碍创新绩效的增长。

Nicholls、Nixon（1993）和 Woo（2003）对吸收能力与多种创新产出的关系进行了实证研究，评估内、外部研发努力与专利、技术创新等创新产出的关系。研究结果表明，内部研发投入对企业专利和技术声誉具有正向影响，同时这种影响只在研发投资的早期表现明显；外部研发投资活动也对创新产出有影响。

Kira（2009）的研究以制药和生物技术企业为样本，来反映吸收能力与企业创新绩效之间的关系。研究发现，企业自身的研究投入、基础科学研究，以及与高校的联系会提升样本企业的创新绩效，而这体现出企业吸收能力对技术创新的作用。

Nieto 和 Quevedo（2005）建立起吸收能力、技术机会、知识溢出和创新努力程度之间的关系框架。作者指出，技术机会、知识溢出以及吸收能力都会提升企业的创新努力程度，而吸收能力又会加强技术机会和知识溢出对企业的作用。Victor J. 和 Garcia-Morales 等（2007）的研究也得出了相似结论，即具有较强吸收能力的企业会从研发中获取更好的结果。

没有哪家企业运行于静态的市场环境中，Lichtenthaker（2009）把企业吸收能力置于动态的技术与市场环境中进行研究，探讨吸收能力的三个维度，即探索、转化与利用能力的互补性作用对企业创新与绩效的影响。Lichtenthaker（2009）强调吸收能力的多维度本质，指出，以动态的视角研究企业吸收能力，才能把握此概念的真谛。研究得出这样的结论，技术和市场的动态性对企业吸收能力与绩效及创新的关系起着正向的调节作用。除此之外，Lichtenthaker（2009）的另一个重要理论突破是，验证了吸收能力三个维度的互补作用对企业创新与绩效的影响。

Antonio 等（2014）对潜在吸收能力、现实吸收能力与创新结果之间的关系进行了分析和验证，同时检验了潜在吸收能力对现实吸收能力的预测作用。此外，研究提出，关系学习在潜在吸收能力和现实吸收能力之间起着调节作用。此研究建立起以上变量的权变过程模型。样本数据来自西班牙汽车部件制造企业的 110 个项目经理。研究结果表明，现实吸收能力在潜在吸收能力和创新结果之间起着完全中介作用，这个间接的作用受到关系学习的正向调节作用。

Sakhdari 等（2014）的研究探索制度市场导向与外部搜索宽度的交互作用对企业利用吸收能力提升企业创业性的效果。研究以澳大利亚和伊朗的 331 家供应商企业为样本，结果表明，吸收能力与企业创业性之间的关系在外部知识搜索宽度高的企业中表现得更明显。同时，在低市场导向制度环境中，如伊朗，吸收能力对企业创业性的关系强度会降低，但是，在这样的环境中，企业可以通过广泛的外部知识搜索来抵抗这种制度环境的缺陷。

Ritala 和 Laukkanen（2013）的研究旨在探索为何一些企业能够比其他企业在创新过程中更好地从竞争者合作中获益。作者指出，竞争者合作中的企业层面成功要素的研究还比较匮乏。此研究指出，企业从外部知识源获取知识的能力（潜在吸收能力）以及创新结果和核心知识的保护能力（创新独占性）对竞争者合作中的企业创新结果影响显著。此研究还区别出渐进性创新和突破性创新，作为合作结果变量的代表。研究以芬兰企业为样本。通过多元回归数据分析，作者发现，企业潜在吸收能力和创新独占性对渐进性创新具有显著正向影响；对于突破性创新而言，创新独占性具有显著正向影响，而吸收能力的影响不显著。同时，创新独占性水平高的时候，潜在吸收能力对突破性创新具有显著正向影响。

Maurerb（2014）以德国机械行业 218 项组织间项目为数据基础，研究发现，潜在吸收能力和现实吸收能力不仅对组织创新具有独立的影响，而且具有互补性的影响。

（2）企业吸收能力与组织绩效。Jane、Salk 与 Lyles（2001）以墨西哥跨国合资企业为样本，剖析跨国合资企业学习与绩效之间的关系，实证分析发现，理解能力与消化能力影响跨国合资企业的学习效果，而应用能力则直接提升跨国合资企业的绩效水平。企业通过理解与消化能力获得知识，促进组织学习。应用能力旨在实现知识的商业化利用，产生新的产品，带来新的利润，直接影响企业绩效。

George 等（2001）以生物医药联盟为样本，证实了吸收能力与企业绩效之间的关系。

Jansen、Bosch 与 Volberda（2003）以一家欧洲大型金融服务企业为样本，检验企业吸收能力与企业绩效及适应（Adaptation）的关系，作者认为，现实吸收能力占吸收能力比率这个指数与财务绩效之间呈倒“U”形关系，也就是说，现实吸收能力与潜在吸收能力平衡发展的时候企业绩效水平最高，但没有通过实证检验，作者认为部分原因是研究样本的选择。此外，作者研究发现，潜在吸收能力能够提升企业的探索性适应（Explorative Adaptation），而现实吸收能力能够提升企业的开发性适应（Exploitative Adaptation）。

Popaitoon 和 Siengthai（2014）研究项目导向的企业中人力资源管理方式、项目团队知识吸收能力与项目绩效之间的关系。研究以我国台湾地区跨国企业中的 198 个项目为数据样本，研究发现，人力资源管理方式对知识吸收能力与项目绩效的关系具有调节效应。具体来说，现实吸收能力对短期项目绩效具有显著正向影响，潜在吸收能力对长期项目绩效具有显著正向影响。人力资源管理方式对长期和短期项目绩效都有正向影响，在现实吸收能力与短期项目绩效之间，人力资源管理方式没有调节作用，在潜在吸收能力与长期项目绩效之间，人力资源管理方式具有正向调节作用。

（3）企业吸收能力与知识转移和组织学习。Nicholls-Nixon（1993）研究发现，吸收能力高的企业研发投资更多，研发合作也更多，从研发合作中受益也更多。Szulanski（1996）试图揭示哪些因素会影响企业组织部门间知识转移的效果，这些因素包括知识特征、知识提供者的特征和知识接收者的特征等，吸收能力是知识接收者的特征的一部分。作者指出，知识接收者的吸收能力是应对企业各部门间的知识转移过程中黏性（Stickiness）

的主要因素之一。此外，联盟方式组合与吸收能力共同影响绩效，当企业参与或保持多种方式的联盟关系时，企业吸收能力也更高，创新成果和财务绩效也更高（George 等，2001）。

Lane 与 Lubatkin（1998）指出，学习能力实际上是一种相对的概念，有效的组织间学习需要战略伙伴拥有足够的相似知识及足够的不同的知识，前者促进组织的学习效率，后者为组织提供有意义的可学的东西。Ahuja 与 Katila（2001）在其对收购绩效的研究中得到了同样的结论。Jane、Salk 与 Lyles（2001）发现，相对吸收能力越高，组织间学习效果越好。有学者指出，技术知识经由企业的吸收能力融入企业惯例中，进而实现新的技术优势。评估、消化与利用知识的能力与组织学习效果密切相关（Victor J. 和 Garcia-Morales等，2007）。

国内研究方面，龚毅等（2004）提出，企业的技术战略决策（内部研发与购买技术）由新产品投放市场时间系数、内部研发成本、新产品市场总收益及该企业所占市场份额综合决定。作者通过模型分析，基于 Zahra 和 George（2002）对吸收能力的定义和维度分解，对企业技术战略长期有效性与潜在吸收能力、现实吸收能力的关系进行了分析，提出，无论企业选择何种技术战略，都需要实现潜在吸收能力和现实吸收能力之间的平衡发展，两种吸收能力的平衡发展与企业技术战略的长期收益密切相关。

王唯（2007）对吸收能力、核心能力与竞争优势的理论关系展开分析。作者提出，从组织间合作的角度讲，吸收能力是组织自身吸收能力与组织间关系的函数，吸收能力的真正价值更多地反映在其战略指导性上。作者认为，在组织战略层面，吸收能力与核心能力相辅相成，这二者的整合，使组织能够处理好组织的动态性与稳定性、同质性与异质性之间的平衡，促进组织间合作的展开，进而形成组织的竞争优势。

徐二明、张晗（2008）对企业知识吸收能力与创新能力和绩效的关系进行了实证检验，研究以我国不同行业近 200 家企业的数据为样本。研究发现，企业知识转化能力对企业绩效水平的影响很大，而其对知识创新能力的影响不具显著性。

徐二明、陈茵（2009）基于先前学者的知识转移的 3 类模型（即知识转移的螺旋模型、交流模型和结构模型），以交流模型为框架，借鉴其他两类模型的主要观点，针对企业知识吸收能力的构成维度进行了研究，以期更加完整地反映企业知识吸收的过程特性。此研究绘制出知识吸收能力维度矩阵，为企业知识吸收能力的概念理解提供了理论依据，同时，在实践层面上，对参与技术合作的中国企业提出了建议。

钱锡红、杨永福、徐万里（2010）在研究中，应用社会网络分析方法和管理学相关理论，以深圳市 IC 产业为例进行实证分析。研究得出结论：位于网络中心并占有丰富结构洞的企业更有优势进行组织创新活动。同时，企业知识获取、消化、转化和应用能力对企业创新绩效水平具有显著提升作用，并且，企业通过改善网络位置而获得的创新收益随着知识获取和知识消化能力的提升而增强。

陶锋（2011）指出，由于吸收能力弱，中国代工制造业创新绩效在金融危机中遭受重创。此研究对吸收能力对知识溢出和创新绩效关系的调节机制进行了分析，同时构建吸收能力指数，基于珠三角代工制造业的问卷调查数据展开了实证研究。作者研究发现，代工企业的吸收能力对知识溢出和创新绩效的关系具有正向调节效应，换句话说，吸收能力提升了外部知识溢出对创新绩效的作用发挥；与购买者驱动型价值链相比，吸收能力的调节效应在生产者驱动型价值链中的效用更加明显；在生产者驱动型价值链中，隐性知识溢出对代工企业创新绩效的正向影响表现得更加明显，而在购买者驱动型价值链中，显性知识溢出对代工企业创新绩效的正向影响表现得更加明显。除此之外，此研究还比较了吸收能力的 4 个维度对知识溢出和创新绩效的效用。

刘艳巧（2012）基于社会资本理论和知识吸收能力理论，构建起团队社会资本和知识吸收能力对团队绩效影响的关系模型，分析团队内社会资本、团队外社会资本、知识吸收能力和团队绩效之间的关系。此研究通过实证检验发现：团队内社会资本认知维度对知识吸收能力的影响不显著；在知识吸收能力的 4 个维度中，知识消化能力对团队绩效的影响最大；团队内、外社会资本分别在知识吸收能力和团队绩效间起着中介作用；团队内社会资本与团队外社会资本之间存在负相关。

李贞、杨洪涛（2012）选取我国长三角地区 236 家科技型中小企业作为实证研究对象，理论分析与实证检验相结合，定量分析吸收能力、关系学习及知识整合对创新绩效的影响。

李梅、柳士昌（2012）采用广义矩估计方法对对外直接投资的逆向技术溢出效应展开实证检验，此研究检验基于 2003 ~ 2009 年中国省际面板数据进行。作者通过研究发现，对外直接投资的逆向技术溢出在不同地区之间存在显著差异，积极的逆向溢出效应发生在发达的东部地区。作者对影响对外投资对全要素生产率和纯粹技术进步逆向溢出的各吸收能力因素的门槛特征进行了进一步检验，利用门槛回归模型，从 R&D 强度、人力资本、经济发展、技术差距、金融发展和对外开放程度这几个方面入手衡量引发积极逆向技术溢出效应的门槛水平。

沙文兵（2013）对吸收能力、FDI 知识溢出以及内资企业创新能力之间的关系进行了实证研究，此研究以我国高技术产业为研究样本。通过研究发现，以 R&D 投入强度表征的内资高技术企业的吸收能力对于 FDI 知识溢出效应具有非线性影响，前者对后者的影响是“U”形的，换句话说，吸收能力对于 FDI 知识溢出效应的作用存在一个临界值，当内资企业 R&D 投入强度没有达到这一临界值时，无法有效吸收 FDI 渠道溢出的知识，同时，内资企业自主 R&D 投入是其创新能力的重要推动力量。此外，作者还发现，企业平均规模越大，其创新能力越强。

陶永明（2014）采用结构方程模型（SEM）对企业技术创新投入对技术创新绩效的影响作用与机理进行了实证研究。研究基于 262 家企业的问卷调查数据展开，结果发现，企业技术创新投入间接地影响技术创新绩效，它在吸收能力和技术创新能力之间起着中介作用。研究在理论意义上为企业在开放式创新环境下进行技术创新投入活动提供了洞见。

4. 潜在吸收能力与现实吸收能力实证研究

Zahra 和 George（2002）的吸收能力维度划分在后续研究中，尤其是在实证研究中，得到一定的认同和应用。针对本书的需要，笔者对学者们对于 Zahra 和 George（2002）吸收能力维度划分方式的借鉴和沿用进行了整合和回顾，如表 2-5 所示。

**表 2-5　潜在吸收能力与现实吸收能力实证研究回顾**

| 年份 | 作者 | 研究结论 |
| --- | --- | --- |
| 2005 | Jansen、Bosch 和 Volberda | 开发出潜在吸收能力与现实吸收能力的量表，实证验证了整合能力与吸收能力各维度间的关系 |
| 2006 | Fosfuri 和 Tribo | 研发合作、外部知识获取以及知识搜寻经验是企业潜在吸收能力的关键影响因素，潜在吸收能力是企业创新过程中竞争优势的重要来源 |

续表

| 年份 | 作者 | 研究结论 |
| --- | --- | --- |
| 2006 | 朱秀梅 | 潜在吸收能力与现实吸收能力对创新绩效都具有积极影响；企业吸收能力越高，显性与隐性知识溢出对创新绩效的影响越大；结构以及关系资本与企业潜在吸收能力正相关；认知资本与现实吸收能力正相关 |
| 2007 | Haro-Dominguez 等 | 获取能力影响企业技术知识的储备；消化、转化能力影响组织对于知识的学习；利用能力与消化、转化能力共同作用于组织竞争优势的提升 |
| 2008 | Jurado 等 | 组织前因变量（企业知识、正规化程度与社会整合机制）对企业吸收能力（潜在吸收能力与现实吸收能力）有影响 |
|  | Andrawina 等 | 知识共享能力提升企业创新能力，吸收能力起中介作用。同时，潜在吸收能力影响现实吸收能力，现实吸收能力提升技术创新能力（产品创新和过程创新） |
|  | Abecassis-Moedas 和 Mahmoud-Jouini | 通过案例分析指出，知识获取能力、消化能力、转化能力与利用能力对新产品开发中的过程效率和产品效用具有正向的影响 |
|  | Xia 和 Roper | 潜在吸收能力的消化维度比获取维度的影响更大：技术水平和持续的研发对企业进入探索性联盟的影响显著 |
| 2009 | 刘璐 | 对于传统企业而言，认知价值、获取资源、理解内化 3 个维度直接影响盈利绩效；对于高新技术企业而言，企业吸收能力 4 个维度都直接影响盈利绩效 |
| 2010 | Sivan 等 | 创业团队异质化程度对潜在吸收能力的获取维度具有正向影响；目标设定对现实吸收能力的利用能力具有正向影响，并且潜在吸收能力与现实吸收能力对企业绩效的影响受环境不确定性的影响 |
|  | 钱锡红、杨永福、徐万里 | 企业吸收能力的 4 个维度（获取、消化、转化与利用）都会显著提升企业创新绩效，同时企业吸收能力会提升企业网络位置对企业创新绩效的影响 |
| 2011 | Flatten 等 | 基于 Zahra 和 George（2002）的理论研究，对潜在吸收能力和现实吸收能力进行了量表的开发。量表包含 14 个题项，分别测度企业的获取能力、消化能力、转化能力以及利用能力 |
| 2014 | Popaitoon 和 Siengthai | 现实吸收能力对短期项目绩效具有显著正向影响，潜在吸收能力对长期项目绩效具有显著正向影响 |

资料来源：笔者根据相关文献的总结。

# 第二节 技术创新研究综述

下面笔者将对突破性技术创新以及渐进性技术创新的概念界定、理论及实证研究进行系统的文献回顾和总结。通过相关文献的梳理及思考有助于我们明晰企业吸收能力与这两类技术创新的关系。

## 一、技术创新的含义

“创新”理论的首次问世要追溯到经济学家熊彼特的研究。“创新”首次以经济研究的核心理论被提出来源于熊彼特 1912 年所著的《经济发展理论》。熊彼特在研究中强调，企业家能够实现生产要素的重组，是“经济发展的带头人”，能够进行“创造性的破坏”。创新是技术（流程、服务）的一次新的飞跃。创新是一个非常复杂的概念，创新的过程影响范围广、涉及面广。创新是一种不断破坏旧的结构，创造新的结构的过程，主要包括 5 种情况：①新的产品；②新的生产方法；③新的市场；④新的原材料或半成品供应来源；⑤新的组织形式（熊彼特，1990）。Mansfield（1968）指出，技术创新源于创意的产生，然后是创意产品的生产，接着是新产品的营销，直至新产品的交付使用等。Drucker（1985）指出，技术创新是对产品和过程的创造和改良。Freeman（1987）认为，技术创新是技术的、工艺的和商业化的全过程，通过这一过程将实现新产品的市场化和新的生产设备等的商业化。根据本书的需要，下面笔者将针对突破性技术创新和渐进性技术创新相关研究进行文献梳理和回顾。

## 二、突破性技术创新与渐进性技术创新的提出及含义

1. 概念含义：突破性技术创新与渐进性技术创新

对于技术创新的突破性（Radicalness）程度，Normann（1971）在其对产品开发的研究中，使用了变异（Vatiation）和重新定位（Reorientation）这两个词，后者指的是现有产品中的本质的变化，前者指的是局部的完善

和修改。Knight（1967）区分出路径（Routine）创新和非路径（Non-routine）创新，前者引起产品、服务或生产过程中局部的改变，后者则能够引起组织内部或外部环境的变化。

突破性技术创新建立在一整套不同的工程和科学原理之上，往往可以开启新的市场和潜在应用。突破性技术创新可能导致整个产业的重新洗牌，经常会给现存的企业带来巨大的难题，却常常是新兴企业成功进入市场的基础（Dess、Beard，1984）。

Dewar 和 Dutton（1986）指出，突破性技术创新和渐进性技术创新对现有实践造成的变革程度不同。技术上非常规的、根本的、革命性的创新称为突破性技术创新。变异性的、常规的、逐渐演变的创新是渐进性技术创新。突破性技术创新中包含着大量的新知识，渐进性技术创新建立在企业现有知识结构的基础上。

突破性技术创新和渐进性技术创新对实践造成的变革程度不同。突破性技术创新的结果是产品、工艺或服务拥有了此前未有过的性能，或者即使性能相似，但是性能和成本控制有巨大提高，或者全新产品的出现（Tushman、Anderson，1986）。

突破性技术创新给企业带来的结果体现在以下一个或几个方面：前所未有的性能特征；原有性能提升至少 5 倍；成本降低至少 30%（Leifer，2000）。

Hill 和 Rothaermel（2003）指出，突破性技术创新包含新的产品和原料，产生于新的知识基础，或者是企业现有知识基础与新知识的结合；渐进性技术创新则是建立在现有知识的基础上，逐步改善用于满足客户需要的方法和原料。

综上所述，我们可以看出，突破性技术创新建立在新的科学原理之上，采用的技术和知识与企业现有知识和能力基础的差别非常大，甚至会形成对企业现有能力的否定，渐进性技术创新建立在原有知识和能力的基础上，在进行渐进性技术创新过程中，企业需要对自身能力和资源所做的改变较少。突破性技术创新对企业产生的影响较大，能够带来全新的产品或产品性能的大幅度提升和/或成本的大幅度降低，而渐进性技术创新对企业的影响较小。

2. 两类技术创新比较

突破性技术创新所依托的技术知识是全新的，同时并不按照公司主流用户的需求进行改进，而是旨在开拓新的市场和用户（许庆瑞，2000），可能在短时间内还无法超越持续性技术的性能，但它能够引起产品或服务上的大幅度的突破，引起产品/服务以及市场上战略性的改变，帮助企业开拓新的市场，服务新的用户。渐进性技术创新建立在原有技术模式的基础上，对产品进行局部的完善，旨在为主流客户提供新的服务和功能（Tushman、Anderson，1986）。换句话说，渐进性技术创新是已有方法的延伸，是市场上已有产品的延伸，是“进化性”的创新形式，而非“革命性”的创新形式。突破性技术创新基于新的技术模式，目的定位于满足甚至激发新的客户或消费者的需求。突破性技术创新不是基于现有客户的需求产生的，而是革命性的（许庆瑞，2000）。

突破性技术创新和渐进性技术创新的差异体现在很多方面，见表2－6。突破性技术创新在产品技术及其应用原理上有显著的变化。突破性技术创新是创造历史的观念性转变，往往会引起技术或产品的重大突破，开拓出新的市场，这类创新发生之后往往会出现一系列渐进性的产品创新和工艺创新，渐进性技术创新引起的组织变化是持续的和渐进的。突破性技术创新需要面临技术和市场两大挑战，具有很高的风险性，而渐进性技术创新无论是技术还是市场都相对成熟，回报比较稳定，风险较低。突破性技术创新需要企业具有较高的战略柔性和适应性。渐进性技术创新建立在原有的技术轨道上，满足主流用户的需求。突破性技术创新开辟出一个新的技术轨道，它的技术可能暂时还不符合现有客户的需求或者还不被现有主流客户看重（张洪石、卢显文，2005）。

**表2－6　渐进性技术创新与突破性技术创新的多角度比较**

| 比较角度 | 渐进性技术创新 | 突破性技术创新 |
|---|---|---|
| 技术依托 | 现有技术利用 | 新技术探索 |
| 技术轨道 | 线性持续的 | 发散不连续的 |
| 不确定程度 | 较低 | 较高 |
| 主要参与者 | 正式的交叉功能的团队 | 具有多种功能知识的个人非正式的网络 |
| 过程 | 正式的阶段模型 | 早期阶段为非正式的柔性<br>后期阶段为正式的 |
| 资源与能力 | 标准的资源配置 | 创造性获取资源与能力 |
| 运营单位的介入 | 一开始就正式介入 | 早期的非正式介入，后期正式介入 |

资料来源：Leifer R.，McDermott C.，O'Connor G.，Peters L.，Rice M.，Veryzer R. Radical innovation：how mature companies can outsmart upstarts. Boston：Harvard Business School Press，2000.

## 三、突破性技术创新与渐进性技术创新的实证研究

通过文献回顾发现，企业规模、企业结构、企业知识及知识管理机制，以及外部环境等都与突破性技术创新和渐进性技术创新有密切关系。

企业规模方面。目前针对企业规模与突破性技术创新及渐进性技术创新关系的研究结果不一。Ali（1994）认为大型企业更有利于开展突破性技术创新，原因在于它们享有规模经济。与之相反，Mitchell 和 Singh（1993）认为那些规模比较大的企业，受到官僚机制的限制，会回避风险，选择对企业影响较小但是结果比较稳定的渐进性技术创新。Pavitt（1990）等则认为组织规模和创新能力之间呈“U”形关系：小型或大型的规模较有利于突破性技术创新。

企业结构方面。Kaluzny（1974）对医疗服务行业进行了研究。对于医院中的突破性技术创新来说，正规化是突破性技术创新及渐进性技术创新重要的预测变量。Ettlie（1984）对食品加工行业的突破性技术创新和渐进性技术创新进行了研究，发现渐进性技术创新在那些分权化以及正规化的企业中出现的频率更高。

企业知识及知识管理机制方面。Ettlie（1984）对食品加工行业的突破性技术创新和渐进性技术创新进行了研究，结果发现，突破性技术创新在那些技术政策更加积极、技术专家更加集中的企业中出现的频率更高，而渐进性技术创新在那些分权化以及正规化的企业中出现的频率更高。技术专业人员对渐进性技术创新很重要，对突破性技术创新的作用更大。Dewar 和 Dutton（1986）指出，知识是创新的主要决定要素，作者以包含新知识的程度来区分突破性技术创新和渐进性技术创新。以鞋业行业为样本，作者发现，技术专家对于这两类技术创新都很重要，对突破性技术创新的价值更大一些。Kaluzny（1974）对医疗服务行业进行了研究，发现医疗服务机构中，专业人员这个变量对渐进性技术创新和突破性技术创新都有预测作用。有学者研究发现，那些能够为产品提供更好的营销和技术支持的企业以及产品组合深度和广度更高的企业能够从突破性技术创新中获得更多的回报（Sorescu、Chandy、Prabhu，2003）。

此外，企业的外部环境也会影响这两类技术创新。Cooper（1979）强调了市场环境因素对于技术创新项目选择的重要性，研究发现，用户需求的

快速变化以及强大的竞争对手都会对市场环境产生很大的影响。技术周期会引起技术环境的动荡变化（Tushman、O'Reilly，1996）。市场环境对企业创新行为的影响主要是通过高层管理者的认知来实现的，管理者必须不断地、快速地适应企业的外部环境，识别出创新的机会，重塑企业路径以适应企业的外部环境。学者们将环境看成信息来源，将战略抉择看成管理层对外部市场环境信息的认识和过滤。高层管理者通过识别、诠释以及整合有关环境变化的数据来追踪市场的发展方向，清楚市场给企业带来了什么威胁和机遇（Anderson，1999）。

Koberg、Detienne 和 Heppard（2003）是对突破性技术创新以及渐进性技术创新前因变量比较具有代表性的研究。这篇文章对后续研究具有很大的借鉴意义，研究结果指出了环境、组织过程以及管理因素会对两类创新产生影响。Koberg、Detienne 和 Heppard（2003）将渐进性技术创新定义为影响幅度低的企业创新方式，包括如下 4 类：①程序创新；②人员创新；③工艺创新；④结构创新。突破性技术创新则反映在战略上的变革。研究通过问卷调查以及实地访谈，对两类企业创新的前因变量进行了实证研究，具体来说是环境特征、企业组织特征、企业结构特征、过程特征和管理者特征与渐进性技术创新和突破性技术创新之间的关系。研究得出如下结论：环境因素、组织因素、过程因素和管理因素能够提升突破性技术创新与渐进性技术创新，这些影响因素之间相互联系，并且与外部组织环境互动。环境动力、企业年限和规模、企业内部结构联结以及 CEO 的年龄能够促进渐进性技术创新，而与突破性技术创新相联系的前因变量是环境特征、企业内部联系、试验以及项目跨部门转移。

Zhou、Yim、Tse（2005）在研究中检验战略导向与技术突破性创新和市场突破性创新之间的关系。作者认为不同类型的战略导向与不同类型的组织创新之间具有不同的关系。作者指出，企业战略导向分为市场导向、技术导向和创业导向三类。通过研究发现，市场导向能够促进技术突破性创新，但是抑制市场突破性创新；技术导向能够促进技术突破性创新，但是对市场突破性创新没有影响；创业导向对两类创新都具有积极的影响。

国内研究方面，刘新民等（2006）通过实证研究得出如下结论：企业不同的控制类型对突破性技术创新和渐进性技术创新的作用不同：内部战略控制提升突破性技术创新，内部财务控制提升渐进性技术创新；内部战略控制抑制渐进性技术创新，内部财务控制抑制突破性技术创新。孙永风等（2007）的研究检验了环境变化和组织结构特点对企业突破性技术创新与渐进性技术创新的直接和间接影响，研究发现，环境与组织结构不但直接影响企业技术创新选择行为，还通过内部控制机制对企业的技术创新选择产生间接的影响。

# 第三节 制度环境研究综述

环境因素是战略选择理论以及组织理论中经常研究的要素，外部环境对企业的决策和战略选择具有非常重大的影响，能够影响企业的适应性和企业的生死存亡。企业的行为以及战略选择可以被看成是对外部环境的适应甚至是塑造。环境的未知和动荡程度增强的时候，企业就必须投入更多的资源和精力才能够应对外部环境的冲击，利用外部机遇。很多组织研究学者都指出，传统的环境研究方法不仅忽略了制度对行为者的影响，也忽略了制度对企业的作用方式（Scott，1995）。

从计划经济向市场经济的转变是一个缓慢的过程。到目前为止，经济体制改革为我国带来了显著的影响。大部分对组织环境的研究都是集中于对技术的经济方面的研究，以期解释组织形式和过程，直到 20 世纪 70 年代，制度理论才开始引起组织研究学者们的关注（Scott，1995）。制度理论对于组织研究的贡献很大，为研究环境因素的作用提供了新的视角，同时提升了我们对于制度模式、维持制度模式的力量以及制度模式运行的背景的理解（Peng，1997）。

## 一、制度环境的含义

制度研究学者关注的是制度环境[①]（Institutional Environment）对组织过程和形式的影响和塑造作用。制度环境是组织和管理研究需要重点讨论的问题。身处制度环境中的企业，其行为无法脱离制度环境的影响。制度环境的

① 管理和组织研究中使用的与“制度”对应的是英文中的“Institution”一词，这也是到目前为止我国经济和管理学界的习惯译法。

作用通过法律、规则、社会规范显示出来（Scott，1995）。制度研究学者认为，制度环境包括符号体系（Symbolic Systems）和文化规则（Cultural Rules），这些体系和规则被社会所使用并赋予意义而且达成共同的解释（Scott，1995），所有的社会体系和组织都存在于一定的制度环境中。制度是一系列的渐渐被社会接受的规则（DiMaggio，1988）。根据资源基础论的观点，制度环境具有重要的作用，企业必须有效地处理对于资源的依赖以及由此引起的企业力量的不均等，以便获取和保持关键资源（Peng，1997）。制度环境指的是一系列的规则和要求，组织必须遵从这些规则和要求才能获得支持和合法性（Peng，2003）。有很多种制度能够提供这样的合法性，包括国家的法规、职业或行业规则，还包括比较隐性的认知制度，例如信仰体系。

制度理论是一个开放式的组织系统观点，强调组织受到环境很强的影响（Scott，1995）。制度理论关注的是以往被认为“不言自明”的组织形式的本质和组织行事方式，关注组织现象的认知和文化的解释视角（DiMaggio，1988）。North（1990）指出，制度为经济提供了激励结构，随着结构的演进，制度指引着经济交易的方向。

传统的经济学家将制度看成是国家的政治、法律、金融以及其他体系。这些体系在古典经济学（Classical Economics）中或者是被看成具有中立的效果而被忽略，或者是被看成既有（Given）的东西，没有得到重视（Peng，1997）。为了克服这种缺憾，制度经济学家集中关注制度和经济绩效的关系，因为制度经济学家相信，经济史和经济发展的中心问题是解释政治和经济制度的演进，政治和经济制度创造出增强生产力的经济环境（North，1990）。

North（1990）的制度环境研究对后续相关研究具有很大的影响。他（1990）提出，制度是“人类设计出来的用于塑造人们间互动的所有约束，反映在法律、规则、管理机制以及资本市场上”。他认为，制度其实是一种“游戏规则”（Rules of the Game），影响身处其中的个体的行为。他认为制度由三个基本部分组成：正式制度、非正式制度以及二者的实施特征（North，1990）。正式制度指的是规范经济活动的法律、法规以及约束。鉴于在经济转型过程中，缺少完善的市场和法律体系，政府便成为了正式制度，其可以说是次优的，且被认为是转型经济中的制度不健全的替代（Peng、Heath，1996）。政府在影响正式制度发展的过程中起着关键的作用（North，1990）。非正式制度指的是规范社会中经济交易活动的行为规范、规则以及行为模式（North，1990）。非正式制度体现在习惯、传统以及行为模式等方面，当正式制度还不完善的时候，对于规范经济活动的作用比正式制度更加明显（North，1990）。非正式制度对于个体和企业以及新的正式约束的产生都具有很大的影响（Peng、Heath，1996），被认为是转型期市场机制不健全的替代。

规则、规范和认知这三个制度要素的提出是著名社会学家 Scott（1995）对制度研究的重要贡献。规则的作用体现在法律法规等具有强制性的约束条款上，进而影响组织和个体。规范通过使个体与组织感知到违反规则将要受到惩罚而使其遵从约束。认知源于特定社会中的共有信念系统，作用体现在社会价值观和道德观上，表现为对角色的认知，并在内心成为“不言自明”的东西。这三个支柱在组织的实际生活中往往是共同起作用的。这三个支柱的关系很复杂，可能相互加强，也可能相互冲突（Scott，1995）。

通过对 North（1990）和 Scott（1995）研究的分析可以看出，North（1990）和 Scott（1995）对制度的研究和理解具有一致性：North（1990）所说的正式规则在本质上与 Scott（1995）所说的规则支柱是对应的，非正式规则与规范支柱和认知支柱含义相近。

著名学者彭维刚对制度环境的研究对制度研究的推进和深化作出了很大贡献。Peng（2007）综合了先前学者对制度的研究，对制度框架进行了整合和完善，如表 2－7 所示，制度由正式制度与非正式制度组成，由三个“支柱”（规则、规范和认知）支撑。法律、规章和规则反映的是正式制度，规范、文化和道德规范反映的是非正式制度。正式制度与规则支柱对应，非正式制度与规范支柱和认知支柱对应。

**表 2－7 制度的维度**

| 制度的类型 | 举例 | 支撑 |
|---|---|---|
| 正式制度 | 法律 | 规则支柱 |
| | 规章 | |
| | 规则 | |
| 非正式制度 | 规范 | 规范支柱<br>认知支柱 |
| | 文化 | |
| | 道德规范 | |

资料来源：彭维刚：《全球企业战略》，人民邮电出版社 2007 年版。

## 二、制度环境的测度

到目前为止，学界对制度进行直接测量的研究还是比较缺乏的。制度环境是企业经营和运转的重要影响因素，新兴经济体中企业技术创新研究尤其需要关注制度环境的影响力量。对于制度环境的测度源于经济学研究，主要是基于 North（1990）对制度的定义，从正式制度入手衡量制度环境。对制度环境的定量的测度是研究人员需要进一步探讨的问题，随着研究的逐步深入和发展，管理研究也开始尝试测度制度环境，对这个问题越来越重视。North（1990）的制度研究观点对后续相关研究具有很深的影响，他对于制度的研究主要是从国家、社会宏观层面进行的，对经济学研究具有很大的借鉴价值。与经济学研究相比，管理研究采取的是更加微观的视角，从这个意义上讲，Scott（1995）对于制度环境的研究对本书更具有指导意义和可操作性。

Busenitz、Gomez 和 Spencer（2000）对制度环境的研究对后续制度环境实证研究具有很大的借鉴价值。Busenitz、Gomez 和 Spencer（2000）基于 Scott（1995）对制度的界定开发出制度环境的量表，从 3 个维度——规则维度、规范维度和认知维度入手，对制度环境进行衡量，并开发出制度环境检验量表。量表为 7 点量表，共 13 个题项。

Pattnaik 等（2007）基于新制度学派经济学和交易成本理论对制度环境进行了实证检验，研究借鉴经济学对制度的测度方式衡量制度。测度的数据来自世界经济论坛和国际管理发展协会数据。Pattnaik 等（2007）采用比较研究的视角，将韩国跨国子公司所在的东道国制度质量与母国的制度质量做对比，用“制度距离”表示两者的差距。在此次实证研究过程中，作者通过 5 个方面反映东道国的制度轮廓：产品市场、资本市场、劳动市场、政治和社会系统以及对外国投资者的开放程度。

Chan 等（2008）在其实证研究中以“制度发展指数”（Institutional Development Index，IDI）测量东道国的制度发展。作者对日本跨国公司子公司在东道国的绩效与东道国制度发展间的关系进行了研究，在其研究中，“制度发展”反映的是东道国的经济、政治和社会制度的发展程度及其对外国子公司的支持程度。

与经济领域的研究不同，组织研究中更加强调以主观测量的方式衡量管理者对制度环境的认知情况，科学的制度环境量表对组织领域制度环境实证研究的展开至关重要。Scott（1995）对制度的3个支柱的界定对后期制度环境主观测度具有很大的影响。Busenitz、Gomez和Spencer（2000）从规则维度、规范维度以及认知维度入手测度制度环境，问卷共包括13个题项。Yaqun Yi等（2012）对制度转型条件下，环境、治理、控制与突破性创新的关系进行了实证研究，该研究对制度环境的衡量采用财务市场不确定性、需求市场不确定性、行业政策、政府干预以及经济增长政策这几个指标。Peng、Zhang和Li（2007）通过环境宽松性（Munificence）和环境动态性（Dynamism）来测度制度环境。这些研究虽然视角有所不同，但这些学者对制度环境的实证检验对制度环境研究起到了很大的推进作用，为本书的研究提供了洞见。Sakhdari等（2014）采用了对比的方式，对制度环境进行了间接检验。研究以澳大利亚和伊朗的331家供应商企业为样本，结果表明，吸收能力与企业创业性之间的关系在外部知识搜索宽度高的企业中表现得更明显。同时，在低市场导向制度环境中，如伊朗，吸收能力对企业创业性的关系强度会降低，但是，在这样的环境中，企业可以通过广泛的外部知识搜索来抵抗这种制度环境的缺陷。伊朗和澳大利亚这两个国家体现出不同的制度环境。

我国处在经济转型中，经济高速发展，是制度环境研究的天然实验室。对于制度环境的研究在国内也进入了起步阶段，一些学者做出了具有启发意义的尝试。潘镇（2006）基于North（1990）的制度研究，采用经济自由指数（Economic Freedom of World，EFW）的若干个指标来衡量制度环境：采用法律完善程度、私有财产保护程度衡量法律制度；采用贸易政策、货币管制政策、金融管制政策、外资政策衡量宏观经济制度；采用政府干预程度、工资控制程度、市场规范程度测度微观经济制度。可见，潘镇（2006）的研究是从经济学视角入手。学者樊纲、王小鲁、朱恒鹏（2007）从5个方面衡量中国各区域的市场化程度，这5个方面是：政府与市场的关系、非国有经济的发展、产品市场的发育程度、要素市场的发育程度、市场中介组织发育程度以及法律制度环境。这种测度方式在后来的研究中也得到了一定程度的应用，如邓建平、曾勇（2009）和罗党论、唐清泉（2009）借鉴了樊纲、王小鲁、朱恒鹏（2007）对于制度环境的研究，从市场化、产权保护、政府干预和金融发展程度等方面衡量企业所处的制度环境。杨兴全、张照南（2008）也对企业所处的制度环境进行了测度，但作者在研究中并没有对制度环境这个影响因素进行直接的测度，而是将企业的制度背景用企业的所有权性质表示。

## 三、制度环境的实证研究

制度理论强调组织所处的体系对社会和组织行为的塑造作用（Scott，1995）。制度力量影响组织的过程和决策的制定。制度力量的研究视角主要分为经济视角（Economic Orientation）（North，1990）和社会视角（Sociological Orientation）（DiMaggio，1988；Scott，1995）。

新制度经济学关注的焦点是由于市场的不完善而产生的制度和企业的互动（Peng，2000）。North（1990）指出，制度提供了一种游戏规则，规范着人类的互动模式。这类研究从宏观层次入手研究制度，运用的方法是经济学的方法。例如，Pattnaik 等（2007）利用世界经济论坛发布的全球竞争力报告数据和 235 家韩国跨国企业在国外的分公司的资产收益率数据进行实证分析，发现企业的绩效水平随着东道国与韩国制度环境的差距而降低。

基于社会学视角，Peng 和 Heath（1996）指出，转型经济中企业的成长受到制度约束的影响，因此，基于网络的成长战略在新兴经济体中更加适合，Peng（1997）对中国的 3 家大型企业进行分析，证实了这个观点。Child 和 Lu（1996）认为，大型国有企业的经济改革进行得很缓慢，原因在于物力、关系和文化的约束。Lau（2001）指出，政治和市场的压力是中国企业高管面临的主要制度约束。因此，很多新兴经济体中的企业受到现有制度现实的影响。

Yiu 和 Makino（2002）对东道国的制度环境对外资选择合资或全资进入战略的影响进行了研究。研究样本为 151 家日本海外跨国公司分支机构。研究发现，针对企业以合资或全资进入东道国这个问题，东道国的国家监管系统和企业的认知系统比东道国的社会规范的影响更明显。

Li、Sun 和 Liu（2006）针对中国转型期国有企业市场导向进行了实证研究。研究基于制度理论，探索中国转型期内国有企业市场导向的前因变量和结果变量。作者以 274 家国有企业为样本发现市场导向和企业绩效不同指标之间具有高度的正向联系。此外，市场竞争压力、正规化公司治理以及较少的政府控制能够促进转型期内国有企业的市场导向的形成。研究结果显示，市场导向会提升企业绩效，同时，需要考虑制度因素的影响。

Peng、Zhang 和 Li（2007）对转型经济体中 CEO 二元性（CEO duality）与企业绩效之间的关系进行了研究。研究数据来自 403 家上市企业，研究发现，CEO 二元性能够提升企业绩效。同时，在资源稀缺、环境动态变化的条件下，CEO 二元性的价值更加明显。

Meyer 等（2009）对新兴经济体中制度、资源以及进入战略（Entry Strategy）之间的关系进行了实证研究。作者将制度基础论和资源基础论结合起来对研究问题进行分析。通过研究发现，跨国公司在选择进入战略的时候受到制度与资源获取的双重影响：如果市场机制是比较健全的，那么企业不太倾向于选择合资的方式，如果企业需要获得的是无形的资源，那么合资企业是首选的形式，这种选择不受制度环境的影响。研究还发现，制度环境的发达程度对并购这种战略的影响是正向的，原因在于，发达的市场机制能够帮助企业获得信息，通过市场手段进行并购。研究的数据来自 4 个新兴经济体，包括印度、越南、南非和埃及。

Yaqun Yi 等（2012）对制度转型条件下环境、治理、控制与突破性创新的关系进行了实证研究。作者指出，现有的研究对制度转型中突破性创新的驱动力因素研究不足。研究对制度环境的衡量采用财务市场不确定性、需求市场不确定性、行业政策、政府干预以及经济增长政策这几个指标。基于制度理论、管理控制理论以及创新理论，作者以中国 585 家企业为样本，采用问卷调查的方式，对制度环境不确定性、正规公司治理、管理控制系统与突破性创新的关系进行了实证检验。研究发现，制度环境不确定性对突破性创新具有正向影响；正规公司治理对突破性创新的影响不显著。结果还表明，处于制度不确定的环境中，企业会关注财务控制和战略控制；采取正规公司治理的企业会进行战略控制而非财务控制。此外，研究表明，战略控制正向影响突破性创新，而财务控制负向影响突破性创新。

国内的制度环境研究处于起步阶段，还有很大的提升空间，但也取得了一定的成绩。例如，冯天丽、井润田（2009）研究发现，经济转型期间，私营企业家的政治联系意愿与制度环境的影响密切相关，私营企业家的政治联系意愿随着制度环境的完善而渐渐减弱。由于转型期正规市场机制的缺失，政治联系成为一种获取组织合法性的重要途径。

另有学者采用对比的方式对制度环境进行研究，以此来说明制度环境的作用。这类研究多数以跨国公司为研究对象。Lau 和 Ngo（2001）以西方企业和中国香港地区共 332 家企业为研究样本，发现相对于美国企业，亚洲企业较少使用组织发展干预手段，由此可见，母国文化对组织发展影响较大。此外，组织绩效与母国文化无关而与干预的性质有关。Hitt 等（2004）对制度环境与战略联盟伙伴的选择之间的关系进行了研究。研究以中国、俄罗斯这两个转型期国家为样本，这两个国家的市场化进程有很大的区别，因此，制度环境也非常不同。研究结果表明，中国比较稳定和具有支撑性的制度环境帮助中国企业在战略联盟伙伴选择的问题上进行更加长远的规划，更加注重潜在伙伴的无形的资产以及技术和管理能力，在制度环境稳定性相对较差时，管理者更加关注短期的目标。

笔者通过对制度环境相关文献的研读和整理，对相关的主要文献进行了回顾，见表 2－8。

**表 2－8　制度环境研究回顾**

| 年份 | 作者 | 样本及数据来源 | 制度环境测度指标 | 研究结论 |
| --- | --- | --- | --- | --- |
| 2000 | Busenitz、Gomez 和 Spencer | 德国、挪威、意大利、西班牙、瑞士以及美国的学生，大部分年龄在 20～30 岁 | 规则支柱<br>规范支柱<br>认知支柱 | 基于 Scott（1995）对制度的界定开发出制度环境的量表，从规则维度、规范维度和认知维度入手测度制度环境 |
| 2007 | Peng、Zhang 和 Li | 中国 403 家上市企业 | 环境宽松性<br>环境动态性 | CEO 二元性能够提升企业绩效。同时，在资源稀缺、环境动态的条件下，CEO 二元性的价值更加明显 |
| 2008 | Chan 等 | 《世界竞争力年鉴》和《国际国家风险指南》数据 | 从经济、政治和社会发展 3 个方面构建了“制度发展指数” | 制度管理能力越高，外资企业分支机构的绩效水平越高；制度越发达，制度管理能力对企业绩效的贡献越小 |
| | Dickson 和 Weaver | 来自 7 个国家的 1621 家企业 | 规则支柱<br>（法律体系）<br>规范支柱<br>认知支柱 | 创新导向是企业对制度力量的战略回应。企业战略导向受到合法性（规则支柱、规范支柱、认知支柱）的影响 |

续表

| 年份 | 作者 | 样本及数据来源 | 制度环境测度指标 | 研究结论 |
| --- | --- | --- | --- | --- |
| 2008 | 余明桂、潘红波 | 我国 1993 ~ 2005 年在沪深交易所上市的民营企业 | 金融发展水平<br>法治水平<br>产权保护 | 那些有政治关系的企业更加能够获得银行贷款和更长的贷款期限。同时，越是在金融发展落后、法治水平低和政府侵害产权严重的地区，政治关系的作用越明显 |
| 2009 | Meyer、Estrin、Bhaumik 和 Peng | 印度、越南、南非和埃及经济自由指数 | 商业自由化<br>贸易自由化<br>产权<br>投资自由化<br>财政自由化 | 海外投资者进入新兴经济体，在制度框架弱的情况下，合资的形式是首选的获取资源的方式；在制度框架强的情况下，合资的作用减弱，收购的作用加强 |
| | Farashahi 和 Hafsi | 案例研究<br>纺织企业 | —— | 在不稳定的制度环境中，政治战略是企业管理的主要任务 |
| | 罗党论、唐清泉 | 中国民营上市公司 | 产权保护水平<br>政府干预水平<br>金融发展水平 | 地方产权保护越差、政府干预越大以及金融发展水平越落后，民营上市公司越倾向于与政府形成政治联系 |
| | 冯天丽、井润田 | 全国私营企业主普查数据 | 从主观和客观两个方面衡量制度环境中和政府相联系的强制性管制 | 制度环境越弱，私营企业家的政治联系意愿越高 |
| 2012 | Yaqun Yi | 中国 585 家企业 | 制度环境不确定性（财务市场、需求市场、行业政策等 5 个方面） | 制度环境不确定性对突破性创新具有正向影响；处于制度不确定的环境中，企业会关注财务控制和战略控制 |
| | Roxas 和 Coetzer | 菲律宾 166 家小型制造企业 | 规则支柱<br>规范支柱<br>认知支柱 | 制度环境越具支持性，企业越倾向于采取环境保护的态度，采取环境保护型战略 |

资料来源：笔者根据相关文献的总结。

# 第四节　外部知识研究综述

## 一、企业外部知识来源

企业技术创新水平与外部知识关系密切，企业对外部知识的利用会促进企业的技术创新活动，不同知识来源给企业带来的知识的性质和特点不同。潜在的外部知识来源包括供应商及用户、竞争者、科研院所、高等院校、政府机构以及其他信息来源（Malerba，1992；赵晓庆，2004）。经济合作与发展组织（OECD）出版的奥斯陆手册（Oslo Manual）对企业外部知识来源的界定与分类对学界相关研究的影响很大。1997 年和 2001 年版本将企业的外部知识来源分为 4 大类 18 小类，这 4 大类包括市场类、机构类、标准类和其他类。2005 年版本将企业的外部知识来源分为 3 大类 18 小类，这 3 大类分别是市场知识源、公共机构知识源和综合信息知识源。陈劲（2002）基于先前学者的研究提出，内部信息源与外部信息源都会影响技术创新思路。其中，外部信息源包括商业来源（如顾客、供应商及竞争对手）、教育与研究机构（如高校及研发机构）、普遍信息源（如期刊及学术会议），以及政府计划等。根据现有研究，本书从知识来源的角度入手将影响企业创新活动的知识分为科学知识和行业知识（Tortoriello，2005；Vega-Jurado，2009）。

## 二、外部知识分类——科学外部知识与行业外部知识

笔者基于先前学者的研究从科学外部知识和行业外部知识两个方面入手讨论影响企业吸收能力与技术创新活动关系的外部知识（Tortoriello，2005；Vega-Jurado，2009）。在企业技术创新的过程中，新知识的加入是必备的条件，其中，行业知识和科学知识都很重要。外部知识与企业的吸收能力之间有密切的关系，但是很少有研究探讨外部知识与吸收能力及创新之间的关系。虽然有研究区分出外部知识类型，如对隐性知识和显性知识

的区分（Nonaka，1994），大部分的相关研究隐含着这样的假设，各种类型的外部知识同样重要。但实际上，不同类型知识对企业的影响机制不同，而且，一些类型的外部知识比另一些类型的知识更容易吸收（McEvily、Marcus，2005）。

科学知识和行业知识具有不同的特征和性质，对企业产生的影响也是不同的（Allen，1977）。科学知识相比行业知识来讲，更具普遍性和广泛性。学者指出，某一行业中的科学知识建立在共享语言和普遍问题的基础上，而行业知识，即使是在某一个领域中，也不具普遍性，更多的是问题驱动的。基于行业知识的技术进步，由于关注实际问题的解决，比科学知识更加细致，更具针对性（Allen，1977）。技术问题以利益、目标以及企业的本土文化来定义（Allen，1977），正是基于这样的特征形成行业知识的流通和分享的障碍。科学外部知识对企业的实际问题来说，针对性较弱，而行业知识的针对性较强。行业知识的首要目标是对具体的实际问题提供解决方案（Stokes，1997）。同时，行业知识在最初产生的情景以外的环境中适用性低（Stokes，1997）。科学知识关注的是更广泛问题的理解和普遍问题的解决。由于科学知识的进步并不是针对实际问题的解决，这类知识具有应用到更广泛问题的潜力（Stokes，1997）。

Gittelman 和 Kogut（2003）对于生物科技行业的研究发现，科学刊物、合作以及科学强度与专利创新相关，但是重要的科研论文与影响大的创新之间负相关。这些发现强调，科学知识和行业知识具有不同的创新和扩散模式，具有不同的演化逻辑。Vega-Jurado（2008）指出，对企业吸收能力的讨论离不开对外部知识特征和性质的考察，作者基于科学知识和行业知识的差别区分出科学吸收能力和行业吸收能力，强调吸收能力前因变量对这两类吸收能力的影响不同。科学吸收能力指的是企业从高校以及科研机构等知识来源吸收科学和技术知识的能力，而行业吸收能力指的是企业从行业链条中吸收知识的能力。研究发现，企业员工教育水平与科学潜在吸收能力和科学现实吸收能力正相关；企业研发部门的创建只与科学现实吸收能力正相关；企业研发强度与科学潜在吸收能力、现实吸收能力以及行业现实吸收能力正相关；正规化程度与科学潜在吸收能力和科学现实吸收能力正相关；整合能力与科学潜在吸收能力、科学现实吸收能力和行业潜在吸收能力正相关。

## 三、外部知识与技术创新的实证研究

现有的研究指出，目标性不强的知识（Less-targeted Knowledge），如来自高校和科研机构的知识，对研发强度具有正向的影响（Becker、Peters，2000；Cohen、Levinthal，1990）。Cohen 和 Levinthal（1990）针对能够刺激企业培养吸收能力的因素进行了分析，其中一个重要的方面就是外部知识，作者称为技术机会。在这项研究中，作者通过让研发经理评价外部知识对企业技术进步的重要性来评价企业外部的技术机会。具体来说，包括 11 个领域的科学知识，既包括基础科学，也包括应用科学，以及 5 个行业外知识来源，包括设备供应商、材料供应商、产品使用者、政府研究机构以及高校。研究发现，技术机会的提升会引起企业对吸收能力的研发投入。

Becker 和 Peters（2000）指出，外部知识对企业创新活动具有至关重要的影响。研究关注的是企业面临的知识流（Stock of Knowledge），这种知识流能够被分成行业的和非行业的知识。供应商、顾客以及竞争者所带来的知识形成行业知识流。行业以外的机构，如科研机构、学术界带来的知识构成非行业知识流。Peters 和 Becker（1998）针对外部知识与企业创新的关系进行了研究。作者指出，科研机构活动形成的外部知识对于研发密集型行业中的企业来说非常重要，如微电子行业、医药行业、生化行业等。研究以德国制造行业企业为样本，研究的问题是来自科研机构的知识（技术机会）对企业创新投入和产出的影响。研究表明，企业创新投入和技术机会之间的关系是互补的，科学知识资源对内部研发强度具有激发的效应。创新结果方面的结论就比较复杂了。一方面，这种互补的效应在产品改进上会有所体现；另一方面，科学技术机会对新产品实现方面没有影响。可见，高校和科研机构的知识对新产品开发的作用更多的是间接的，通过提升内部能力和提升研发效率来实现。

Amara 和 Landry（2005）以制造业企业为研究样本，发现外部知识类型与企业技术创新的新颖性程度有密切关系，作者区分出重大创新（Major Innovations）和微小创新（Minor Innovations）。研究发现，与那些进行微小创新的企业相比，进行新颖性程度高的创新（重大创新）的企业往往更多地依赖于研发类知识来源（如高校和研究所）。

Tortoriello（2005）基于一个大型跨国跨职能半导体公司的研发部门收

集数据，作者针对外部知识与个体创新性的关系提出这样的假设：外部知识的吸收对个体创新性具有正向影响；科学外部知识对于个体创新性的影响比行业知识大。研究发现，外部知识（不区分类型）的吸收对个体创新性没有显著影响；科学外部知识对于个体创新性的影响比行业外部知识大，只有科学外部知识具有显著影响，而行业外部知识无影响。

Vega-Jurado（2009）将企业外部创新知识源分为行业源和科学源两类。行业源包括顾客、供应商、竞争者以及其他企业。科学源包括商业实验室、高校、公共研究机构以及技术中心。作者研究发现，在供应商主导企业中，行业外部知识对产品创新具有显著影响，在科学主导企业中，科学外部知识对产品创新具有显著影响。

Schmidt（2010）基于企业创新活动想法的来源区别出企业行业内知识吸收能力、行业外知识吸收能力和科学知识吸收能力。这些外部知识来源包括企业所属行业的顾客、供应商或竞争者，企业所属行业以外行业的顾客或供应商、高校或研发机构，吸收能力影响因素对吸收能力的影响随着吸收能力类型的不同而不同。

## 第五节 文献总结与评述：企业吸收能力与技术创新

随着研究的不断深入，学者们对吸收能力研究日益关注，也取得了很大的进展。企业吸收能力对技术创新的影响，渐渐得到了多角度的理论以及实证检验。对研究文献的总结和评价能够使我们系统地理解现有相关研究的不足以及未来的研究方向。

1. 对吸收能力概念的理解

吸收能力概念本身具有一定的抽象性，如何理解“吸收能力”是众多学者面临的一个问题。吸收能力到底是哪种能力？它存在于哪些层面？众多学者从自身的研究视角分析吸收能力，多数研究仅仅从单一维度入手研究吸收能力。Zahra 和 George（2002）在这个问题上进行了较深入的分析，讨论了吸收能力各维度与创新和绩效产出的关系，作者指出，潜在吸收能力和现实吸收能力是企业吸收能力的两个子能力，二者相互影响形成企业吸收能力的整体。

Volberda、Foss 和 Lyles（2010）指出，学界需要对吸收能力的多维度和多层次本质进行更多的研究，如个体吸收能力、团队吸收能力以及国家吸收能力研究都需要学者们的更多关注。我们还需要进一步揭示吸收能力不同层次影响因素之间的相互作用，如个体层面吸收能力的影响因素与企业层面吸收能力的影响因素之间的交互效应。

2. 吸收能力的测度问题

与吸收能力概念理解紧密相关的另一个问题便是概念的测度。概念的科学测度是实证研究的必备条件。Cohen 和 Levinthal（1990）在实证研究中没有从多维度入手，而是以研发强度来测度企业的吸收能力，这种测度方式对后续研究影响非常大。正如之前的文献回顾所示，许多学者把吸收能力作为单一维度变量来测度，如研发投入、研发强度以及研发部门员工数量，这种方式固然有其合理性，但是这种测度方式的科学性也受到后续学者的质疑。首先，这种方式被认为不够成熟和全面，不能全面反映吸收能力的内涵（Zahra、George，2002；Volberda、Foss、Lyles，2010），同时往往不能真正反映出吸收能力的作用，因为不知道在创新过程中起作用的是研发投入还是企业的吸收能力（Murovec、Prodan，2009），也就是说，这种测度方式并没有对企业吸收能力进行直接的衡量。吸收能力不是一个静态的过程，而是一个多维度之间互动的动态过程（Zahra、George，2002）。另外，不是所有企业的吸收能力都能够利用研发相关指标来度量，例如，在许多中小企业中，研发活动是很有限的，其他的方式，如“干中学”以及“用中学”都是隐性知识吸收常用的方式。所以，不管是研发强度，还是研发人员比例，都不能全面地衡量企业吸收能力的高低，需要直接地对吸收能力进行测度。研发和先验知识仅仅是企业吸收能力的前因变量之一，而非企业吸收能力本身。企业吸收能力是一个动态的、多维度的构念（Jansen，2005）。

学界对吸收能力的多维度性质越来越认可，一些学者尝试使用问卷测度吸收能力以反映吸收能力构念的多维度特性（Jansen，2005；Nieto、Queved，2005；Andrawina，2008）。随着研究的不断深入，吸收能力的概念测度有了较大的进展，但由于对吸收能力内涵和维度的理解不同，各测量方法存在一定差异。需要指出的是，在一些研究中，作者用几个指标（如研发强度、研发人员比例等）来综合测度企业吸收能力，但仍然不能说明这些指标与吸收能力各个维度之间的针对性，对吸收能力本质反映得不准确。

3. 现有文献对吸收能力和技术创新关系的研究大多过于笼统，将吸收能力和技术创新分别作为一个整体来看

吸收能力不同方面对企业产出的影响机制不同（Zahra、George，2002），同时，创新活动依照类型不同需要不同的资源和能力。吸收能力对创新的提升作用在很多现有文献中都得到了证实，但这还不能全面说明两者之间的关系。提升技术创新的究竟是哪一种吸收能力？而被影响的又是哪一类创新？吸收能力不同方面对不同类型的创新的影响是否会有差别？这些问题都有待探讨。

针对潜在吸收能力和现实吸收能力，Jansen（2005）在研究中指出，今后的研究需要尝试剖析潜在吸收能力和现实吸收能力之间的相互作用对企业创新行为的影响：如何实现二者的协调发展，需要潜在和现实吸收能力之间怎样结合，以及环境要素对潜在吸收能力和现实吸收能力效用的影响。潜在吸收能力和现实吸收能力的识别有助于剖析吸收能力不同维度之间的关系（Zahra、George，2002），但对这个问题的研究目前还比较缺乏。潜在吸收能力和现实吸收能力是企业吸收能力的两个子能力，二者相互影响形成企业吸收能力的整体（Zahra、George，2002），而二者如何相互作用也是学界需要进一步讨论的重要问题，对于这个问题的解答有助于更加全面地研究企业吸收能力。

现有文献不乏对于吸收能力子能力的实证研究，但是鲜有研究讨论它们的互动关系与组织产出之间的联系。现有的组织学习、知识管理以及战略导向等领域学者的研究对我们具有很大的启示作用，即企业能力或子集之间对组织产出具有互补性的影响。例如，Moorman 和 Slotegraaf（1999）指出，企业的产品营销能力和产品技术能力的交互作用能够促进产品开发。Baker 和 Sinkula（1999）指出，学习导向与市场导向的交互作用有利于绩效的提升。Song 等（2005）认为，技术能力和营销能力的交互效应会提升企业绩效。Lichtenthaler（2009）证实了探索性、转化性以及利用性组织学习对企业创新和绩效的互补性影响。Rothaermel 和 Alexandre（2009）提出，企业绩效的提升需要技术获取模式的平衡发展。Yung-ching Ho（2011）研究发现，企业技术能力和设计能力协同提升技术商业化应用，而二者的不平衡会阻碍技术商业化应用。未来的研究需要更多地关注企业吸收能力子

要素之间的互动对企业的影响。

4. 对吸收能力和组织产出关系间的调节因素研究不足

现有研究对吸收能力和技术创新关系的调节因素研究不足。企业吸收能力与技术创新之间的关系是很复杂的，例如，外部环境因素会对这一关系产生一定的影响，现有文献对此问题关注不足（Lichtenthaler，2009）。知识的性质和类型也会影响企业吸收能力的作用发挥，这也是现有研究没有充分关注的问题之一（Lane、Koka、Pathak，2006）。

综上所述，吸收能力研究文献不断深化，吸收能力促进企业的技术创新活动这一点得到了普遍的认同。通过对文献的细致梳理和深入分析，笔者认为以下问题并没有得到充分研究：企业吸收能力这个整体能力中的各个子能力对不同类型技术创新的作用是否等同？存在怎样的差异？子能力之间是否会产生整合作用？外部环境以及外部知识类型对于企业吸收能力的效应会产生什么影响？本书试图对这几个问题进行分析，进而丰富吸收能力理论研究。

# 第三章　概念模型与理论假设

在此前的两章中，笔者已经对本书主要的研究内容、研究目的进行了阐述，并对截至目前国内外相关研究的研究成果和不足进行了分析和总结，从本章开始，笔者将详细展开本书的主要研究内容。本章的内容为概念模型的构建和理论假设的提出。理论框架可以说是整个研究设计的基础，它按照逻辑关系描述与研究问题相关的各种变量的关系。可以说，理论框架（Theoretical Framework）是整个实证研究设计的基础，它按照逻辑关系描述、阐明与研究问题相关的各种变量的关系。理论框架构建的基础是对过往文献的深入剖析和梳理，文献分析为理论框架的开发提供了强有力的基础，通过文献综述，可在过去研究发现的变量中辨析对本书可能很重要的变量，再将其他逻辑关系概念化，进而构建起变量间关系的理论模型。理论模型阐明了变量之间的作用机制，描述变量关系的性质与方向。理论框架的建立至关重要，良好的理论框架提供了发展可检验假设所需的逻辑思考基础。

科学技术的快速发展和市场需求的快速变化使企业吸收能力的作用更加凸显。基于现有的文献研究，本书针对企业吸收能力不同子能力（潜在吸收能力与现实吸收能力）和两类技术创新（突破性技术创新与渐进性技术创新）之间的理论关系进行了理论和逻辑推导，建立起本书的理论框架。这个理论框架阐明了潜在吸收能力、现实吸收能力与突破性技术创新、渐进性技术创新的关系，并指出制度环境和外部知识类型（科学外部知识和行业外部知识）对这个关系起到的调节作用。

通过之前对文献的回顾和总结，笔者针对现有研究的不足，形成本书的关注点：企业吸收能力各个子能力对不同类型技术创新有何作用？吸收能力子能力之间是否会产生整合效应？吸收能力与技术创新的关系是否会受到外部环境以及外部知识类型的影响？对这几个问题的剖析有助于丰富吸收能力研究。

# 第一节　探索性研究

在正式大样本调查之前，笔者进行了探索性研究。探索性研究是正式研究展开前的重要步骤，能够帮助研究者发现研究设计中存在的问题，进一步完善研究设计，提升研究过程的科学性，保证研究结果的可行性和适用性。探索性研究收集资料的方法的弹性是比较大的。通过访谈的方式，可以有效且深入地了解到受试者的想法。很多时候，当发展新的研究计划或探索新的领域时，为了加深对研究题目的了解，需要进行一些探索性研究，以使研究问题的界定更加清晰明确，并找出有关的概念和理论，以及适当可行的研究方法和技术。探索性研究可以将研究工作和现有的知识、理论结合起来。但不可否认的是，探索性研究的受测对象比较有限，对探索性研究的结果需要客观对待。

由于本书所使用的文献以国外的研究为主，这些文献虽然较为权威，但还是存在由于国外的产业情况与中国有重大差异，使得理论框架与中国本土企业不是十分相符的可能，因此，有必要进行探索性研究，通过对企业高管的访谈，对研究模型在本土企业中的实用性进行确认。

就探索性研究的方法而言，一般有资料分析法、专家访谈法、深度集体访谈法和案例分析法 4 种（黄俊英，1996）。其中，利用访谈的方式可以深入了解被访者的意见，挖掘出数据材料无法反映的问题，是数据资料很好的补充。必须承认一点，虽然可以通过探索性研究界定研究范围并找出有关概念和理论，但是探索性研究存在取样等限制，得出的研究结论只是暂时性推论，结论是否能够经过检验，还需要进一步深入考察。

本书的研究对象是高新技术企业。对大多数高新技术企业而言，它们面临的挑战绝不仅仅是不断进行改善，不断扩充，真正的挑战来自再创造，或者说变革。仅发挥企业的竞争优势还不足以应对挑战，企业必须颠覆已有的模式，创造出与众不同的产品和服务。企业，尤其是高新技术企业，需要尝试突破现有行业规则或技术水平。不断地进行变革是大裂变时期高新技术企业唯一的生存之道，即便是在经济景气时期，随着竞争和行业整合的加剧，仅延续现有产品或能力也不是一个好的选择。

事实上，很多高新技术企业都在试图超越其核心业务时遭遇了滑铁卢。但在大裂变时期，企业实际上并没有别的选择。在严酷的市场环境下，投资变革活动似乎非常艰难，但不进行变革则意味着停滞，不进则退，停止就意味着灭亡。

由于访谈研究需要受访者对时间进行特别的安排，难免对其日常工作产生一定的影响，因此，这类研究较难得到访谈对象的接受，针对企业高管的访谈更容易遭到拒绝。为此，笔者在探索性研究中并没有采取随机抽样方式选取样本，而是采用了方便抽样的方式，通过朋友或熟人介绍取得受访企业的配合。最后确定的受访企业为 4 家，其中 2 家企业位于长春高新区，是研究者参与的另一个课题的前期访谈对象，与笔者有过一定的接触，且在前期的研究中表现出了较高的参与意愿；另外 2 家企业位于沈阳高新区，均为区内发展势头良好的企业。以上提到的 4 家企业均为民营企业，其中 1 家属于生物医药业，1 家属于电子制造业，1 家属于信息服务业，1 家属于机械制造业。

本书的分析单元是企业，要获取的信息与企业的战略及整体创新能力或创新水平有关，其中很多问题涉及被访者在企业经营过程中的真实感受和体会，有时也会涉及企业的某些敏感信息，所以对受访者的要求会比较高。在这次探索性研究中，受访者至少要满足两个标准，才可以算得上合格的关键知情人：一是信息掌握比较全面；二是愿意将这些信息透露给访谈者。研究人员会采用多个指标来综合衡量关键知情人是否合格，如在企业工作的年限、与关联要素互动的时间等方面。考虑到以上因素，在探索性研究访谈中，首先尽量要求对参与管理的企业所有者进行访谈，企业所有者应该是最了解企业运营情况的人，如果采访不到企业所有者，则对其他熟悉企业创新情况的总经理、副总经理等高管或技术研发部门的人员进行访谈。

每个企业选择 3 名高层管理人员进行访谈。访谈对象要熟悉企业，了解企业的发展经历，所以，笔者选择在企业中任职时间至少 3 年的管理者。首先，在高新区管理部门工作人员的帮助下与企业管理者进行先期的沟通，通过书面材料和电子版材料等方式向管理者介绍本书的目的和研究需要，通过与管理者的反复沟通，取得其信任，并确定面谈时间。笔者采用访谈与文档资料收集相结合的方法来提高研究效率。访谈采用较为宽松的结构，这样更加有利于广泛地收集信息。

笔者期望通过这样的探索性研究达成以下目标：一是确定本书样本的适宜性。目前，我国正处在市场转型过程中，国家政策的支持和经济的高速增长为高新技术产业注入了强大动力。高新技术企业不但面临着丰富的发展机会，也面临着巨大的发展挑战。在转型的过程中，企业生存环境面临很大的变动性，本书以企业为分析单位，因此，与企业高管直接接触，对其进行访谈能够从他们口中获得企业生存与发展的真实信息。二是确认研究量表的可靠性。本书所用的量表均原创于国外学者的研究，这些量表可以说是经过了实证检验的，具有比较满意的信度和效度，但是，将这些量表应用到本书里还是存在两个潜在的问题：翻译的质量问题和情境的适宜性问题。管理者对于量表质量和适宜性的意见反馈有助于本书发现量表中存在的问题并进行及时的调整。三是通过对高管的访谈确认本书的研究框架的可行性。通过对企业管理者的访谈，可以更加深入地了解企业运作的实际状况，了解管理者对本书涉及的主要变量间关系的认识，剔除不合理的变量关系。与管理者之间的对话能够为本书变量间关系的构建提供启发性洞见。

针对以上研究目的，笔者对这 12 名高管进行了结构性访谈，访谈共分 3 部分。第一部分是阐述研究所涉及各构念及其维度的定义，并统一受访者对各构念的认识。第二部分是请这些高管对本书拟采用的量表进行讨论。第三部分是请他们对本书提出的研究框架进行讨论，重点讨论变量间的关系。访谈在 4 个企业中分别进行，每次由各企业的 3 名高管参加，每次访谈持续 45 分钟左右。通过对 4 次访谈进行汇总分析，得到如下结论：

在研究样本的适宜性方面，被访的管理者一致认为高新技术产业确实面临着非常高的环境不确定性，管理者在管理实践中不仅要应对技术飞速发展带来的压力、消费者购买偏好转变带来的挑战，同时，高层管理者需要处理的事务很多都是与政府官员和其他企业的管理者打交道，而且，他们认为当前市场法制并不健全，不管是外部知识吸收，还是技术创新的开展，都很难完全依赖市场机制进行，在这样的高度不确定性、竞争激烈的环境中，企业很难完全依靠法律保护自己，政府对资源的控制以及文化氛围的影响对企业技术创新的影响非常大。可见，用高新技术企业的高层管理者作为本书的研究样本是可取的。

在研究量表的适宜性方面，访谈也提供了一些建议。本书的原始量表来源于外文文献，由于文化以及翻译习惯等因素的影响，翻译过来的量表的适宜性需要进一步改善。笔者在访谈过程中就量表的适宜性与管理者进行了深入交流，得到的反馈是，受访者整体上比较认可研究量表，认为这些量表表达的正是他们想表达的。同时，也对研究量表中的个别题项的表述提出了自己的看法，如个别题项存在歧义或表述形式学术性过强等。

在研究框架的可行性方面，受访者在访谈中普遍指出企业的技术创新活动越来越具有开放性，越来越依赖对外部知识的吸收利用，认为企业经营的好坏确实与企业对新知识的获取、消化、转化和利用密切相关。当被问及外部知识为何如此重要时，受访者不仅指出市场及技术环境的影响，同时也非常强调制度要素的影响作用。受访者提到的法律法规、行业规则以及文化环境等要素正反映出本书中“制度环境”的要义。特别是管理者承认，在管理过程中无法回避，甚至需要大量的时间考虑这些“制度”相关的要素，这些因素对企业的影响丝毫不逊于市场机制。被访企业管理人员表示，中国当前的制度环境加剧了行业市场竞争，在很大程度上限制了企业战略选择空间和范围。在界定企业经营与创新的成功与否上，管理者认为从创新突破性程度上进行研究极具启发性和适用性，并表现出对突破性技术创新风险性的担忧，承认在日常的管理中更多地关注的是渐进性技术创新。总体而言，本书提出的研究框架基本上得到了受访者的认可。

## 第二节　概念模型

围绕本书的研究主题，即企业吸收能力与技术创新之间的关系，基于相关理论的发展，结合此领域相关研究的研究成果和不足，笔者构建起本书的理论框架，见图3－1。理论模型中带有箭头的线条表示的是各主要变量之间的对应关系。各个变量之间相互联系、相互作用，最终形成了企业吸收能力与技术创新关系的模型框架。

如图3－1所示，本书理论模型主要反映以下理论关系，包括：

（1）潜在吸收能力对两类技术创新的直接影响（H1a、H1b）。

（2）现实吸收能力对两类技术创新的直接影响（H2a、H2b）。

（3）制度环境的调节作用（H3a～H3d）。

（4）外部知识类型的调节作用（H4a ~ H4d）。

（5）潜在吸收能力与现实吸收能力的互补效应对技术创新的影响（H5a、H5b）。

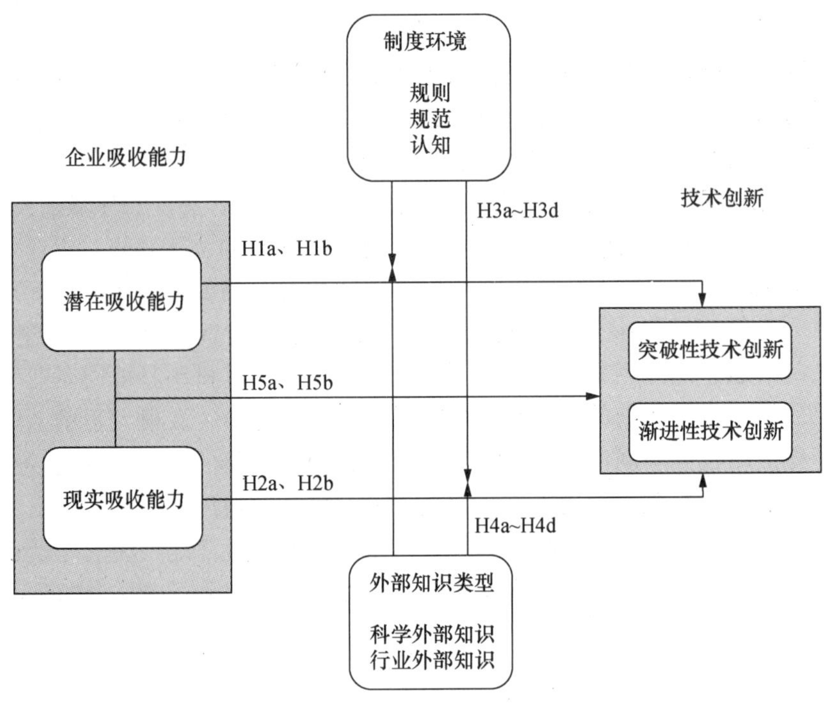


**图 3－1　本书理论模型**

# 第三节　理论假设

下面将对理论框架中各变量的关系进行详细的阐述，提出本书的各个理论假设。企业吸收能力是企业从外部获取知识并加以利用的能力，决定着企业外部知识内化与融合的效果。技术创新正是基于知识的商业化应用的过程。技术创新的过程离不开新知识的参与。企业的吸收能力能够及时补充企业的知识储备，更新企业知识库，并转化为创新成果。下面将对本书的理论假设进行详细的阐述。

## 一、潜在吸收能力与现实吸收能力的内涵与关系

企业吸收能力不同构成部分的识别是研究吸收能力前因和结果变量的前提，有利于将企业吸收能力和价值创造联系起来。潜在吸收能力和现实吸收能力这种分类研究具有很强的理论和现实意义，这两种能力对企业的价值不同，但相互影响。二者构成企业吸收能力整体，共存于企业中，存在互补关系，彼此独立又相互影响，只有二者协调发展，企业才能最大化提升绩效水平（Zahra、George，2002）。对企业吸收能力不同维度的划分旨在对维度间关系研究以及吸收能力组成要素对企业战略选择的影响研究产生启示。不同要素对解释企业吸收能力对组织产出的作用，具有不同的却又互补的影响（Zahra、George，2002）。

一方面，根据现有的研究可见，企业往往很难同时培养较高的潜在吸收能力和现实吸收能力，这需要企业作出很大的努力。企业吸收能力不同要素之间具有一定的张力或者矛盾（Tension）：企业要想培养高水平的组织层面的吸收能力，需要在企业吸收能力的内部指向（Inward-Looking）和外部指向（Outward-Looking）要素之间取得平衡，而这两个要素之间的不平衡会阻碍企业绩效的提升（Cohen、Levinthal，1990）。企业吸收能力不仅旨在获取和消化外部新知识，同时包括知识的内部处理。这两个过程，一个是外部指向，另一个是内部指向，共同引起一种矛盾，即内部知识处理和外部知识获取之间的矛盾。这种矛盾起源于企业消化外部知识的能力（外部指向）和组织内部沟通的效率（内部指向）之间的矛盾，矛盾的双方都是有效的组织学习的必要要素，但是偏颇于任何一个方面都会对企业发展形成阻碍（Cohen、Levinthal，1990）。平衡内部指向和外部指向要素使企业能够整合多样化的知识，这也正是企业能力的形成机制（Grant，1996）。吸收能力的内部维度（Internal Dimension）和外部维度（External Dimension）的区别要求我们实现二者的平衡发展（Rothaermel、Alexandre，2009）。Zahra 和 George（2002）对吸收能力的维度和子能力划分也得出了相似的结论：潜在吸收能力（获取与消化能力）和现实吸收能力（转化与利用能力）具有不同的指向。潜在吸收能力的作用在于

迅速捕捉外部环境的变化趋势和外部机会，对外部环境保持敏锐的嗅觉，获取并消化对企业有益的知识和信息。现实吸收能力帮助企业改善自身的惯例和路径，进而产生新的知识和组织惯例，创新的思想由此产生。潜在吸收能力以及现实吸收能力这两个子能力相互作用，共同构成企业吸收能力整体，但是彼此之间具有独立内涵，在技术创新过程中，相互作用，相互制约（Zahra、George，2002）。潜在吸收能力和现实吸收能力对管理和组织能力的要求有一定差异，Jansen（2005）对三种整合能力（合作能力、系统能力和社交能力）的组织系统变量对吸收能力的影响进行了实证研究。研究发现：合作能力中的部门间协调能力、员工轮岗影响潜在吸收能力；员工参与决策程度能够促进知识获取但不影响知识消化；部门之间的协作及员工轮岗程度与转化能力正相关，但与利用能力无关；参与决策程度与转化能力正相关，但与利用能力无关。系统能力中的正规化对现实吸收能力具有正向影响，常规化提升潜在吸收能力，而社交能力提升现实吸收能力，不影响潜在吸收能力。换句话说，组织机制前因变量对潜在吸收能力和现实吸收能力具有不同的影响，这也在一定程度上解释了为何企业很难平衡两类吸收能力。此外，两类吸收能力对组织产出的影响也有差别，例如，有研究表明，潜在吸收能力能够提升产品创新，抑制过程创新，而现实吸收能力能够提升产品和过程创新（方润生，2005）。潜在吸收能力更加关注知识的积累效应，而现实吸收能力更加关注新知识和现有知识间的结合以及知识的商业产出和产品创造。潜在和现实吸收能力的培养都需要企业进行财力和精力上的投入，同时管理者的精力和能力是有限的，因此，在实际的管理过程中，潜在吸收能力和现实吸收能力会在一定程度上对企业资源和能力形成某种“竞争”状态（Jansen，2005）。可见，在理论上对吸收能力进行类别的划分，能够帮助我们更好地理解不同能力差异的内在机理，更好地评价吸收能力对企业的价值。

另一方面，潜在吸收能力与现实吸收能力之间的张力并不是说企业需要在二者之间作出完全的取舍，因为这两种子能力有一定的联系，在技术创新的过程中，相互影响、促进和加强（Zahra、George，2002）。例如，企业先验知识与潜在吸收能力和现实吸收能力都具有密切关系。资源和能力理论告诉我们，企业的竞争优势来自异质性资源和能力的独特的组合，这种组合能够增强企业行为的复杂性和因果模糊性（Barney，1991）。例如，Reed 和 DeFillippi（1990）就在研究中指出，因果模糊性的一个重要来源是技能和/或资源与能力之间的整合效应。互补理论进一步指出，资源整合的附加价值比单一资源的价值之和要大（Tanriverdi、Venkatraman，2005），潜在吸收能力和现实吸收能力会协同地提升企业技术创新（Zahra、George，2002）。

## 二、企业吸收能力与技术创新关系理论假设

管理学研究中一个永不衰落的主题就是揭示企业的生存和发展来源、为何一些企业比另一些生存得更好。一些优秀的企业，如联想、华为等，作为中国企业中的代表和榜样，通过持续的创新、资源整合和国际化扩张，已经成为行业翘楚并进入国际市场，跻身国际知名企业的行列，而更多的中国企业仍固守单一的资源和经营管理模式，已经难以适应创新和激烈国际竞争对企业资源和能力的要求。在不断变革的环境中，一方面，组织必须对正在变化的环境作出适应性变革，注重新知识的吸纳，否则它将无法生存；另一方面，组织也要具备相对适宜的稳定性，加强对固有知识的运用和挖掘，否则任何变革的结果都无法转化为可供组织利用的资源。这正是企业动态能力的一种表现。

在知识经济时代，知识与信息无疑是最具战略性的资源和资产，其重要性是有形的物质资源无法比拟的。具有自学习性和创造性的竞争力的形成和更新离不开企业对外部知识的吸收。企业在长期实践中逐步累积形成一定的知识和能力基础，这些知识和能力的形成与企业的历史密切相关，大部分蕴藏于企业的技术水平和管理体制中，因而具有很强的路径依赖性。外部知识的吸纳能够在很大程度上克服这种依赖和刚性。

### 1. 潜在吸收能力对技术创新的直接影响

潜在吸收能力能够帮助企业获取并消化外部新知识。潜在吸收能力对于新知识的获取及消化可以及时更新企业知识储备，保持企业对环境的敏锐嗅觉。知识获取指企业对外部知识的评估及取得，这一过程需要企业与外部顾客、科研机构等组织进行必要的沟通和联系，需要企业持续与外部机构和要素进行互动，与外界的积极联系会在很大程度上增强企业对于新知识和信息的敏感性，避免在创新过程中固步自封。这个阶段中新知识在性质和形式上并没有发生变化，却是企业知识储备完善以及知识转化流通的基础。知识消化是一个意会的过程，是知识的分析、处理、解释的过程，

新知识往往产生于某一种情境和背景当中，这会增加企业理解知识的难度（Zahra、George，2002）。企业只有充分理解消化了外部新知识，才有望实现知识的转化和利用。

潜在吸收能力（获取能力与消化能力）主要通过以下几个方面促进企业的技术创新活动：第一，潜在吸收能力能够帮助企业提升知识储备的广度和深度，通过扩展和深化知识储备来增强企业的技术创新能力。第二，潜在吸收能力会提升企业对外部知识的反应能力，更重要的是，能够克服企业在组织学习和创新过程中可能出现的能力陷阱和组织惰性，进而大大提升企业进行创新活动的能力和积极性（Dyer、Singh，1998）。正是这种能力陷阱使企业无视能够改变行业的突破性技术变化，导致企业的失败（Zahra、George，2002）。第三，潜在吸收能力能够帮助企业快速识别外部信息变化，合理分配能力和资源，保持企业竞争优势，在动态性高的条件下尤其如此。潜在吸收能力能够促进企业在动态性的市场环境中柔性地、更加合理地利用组织资源和能力，利用新出现的战略机会，帮助企业获得先发优势、对客户需求作出及时反应，更准确地捕捉顾客的需求，进而不断完善其产品和服务（Von Hippel，1988）。

突破性技术创新与潜在吸收能力联系密切，突破性创新活动建立在新知识基础上，沿着新技术轨道进行，要求企业脱离原有的适应渐进性技术的范围。开展技术创新活动，特别是突破性技术创新，外部新知识的纳入是必要的。潜在吸收能力关注外部知识环境的变化和趋势，这与突破性技术创新对新知识的需求相符。潜在吸收能力对外部新知识和信息的获取和消化能够避免企业在知识转化和利用过程中由于惯性依赖过于关注开发性活动而忽视探索性活动。突破性技术创新需要企业对现有的知识结构进行大幅度的改变，对落后的知识进行淘汰，确保新知识的注入，在这个过程中，企业需要保持对外部新知识和信息的敏锐嗅觉，以免现有知识和能力制约突破性技术创新的进行。由此，本书提出如下假设：

**H1（a）：潜在吸收能力对突破性技术创新具有显著正向影响。**

本书认为潜在吸收能力对技术创新的影响强度随技术创新突破性程度不同而不同。这两类技术创新都需要新知识的注入和整合，但是程度不同，而正是这种程度上的差别构成了突破性技术创新和渐进性技术创新的本质区别。本书认为技术创新的突破性程度越高，潜在吸收能力的作用越明显，相对于渐进性技术创新，潜在吸收能力对突破性技术创新的影响更明显。

潜在吸收能力能够更新企业的知识储备，提升企业的战略柔性，增强企业对外部环境变化的应对能力。知识储备的更新、战略柔性以及环境应对能力的增强，能够避免企业陷入能力陷阱和组织僵化中。可见，潜在吸收能力与突破性技术创新的联系非常紧密。就潜在吸收能力和渐进性技术创新的关系而言，虽然渐进性技术创新也需要一定的新知识的加入，例如，当企业想改善产品生产效率或顾客满意度时，就不可避免地需要对外部环境进行搜索，对可利用的技术和顾客需求的变化进行分析，但是渐进性技术创新总体上还是建立在企业的现有知识基础上，不需要企业从根本上改变自身的知识结构。渐进性技术创新对新知识的需求较少，是建立在现有的知识、市场和技术的基础之上，采用的技术与原有技术脱离程度并不大，基本上是企业和产业所熟悉或知晓的（Dewar、Dutton，1986）。基于以往研究，笔者认为，即使企业不具备很强的潜在吸收能力，渐进性技术创新能力也不会受到太大的影响。随着企业在某一领域技术知识的积累不断加深，经验的正向反馈使得企业对类似领域外部知识的理解不断深入。组织学习的这种自我加强的性质能够加强企业对现有知识基础的利用效率（Cohen、Levinthal，1990），在相似领域应用现有知识完善企业产品同现有组织过程与路径的发展相吻合。因此，企业的现有技术能力和知识会促进渐进性技术创新的开展（Zhou、Wu，2010）。随着现有知识的积累，企业会形成独特的路径，促使企业越来越依赖于现有的知识和能力，关注提升效率的知识搜索行为。企业往往有这样的倾向，即将现存的知识反复地、结构化地加以利用，认为这样的知识比其他知识更加值得信赖（Katila、Ahuja，2002），关注已经证明了的正确的解决问题的方式，关注与现有知识相关的领域（Subramaniam、Youndt，2005）。当企业通过结构化的活动利用现有知识的时候，对于现有知识的价值认同感也会不断加强（Katila、Ahuja，2002）。最终，这样的情况形成一种独特的组织过程及路径，现有知识得到不断的加强（Cohen、Levinthal，1990）。这种路径依赖的形成会抑制突破性技术创新，潜在吸收能力的作用体现在它能够帮助企业摆脱路径依赖的束缚。

可见，渐进性技术创新对外部新知识的依赖程度远远不及突破性技术创新强。潜在吸收能力对突破性技术创新起到的作用更加明显，因为突破性技术创新更加依赖新知识的获取和利用。因此，本书提出以下假设：

**H1（b）：潜在吸收能力对突破性技术创新的影响比对渐进性技术创新**

的影响大。

2. 现实吸收能力对技术创新的直接影响

知识的转化和利用（现实吸收能力）过程是一个新知识的价值内部化过程，是发展和改善路径，整合现有的知识和已经获得并消化了的外部新知识的过程。转化能力能够促进知识的整合和新认知模式的发展，能够实现产品、过程和技术的改变。外部的新知识在转化过程中会发生形式上的变化，新旧知识的结合会产生新的知识，使企业具备新的能力。当所要利用的外部知识依赖于已存在的特定资产时，企业利用起来就非常困难，原因在于，这样的知识与企业目前的知识在逻辑和结构上显著不同，所以说，企业从外部获取的新知识只有经过一个内部转化的程序（Lane，2006），才能与企业自身原有的知识有机融合，因为这个内部转化的过程能够帮助企业理解和分析新知识，转化成与企业相匹配、企业员工容易理解和应用的知识，进而在企业创新的过程中发挥作用。Lane（2001）等引入吸收能力概念对跨国合资企业组织学习与绩效的关系进行了实证分析，强调知识的内化和理解对知识吸收的重要意义。转化能力能够揭开企业创新的“黑箱”，因为正是在知识转化的过程中，外部的新知识发生了变化，表面上看似不相关的知识或信息与企业现有知识联系起来，而这种关联非常重要，能够产生新的知识，或对原有知识产生新的解释。企业通过对知识的转化能够改变原有的认知图谱，改变企业对自身的认识（Zahra、George，2002）。Kim（1997）提出，企业问题的解决需要通过改变了的（Modified）知识来完成，而这种改变也是转化能力的基本含义。知识转化通过知识的增删以及对相同知识以不同方式解释来实现，能够产生创新的想法和创新性的行为。知识利用指的是企业对现有能力的改善、延伸以及利用或者通过新旧知识和能力结合创造出新能力（Zahra、George，2002）。Cohen 与 Levinthal（1990）将利用能力作为最终实现价值的环节，认为它对创新绩效有正向的影响。利用能力建立在这样的路径之上，即企业通过把转化了的知识融入组织运营改善，拓展并利用现有能力或创造新能力。利用能力是运用知识推动行动的能力，是一个企业在运营中融合及利用知识的能力，是企业吸收外部知识的目的，也是新知识价值的体现（Zahra、George，2002），帮助企业实现知识的长期的、系统化的利用。

企业的现实吸收能力对突破性和渐进性技术创新都有促进作用。渐进性技术创新给现有产品带来的变化相对较小，利用现有设计的潜在能力，加强企业的优势，突破性创新基于不同的组织原则往往能够开发出全新的市场和潜在的客户（Dess、Beard，1984）。知识的转化和利用机制存在渐进性创新的起源：知识利用帮助企业有效利用当前的知识，进而提升组织绩效。知识利用依附于企业组织惯例和路径，在这一系列的惯例和路径不断的有效利用过程中，效率得以不断的改善和强化，推动企业对现有能力的拓展和利用。现实吸收能力不但能够促进渐进性技术创新，同时也能够帮助企业产生突破性技术创新的创意。现实吸收能力和突破性技术创新的联系体现于企业路径和知识基础的改变和更新上。

综上所述，知识转化及利用的效应一方面体现于在现有程序基础上对现有能力进行改善、扩展上；另一方面体现在整合最新获得和转化的知识，与现有知识结合，完成新知识创造上（Zahra、George，2002）。转化和利用过程可以加强现有的知识和技能，提升效率，帮助企业完善现有的组织过程（Zahra、George，2002），降低相关的组织成本；也可以开发和应用新获取的外部知识进行突破性技术创新，这类技术创新产生于对现有的和新近获取的外部知识的整合和诠释过程中。可见，现实吸收能力与企业能力巩固和能力创造都有关联。基于以上分析本书提出如下假设：

**H2（a）：现实吸收能力对突破性技术创新具有显著正向影响。**

**H2（b）：现实吸收能力对渐进性技术创新具有显著正向影响。**

3. 制度环境调节作用

（1）转型经济以及制度特点。制度包含一些共享的信念，这些信念塑造人的想法和行为（DiMaggio，1988）。从某种程度上说，企业的任何行为都嵌入在关系和制度化的环境中，企业的持续成长和发展依赖于其对制度环境的顺从和对外部规则、标准的遵守，那些被其所处的制度环境所接受的企业被认为具有合法性（DiMaggio、Powell，1983）。制度研究作为一种理论视角根植于社会学（Sociology）和经济学（Economics）研究中（Scott，1995），为我们研究企业行为提供了新的洞见，为我们理解企业行为及结果提供了新的切入点。制度研究的经济学家的代表是 North。North（1990）指出，社会的制度框架能够作为一种规范经济活动的约束，为社会提供的是一种游戏规则。在 North 的研究中，制度框架指的是一系列构建起生产以及交换基础的奠基性政治、社会和法律基础规则。North 认为，制度在企业经济活动中扮演着不可忽视的角色，制度为个体和企业提供有限的选择，进而为经济交易活动提供一个稳定的结构（虽然不必然是高效的结构），降低不确定性。制度包含了书面化的正式规则和非书面化的支持或替代正式规则的非正式规则。当游戏参与者违背了正式规则或非正式规则的时候会受到惩罚（North，1990）。制度对企业行为的影响是通过确定犯规的成本以及惩罚的严厉性实现的，就好像是体育竞赛项目中的游戏规则。

“制度”告诉我们哪些选择是对的，哪些规范和行为应该转化到个体中。制度框架也影响企业的行为，指明哪些组织行为在这个框架中是可接受的，是能够获得支持的（Aldrich、Fiol，1994）。任何脱离制度环境特征的企业行为研究都很可能无法反映问题的全貌。

制度转型按照改革速度的不同分为两种类型：一种是西方学者所倡导的快速改革，如前苏联和东欧国家；另一种是长期的渐进改革，中国便是最典型的例子（Nee，1992）。快速变革过程中连续性非常弱，后一种变革也具有很大的政策不连续性，往往体现在“摸着石头过河”的方式。历史经验的缺乏以及现实因素的复杂性，使得转型期间我国商业政策和相关法规具有较大的波动性和不连续性，地方性政策法规也存在较大的差异（Peng、Heath，1996）。可见，转型期间，我国企业的运营环境面临着很大的制度不确定性和不稳定性。在这样的情况下，企业往往会通过人情关系和各种非正式协议与政府部门建立关系（Kao，1993），通过这样的方式减少制度环境不稳定给企业带来的影响。

在中国制度转型情境下，企业间的竞争异常激烈。1978 年提出并逐步实施的改革开放政策从根本上改变了中国社会的制度基础。改革开放政策实施以来，经济与市场体制、政府治理结构以及消费者的消费行为都发生了非常明显的改变。目前以及未来的很长一段时间内，成熟和完善的市场体制都不会真正形成，中国经济体制在很长时间内还是兼具转型经济、新兴经济和西方经济体制的特征。制度转型情境的特点是：以产权为基础的法律框架、稳定的政治结构和战略要素市场都没有真正建立起来，这种情况为企业市场交易带来了极大的风险和极高的不确定性，制约企业外部财务资源、管理资源和人力资源的获取。

制度力量影响企业的战略选择，企业可以选择的战略不是无限的，因此，企业要获得成功，就必须从一系列合法的做法中做出选择，而何种选择是合法的则要受制度力量影响（DiMaggio，1988）。在我国经济转型期间，虽然正式制度约束从计划经济转向市场经济，但是这个转型的过程是很不稳定和充满不确定性的，缺乏完善的法律框架、稳定的政治结构以及战略要素市场的支持。同时，以网络关系交易为特征的非正式制度还会持续地对企业的行为产生影响，甚至可以说，在这个转型期间表现得更加突出（Peng、Heath，1996）。我国经济体制改革旨在实现从计划经济到市场经济的转变，提高经济产量和效率。

新兴经济体的崛起和迅速发展引发了学界的浓厚兴趣，很多学者将目光投向转型期的国家，这时源于西方的管理理论对于解释新兴经济体中企业行为的适用性难免会受到挑战。在这个大背景下，制度理论渐渐兴起，与传统的产业理论和资源理论构成企业战略研究的三大理论支柱（Peng，2000）。企业的行为是制度环境与企业状况间相互作用的结果，也就是说，企业的行为不单单受到行业条件和资源状况的影响（Porter，1980），同时还要受到正式制度与非正式制度的影响。制度安排影响企业的战略选择（Peng，2000），在处于转型期的国家中尤为如此。Peng（2000）在研究中提出了制度、组织与战略的框架（见图3－2）。

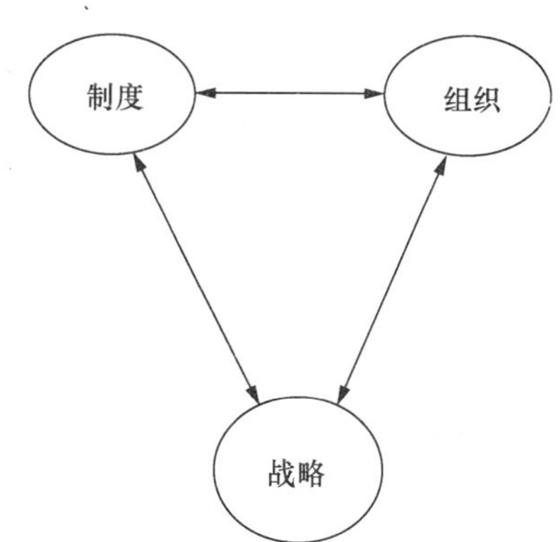


**图3－2 制度、组织与战略之间的内生互动**

资料来源：M. W. Peng. Business Strategies in Transition Economic，*Thousand Oaks*，*CA*：*Sage Publishing*，2000.

（2）制度环境对企业吸收能力与技术创新关系的调节作用理论假设。鉴于制度框架对企业行为的影响，任何对企业行为的研究都需要充分考虑制度这个影响要素对企业战略选择或组织产出的作用（North，1990）。西方学术界对企业战略行为的研究多数从经济学视角入手，同时，这些研究的大前提是企业行为处在比较健全的市场环境中。在市场化程度很高的制度环境中，制度环境被很多战略管理学者认为是理所应当存在的东西（Hickson、McMillan，1981）。其实在西方，制度框架也引导着企业的战略选择和成长（North，1990）。企业管理相关问题研究基本上都是在发达国家进行的，随着研究的不断深入和拓展，相关研究的视野已经渐渐地扩展到转型经济体上，譬如中国（Peng，1999）。同样地，吸收能力理论也源于西方理论界，现有多数吸收能力研究也是在西方经济和文化背景下进行的。西方国家的研究结果是否在新的环境中适用，还不能确定。

在本书的理论框架中，制度环境作为企业吸收能力与技术创新关系的调节变量存在，即制度环境的完善程度会影响企业吸收能力对技术创新的作用。有学者指出，我国疆域辽阔，各地区转型水平不一样，不同地区的制度转型也不在一个水平线上，这些天然条件为制度环境作用的研究提供了良好的研究背景和天然的实验室。某些地区（如沿海的省份和直辖市）的市场支持（Market-supporting）制度比其他地区要完善一些，市场化程度更强（Peng 等，2007），相对较好的制度环境将会帮助这样的地区吸引大量的投资者，进而吸引更多的资金、管理方法、技术以及政府资源。由于制度环境较好，这些地区的企业外部资源和信息比较多，而在另一些地区，制度转型比较缓慢，市场体系比较混乱。制度环境不完善意味着企业外部环境中的支撑性资源比较少（Peng 等，2007）。

毋庸置疑，与法律、规则、强制标准和政府命令保持一致，能帮助组织在所处的环境中更加顺利地成长；反之则可能失去社会合法性和组织声誉，威胁到组织的可持续发展。基于此前的权威研究，笔者从规则、规范以及认知三个方面入手展开制度环境的研究，这三个方面的作用机制有所差异。规则维度包含支持某些行为、约束某些行为的法律、法规以及政府的政策（Busenitz 等，2000）。规则制度完善的环境往往拥有较完善的银行系统、股票市场以及健全的资本市场（Bruton 等，2005），能够为企业运营提供完善的金融环境。完善的规则还拥有完善的法律传统和体系以及有效的执行机制，能够促进新企业的建立，保护投资者的合法利益。当制度环境不完善的时候，规则制度变动较大，市场驱动系统以及第三方执行都发展得不完善。规则维度的核心作用体现在：组织内嵌于政治环境之中，规则和权力体系拥有的权威和赏罚制度对于组织的长远发展有重要影响，因此，组织有很强的动力使其行为与法律法规的强制力、政府的意见或被认为理所应当的规则趋向同步，借以获得社会的支持，维持与政府委任、行为依赖、政府资助和其他准政治影响的联系。

制度环境的规范维度反映的是个体或企业的哪些行为和价值观是受社会认可和接受的。通常通过共享的价值观或规范反映出来（Bruton 等，2005）。如果说规则制度压力往往由于法律和政府的强力推行而容易被接受、诠释和理解，那么，规范制度则常常是比较隐晦的，不那么容易被发现和说明，它往往体现为“适当性逻辑”，主要是指国家和地区文化、价值观体系和意义准则，规范维度反映的是社会生活中约定俗成的、可评估的以及义务性的维度。这些可接受的行为规范在社会建构的合法性行动中逐渐演化形成，并与社会程序合法性和道德合法性息息相关。规范维度之所以能够发挥作用，在于行动者倾向于遵循的社会文化期待和专业机构的意见，企业在采取行动的时候如果将这些假设、价值观和社会文化考虑在内，则更可能取得成功。规范环境为企业行为带来的压力和影响反映在价值观体系和行为准则中。价值观主要表示普遍接受和期待的观念，而行为准则表达了组织行动必须遵守的条件和规矩。基于此，笔者认为规范压力对企业战略行为的影响可以从直接影响和间接影响两个方面来体现。首先，规范压力可以通过电视、广播、报纸、互联网甚至平面广告等形式将社会对企业行为方向和行为模式的期待和社会义务的理念传递给公司，并将那些与这则规范相悖或不被社会价值观期待的行为暴露于社会争议之中。此外，规范制度还可以通过各种行业组织使行业标准在社会中广泛传播，并被企业所遵守，从而大大增加了企业战略选择的可信度与依据。

认知维度来源于社会文化体系。认知维度反映的是人们对如何通过法律途径保护新企业，如何应对其中的风险以及如何寻找关于他们产品的市场信息的知晓程度。一些问题和知识系统经过制度化过程，成为共享的社会知识的一部分。在认知制度完善的情况下，对于如何建立新企业的知识被广泛地知晓，但是在另一些制度环境中，个人或许会缺少这方面的信息。制度环境中产生的认知压力更多地与文化氛围相关，由于其强调社会认同的重要性，它的根源往往是来自个体和组织对外在环境的理解和认识，往往被定性为在潜意识中被接受，而且不证自明，告诉我们在给定环境下哪种方式对我们有意义等问题，是一套施加于组织和个体之上的广泛的信念系统和文化，是新制度主义分析中的特殊维度。认知系统往往在组织诠释与过滤知识与信息的时候提供一套轮廓、模型或模板，告诉我们什么是对的，什么是被社会接受的，什么是应该做的。这些都在认知框架中被建构，并深刻地影响了组织行为和组织与外部环境的互动。认知压力往往是隐性的，在认知框架中，学习和模仿是组织基于外部认知的自然反应，任何企业都处在社会行为和社会关系组成的网络中，这些网络对组织产生了趋同压力。任何企业都不想被行业看成是特殊的，特别是当某一个行为被周围同伴或同行集体接受或内化后。

要检验制度环境的调节效应，需要分析制度环境不完善可能给企业行为带来的影响。制度环境的不完善使得企业面临金融市场、需求市场、行业政策、政府干预以及经济政策的不确定性和不稳定性（Yaqun Yi 等，2012）。与发达国家相对完善的制度水平不同，发展中国家的制度环境还不是很完善和先进，在新兴的市场经济体系中，制度的缺失是显而易见的（McMillan，2007）。在制度环境不好的情况下，市场化水平是比较低的，政府干预的随意性较大。制度的缺失很容易导致企业机会主义行为的出现，甚至极端的行为，如企业政治贿赂（高勇强、陈磊，2008）。制度环境在企业获取和保持重要资源的过程中扮演着重要的角色，政府的过度干预会使企业的管理者认为，企业关键资源的来源是政府而不是市场，企业所要做的最重要的工作就是和政府保持好的关系（Steensma、Marino、Weaver、Dickson，2000）。相反地，在政府干预较少的情况下，市场机制的作用就会比较大，市场机制对资源分配的影响将企业的关注点由政府转向市场这个平台（Peng，2000），在这样的情况下，企业以市场价格通过市场途径获取资金、原料和劳动力，对自己的生产和销售都具有更大的主动权。目前我国尚处在经济转型期，处在计划经济体制向市场经济体制的过渡期，政府在市场经济中仍然要扮演比较重要的角色。一方面，政府的干预使得一些企业获益，例如，政府的干预帮助一些企业更加方便地获得银行的财政支持。另一方面，政府的干预会阻碍企业的发展，例如，在政府的干预下，企业会面临软预算约束（Soft Budget Constraints），这样的企业更多的是依靠政府实现企业成长，而非依靠市场力量，这会在很大程度上削弱企业的竞争力，而且政府的干预给企业带来实惠的同时，也难免会给企业带来一定的负担，譬如安置就业等（Peng、Luo，2000）。

由先前研究的企业实践可知，制度环境的不完善、市场机制的不健全迫使企业根据政府的需要制定战略，而不是根据市场的变化制定战略。在政府干预明显时，企业通过市场扫描和战略制定来提升绩效的动力会大大减小，制度的不完善会抑制企业对高效和创新思想的追求。制度环境对企业吸收能力与技术创新关系的影响可以从两个角度理解：其一，制度环境的健全程度会影响企业通过市场机制获取信息和知识的难易程度。其二，制度环境的健全程度会影响企业对吸收能力培养和投资的动力，会影响企业的知识获取和管理战略。吸收能力的作用因环境的不同会具有不同的效用（Shaker，2006）。我国目前处于经济转型期，在此期间，企业技术创新所需的，甚至是赖以生存的资源掌握在政府的手中。转型期的政府对企业的作用虽然已经削弱了，但是市场化程度、法律规范水平等方面与成熟的市场经济环境还存在很大的差距，政府对企业所需资源的控制还是比较明显的。转型期间政府对资源的控制表现在政府对关键资源（如土地等）的控制、行政审批以及产业政策等方面。如何处理和应对与政府的关系，成为很多企业管理者首要考虑的问题。在相对健全的制度环境中，信息流通比较通畅和自由，当外部制度环境不健全的时候，企业依靠市场吸收知识和信息的难度较大。在相对健全的制度环境中，通过建立政府关系来获得资源和信息的方法将受到法律法规和认知上的抵触。随着市场的转型、制度的健全，市场的作用逐渐增强。制度环境越弱，企业家（私营企业）的政治联系意愿越高（冯天丽、井润田，2009）。在制度环境不健全的情况下，企业往往不会首选对自身的吸收能力进行投资，会转而建立与政府的关系来获取支撑企业成长的资源，因为在制度不完善的情况下，与企业技术创新密切联系的要素不是企业的自身能力，而是与政府的关系。目前在中国，企业行为受政府影响比较大，不同所有制企业受到的影响不同。由于完善的市场机制还没有建立起来，企业自然要寻求政府的支持（张维迎，2001）。由此可见，制度环境越健全，企业吸收能力对技术创新的贡献就越明显。因此，本书提出以下假设：

**H3（a）：制度环境的完善程度对潜在吸收能力与突破性技术创新的关系具有显著正向调节作用。**

**H3（b）：制度环境的完善程度对潜在吸收能力与渐进性技术创新的关系具有显著正向调节作用。**

**H3（c）：制度环境的完善程度对现实吸收能力与突破性技术创新的关系具有显著正向调节作用。**

**H3（d）：制度环境的完善程度对现实吸收能力与渐进性技术创新的关**

**系具有显著正向调节作用。**

4. 外部知识类型调节作用

外部知识是本书框架中另一个起到调节效应的要素。本书从外部知识的类型（科学知识和行业知识）入手研究其对企业吸收能力与不同类型技术创新的关系的调节作用。外部知识对企业技术创新的重要影响在管理理论和实践中是显而易见的。外部知识是企业创新活动的重要决定因素，这一点已经在很多理论范畴中得到强调。“外部知识来源”指的是企业外部各种创新知识来源，其中包括供应商及用户、竞争者、科研院所、高等院校、政府机构以及其他信息来源（Malerba，1992；赵晓庆，2004）。演化理论学家认为，企业创新活动包含企业和周围媒介的互动的过程（Edquist，1997）。同样，创新网络理论学家认为，企业很少仅仅依靠自身的力量进行创新，新产品和过程的问世往往依赖于企业与外部媒介建立联系的能力（Hakannson，1987）。Chesbrough 的开放创新模型也强调外部信息对创新过程的重要性，还提出内部研发不再是战略资产了，虽然它曾经是（Chesbrough，2003）。企业不再是一个孤立的体系，企业的技术创新活动是一个开放的、非线性的活动过程。企业的创新活动总是涉及外部要素的纳入，需要重视如何利用内部研发的杠杆作用撬动和分享外部价值，提高整合内外创新资源的能力。随着知识经济的发展，知识时代来临了，知识不仅仅是量增加了，实施获取的途径也越来越丰富。企业要突破自身界限，需要与外界要素建立灵活的外部协作关系，以更好地进行技术创新活动。技术创新需要大量新知识的纳入，任何企业都无法独立地在内部进行新知识的创造和更新，外部知识对企业的技术创新活动来说越来越重要。本书将外部知识来源和企业吸收能力对技术创新的影响联系起来。

企业与外部环境中知识的接触会提升决策的质量（March、Simon，1993），扩展可利用的资源（Brown、Eisenhardt，1995），促进企业能力的形成（McGrath 等，1995），提升实验性学习，最终利用并管理外部知识（Fosfuri、Tribó，2009）。例如，那些持续地创造和保持与供应商或者研发机构的关系的企业更有可能识别以及消化外部知识（如技术进步、规范变化以及顾客偏好的变化）。Cohen 和 Levinthal（1990）也强调这种关系的重要性，提出，那些与外部合作伙伴保持广泛以及积极的关系的企业会意识到彼此独特的能力和知识，进而增强培养吸收能力的积极性。一些学者也指出，系统地参与到知识密集型合作中的企业更有可能增加它们的知识宽度和深度，进而提升内部能力和知识处理技术（Van Wijk 等，2001）。

外部知识和信息的强度和来源是解释企业间以及行业间研发强度、技术进步差异的重要因素。对于吸纳者来说，对于外部知识的利用会提升要素投入的质量。企业面临的外部信息和知识越多，外部新知识对企业创新活动的贡献越大，企业吸收能力的效用就越明显。当外部知识和信息对企业创新活动贡献不大时，吸收能力的效用可能体现得不是那么明显，而当外部知识和信息对企业开展创新活动至关重要时，吸收能力高和吸收能力低的企业之间的创新积极性和效果会有很大的差别。吸收能力的价值体现在企业对外部新知识的获得和利用能力上，所以，外部知识的增加会使吸收能力的价值更加明显。外部新知识对企业来说既是机会也是威胁，对外部知识和信息的合理及时利用能够帮助企业获得并保持竞争优势，对外部知识和信息变化的错失会使竞争优势流向竞争对手。积极探索的企业往往更加关注外部知识和信息的变化，许多知名企业的成长也恰恰证实了这一点。例如，Apple、IBM、宝洁公司等，虽然这些公司的自我研发能力很强，但都充分利用外部创新知识和信息，有效整合内外创新资源开展技术创新活动。外部知识源对企业技术创新的影响，依赖于企业的内部能力。本书侧重对外部知识来源对企业的重要性程度来衡量企业的外部知识，也就是企业管理者对外部知识源重要性的主观评价。

借鉴先前的研究成果（Tortoriello，2005），本书从科学知识和行业知识入手研究外部知识源的影响。将外部知识分为科学知识和行业知识具有很大的理论和现实意义。外部科学知识和行业知识的来源是不同的，科学知识主要来自学术会议、科学刊物以及研发机构等，而行业知识主要来自客户以及供应商等。二者的性质不同，导致二者对企业技术创新的影响也有区别。科学知识具有广泛性和普遍性，而行业知识往往是建立在共享语言和普遍问题的基础上，针对行业的具体问题，普适性较弱，针对性较强。行业知识更多的是针对实际问题的解决，而科学知识并不是针对企业面临的实际的具体问题（Allen，1977）。行业知识比科学知识更加具有行业和企业的特征，与行业和企业的目标和实际运作更加相关（Allen，1977），行业知识的首要目标是对具体的实际问题提供解决方案（Stokes，1997），而且，行业知识往往更具情景性（Stokes，1997）。科学知识的进步并不是针对实际问题的解决，这类知识具有应用到更广泛问题的潜力，能够引发更多的思考和创新的思想（Stokes，1997）。例如，Cohen 和 Levinthal（1990）提出，行业外知识来源，如政府机构和研究机构，与原料和设备供应商知识来源相比，对企业需求的针对性较差，需要更多的企业专业知识才能有效利用。由此可见，行业知识针对性较强而科学知识启发性更强，是科技进步的象征。

科学知识和行业知识与技术创新都有密切的关系，但是随着技术创新的类型不同而有所差异。Gerpott（2005）根据技术创新包含新知识程度的高低，将创新分成突破性技术创新和渐进性技术创新，作者指出，前者为技术驱动的创新，后者为市场推动的创新。以往的研究表明，渐进性的创新往往被认为是市场驱动（Market-pull）的创新，因为这类创新的大部分想法都来自市场，往往产生于市场导向的企业（Kohli、Jaworksi，1990），可见，渐进性技术创新与行业知识的联系更加紧密。与渐进性技术创新不同，突破性技术创新往往是能力破坏性的，往往使现有的知识和能力显得多余（Tushman、Anderson，1986）。突破性技术创新涉及新知识的开发和利用，这其中一些信息会改变现有的市场结构，这类创新主要来源于科研人员，被认为是技术驱动（Technology-push）的创新（Dosi，1988），可见，突破性技术创新往往与科学知识的联系更加紧密一些。科学知识为企业提供新的知识与企业之间互动性地创造新知识同时激发起新的创新项目。新的科学知识通过很多方式传递给企业，其中最重要的方式是人际接触和刊物的阅读。科学知识往往会同时为企业的应用研究提供新的工具、技巧和方法。科学知识的发展往往比企业的技术发展更深远，因为科学知识的发展更多地关注技术本身的发展而非现实商业利益。因而，基于科学知识的新技术普适性更强，提供技术创新的潜能，探索新的市场（Kaufmann、Todtling，2001）。行业知识，如来自客户的知识，很少能引发突破性技术创新，原因在于使用者或客户往往会依赖已知的问题解决方式，他们往往不愿意或没有准备好接受不熟悉的产品或者无法清楚表达对于新产品的需求（von Hippel，1988）。那些与传统概念相距太远的想法往往不是产生于客户（Kaufmann、Todtling，2001）。

本书认为，外部科学知识与吸收能力的结合会促进企业的突破性技术创新，而外部行业知识与吸收能力的结合会促进企业的渐进性技术创新。科学知识更加容易沟通和获取，涉猎范围更广，包含更多的新意，更加具有激发创新性思考的潜质（Tortoriello，2005）。越是具有突破性的创新越是能够直接追溯到创新发生之前的基础科学的进行。例如，现代收音机的诞生能够追溯到麦克斯韦对基础物理的研究；原子弹的实验能够追溯到物理学家的研究；生物科技领域的发展也能够追溯到基础科学的发展。随着科学的发展，潜在的有用知识和技术随之发展，旧有想法被更新，而新想法渐渐产生。而且，新出现的科学研究人员带着最新的科学知识来到他们的工作岗位，使这些知识能够在实际生产中得以应用（Klevorick 等，1995）。基于科学知识、行业知识与突破性技术创新和渐进性技术创新的关系，本书提出以下假设：

**H4（a）：科学外部知识对潜在吸收能力与突破性技术创新的关系具有显著的正向调节作用。**

**H4（b）：行业外部知识对潜在吸收能力与渐进性技术创新的关系具有显著的正向调节作用。**

**H4（c）：科学外部知识对现实吸收能力与突破性技术创新的关系具有显著的正向调节作用。**

**H4（d）：行业外部知识对现实吸收能力与渐进性技术创新的关系具有显著的正向调节作用。**

5. 潜在吸收能力和现实吸收能力的互补效应（Complementarity）对技术创新的影响

互补性理论认为，资源整合的附加价值比单一资源的价值之和大（Tanriverdi、Venkatraman，2005）。当一项资产由于另一项资产的存在而产生额外价值时，两项资产便被认为具有互补性（Milgrom、Roberts，1995）。企业吸收能力作为一种动态能力是一个整体能力，其子能力潜在吸收能力和现实吸收能力是彼此独立又相互关联的能力，二者作用的发挥会受到彼此的影响，二者互补（Zahra、George，2002）。根据资源基础论的观点，企业竞争优势来自异质性资源和能力的独特组合，这种组合能够增强企业行为的复杂性和因果模糊性（Barney，1991），因果模糊性的一个重要来源是技能和/或资源与能力之间的协同效应（Reed、DeFillippi，1990）。

吸收能力各子能力间的互补性使吸收能力变得更加隐蔽、不易察觉、难以模仿（Zahra、George，2002），进而具备成为企业竞争优势来源的条件。互补性的存在强调，企业的技术创新活动需要同时具备一定水平的潜在吸收能力和现实吸收能力，缺一不可，不可偏颇。潜在吸收能力和现实吸收能力的形成所需要的管理和组织能力有所差别，依赖的组织路径有所不同，由于企业资源和管理者精力的有限性，二者的发展涉及资源配置问题，企业往往感觉很难同时建立高水平的潜在吸收能力和现实吸收能力

（Jansen，2005），但是二者在企业中可以共存（Zahra、George，2002）。更重要的是，外部知识环境的变化和技术的发展要求企业同时具有较好的潜在吸收能力和现实吸收能力，并且，潜在吸收能力对企业的作用会因为现实吸收能力的提升而提升；反之亦然（Zahra、George，2002；Lichtenthaler，2009）。获取和消化的新知识能够增加企业知识的深度和广度，是知识利用的基础，而现实吸收能力能够使获取和消化了的新知识的价值得以体现。

潜在吸收能力与现实吸收能力互补性特质的提出源于 Zahra 和 George（2002）的研究，虽然作者没有对其进行深入阐释和检验，但根据 Zahra 和 George（2002）以及后续学者的论述（Jansen，2005；Lane，2006），吸收能力子能力间的互补性强调子能力间的动态互动：吸收能力各个组成部分相互影响，作用是整合性的，同时，吸收能力子能力具有不同的性质、特点以及影响，不可重视一项而忽略另一项。总体来说，潜在吸收能力和现实吸收能力都是企业竞争优势形成和发展的必备条件。

一方面，潜在吸收能力与现实吸收能力之间存在互补性意味着，二者能够提升和巩固彼此对技术创新的影响（Zahra、George，2002）。获取以及消化的知识能否转化为产品和服务依赖于企业对这些知识的转化和利用；新知识获取和消化不足的情况下，没有足够的新知识来实现转化和利用，这样一来，现实吸收能力的作用也得不到充分的体现。新知识的获取与消化促进企业更好地利用接触新知识和技能的机会，企业在知识的获取和消化的过程中常常伴随业务的嵌入和人员的交流，这会在很大程度上扩展自己的知识范围，加速知识和技能的转移和应用，从而帮助企业掌握资源使用的诀窍。总体上，潜在吸收能力对技术创新的作用需要现实吸收能力来辅助才能实现，反之也是这样。

另一方面，潜在吸收能力与现实吸收能力之间存在互补性意味着，企业需要在二者之间实现平衡发展才能推动技术创新（Zahra、George，2002）。企业吸收能力既关注外部知识的获取与消化，具有外部指向，同时也关注知识的内部处理，这两种动态的知识过程形成一种内部知识处理和外部知识获取之间的张力（Rothaermel、Alexandre，2009）。Cohen 和 Levinthal（1990）将这种现象描述成“吸收能力的内部指向和外部指向之间的矛盾”，源于企业内部知识沟通效率与知识获取及消化之间的矛盾。作者指出，这两种能力都是知识吸收的必要组成部分，但是对任何一项的过分强调都会阻碍知识的吸收。企业在潜在吸收能力和现实吸收能力之间的平衡也是企业绩效差异的来源之一（Zahra、George，2002）。潜在吸收能力与现实吸收能力之间的平衡强调二者发展匹配的情况下，能够提升企业的技术创新能力。企业的资源和能力是有限的，很难长期保持对高潜在吸收能力和高现实吸收能力的同时培养，换句话说，潜在吸收能力和现实吸收能力的形成和发展涉及企业资源和能力的分配问题，过于强调和发展任何一方都会阻碍技术创新的实现。例如，学者发现，企业整合能力对吸收能力不同子能力的作用有差异，甚至相反，企业对提升潜在吸收能力所做的努力不会必然提升现实吸收能力；反之亦然，例如，分权化的组织结构会提升潜在吸收能力，而阻碍知识转化和利用的效率（Jansen，2005）。因此，企业需要在潜在吸收能力和现实吸收能力的培养上达成一种平衡，过于强调潜在吸收能力会使企业承受知识获取和消化成本的同时却不能享受知识商业化转换的成果；过于强调现实吸收能力会使企业承受知识和能力储备无法更新而带来的组织僵化（Zahra、George，2002）。

综合以上两方面的论述，潜在吸收能力和现实吸收能力之间存在互补关系，即当一种能力得到强化时，另一种能力的作用效果也会提升，两种能力能够在单一能力之外产生附加价值，相互协同提升组织产出（例如技术创新）（Zahra、George，2002；Lichtenthaler，2009；Jansen、Van den Bosch、Volberda，2003），技术创新的开展需要潜在吸收能力和现实吸收能力有机结合。对潜在吸收能力的培养不能忽略现实吸收能力，同样，现实吸收能力必须以潜在吸收能力为基础和补充，两者之间存在互补关系，通过二者之间的互动，企业不仅能够更新自身知识储备，增强战略柔性，同时能够及时地实现知识的商业化应用，进而促进技术创新。潜在吸收能力和现实吸收能力的作用彼此不同，相互影响，共同作用于组织产出：潜在吸收能力帮助企业不断地更新知识储备，形成战略柔性；现实吸收能力通过对新知识进行转化和利用创造出新的组织知识和路径，促成新产品或服务的形成（Zahra、George，2002）。潜在吸收能力与现实吸收能力发展失衡会阻碍知识储备的利用或更新（Jansen、Van den Bosch、Volberda，2003），两种子能力之间不是相互替代的关系，想单独通过提升一种能力来促进技术创新是不可行的。当潜在吸收能力或现实吸收能力差距较大时，技术创新会遭到抑制。

吸收能力、组织学习以及知识管理领域对资源或能力互补性的研究对本书理论假设的形成具有很大启示：Choi、Poon 和 Davis（2008）基于互补理论的方法研究发现，隐性—内部导向和显性—外部导向的知识管理战略之间是互补关系，对企业绩效形成协同效应（Synergistic Effects）。郭爱芳（2010）指出，基于科学的组织学习（Sti）和基于经验的组织学习（Dui）相互影响，相互加强，同时注重 Sti 和 Dui 的企业创新可能性最高。Lichtenthaler（2009）研究指明，探索性、转化性、利用性组织学习之间具有互补效应，共同作用于企业创新，同时指出，探索性学习与 Zahra 和 George（2002）模型中的潜在吸收能力相近；利用性学习则反映了 Zahra 和 George（2002）模型中的现实吸收能力。Lichtenthaler（2009）证实了企业吸收能力中知识探索能力、知识转化能力以及知识利用能力之间共存而产生的协同效应，并强调这种互补效应的存在正是企业竞争优势的来源。学者们对吸收能力不同构成要素间关系的研究，以及能力或资源间互补效应的讨论推动了本书对潜在吸收能力和现实吸收能力关系的理解。正如 Zahra 和 George（2002）在研究中所阐述的，吸收能力整体是各组成能力互动整合而成的动态能力，这种动态能力赋予企业完善、延伸以及利用现有能力，或者整合新旧知识创造新知识的能力。可见，潜在吸收能力和现实吸收能力的互补效应既有助于巩固现有能力，也有助于创造出新能力。渐进性技术创新涉及原有能力的巩固，而突破性技术创新涉及新能力的创造，由此，本书提出如下假设：

**H5（a）：潜在吸收能力和现实吸收能力之间存在互补效应，协同地促进突破性技术创新。具体而言，潜在吸收能力与现实吸收能力的交互作用对突破性技术创新具有显著正向影响；潜在吸收能力与现实吸收能力发展不平衡对突破性技术创新具有显著负向影响。**

**H5（b）：潜在吸收能力和现实吸收能力之间存在互补效应，协同地促进渐进性技术创新。具体而言，潜在吸收能力与现实吸收能力的交互作用对渐进性技术创新具有显著正向影响；潜在吸收能力与现实吸收能力发展不平衡对渐进性技术创新具有显著负向影响。**

综上所述，本书将会剖析这样几个问题：潜在吸收能力、现实吸收能力对突破性技术创新与渐进性技术创新的直接影响；制度环境的调节作用；外部知识的调节作用；潜在吸收能力和现实吸收能力之间的互补性对技术创新的影响。笔者对本书的理论假设进行了汇总，见表 3－1。

表 3－1　本书理论假设汇总

| 假设 | 内容 |
| --- | --- |
| H1（a） | 潜在吸收能力对突破性技术创新具有显著正向影响 |
| H1（b） | 潜在吸收能力对突破性技术创新的影响比对渐进性技术创新的影响大 |
| H2（a） | 现实吸收能力对突破性技术创新具有显著正向影响 |
| H2（b） | 现实吸收能力对渐进性技术创新具有显著正向影响 |
| H3（a） | 制度环境的完善程度对潜在吸收能力与突破性技术创新的关系具有显著正向调节作用 |
| H3（b） | 制度环境的完善程度对潜在吸收能力与渐进性技术创新的关系具有显著正向调节作用 |
| H3（c） | 制度环境的完善程度对现实吸收能力与突破性技术创新的关系具有显著正向调节作用 |
| H3（d） | 制度环境的完善程度对现实吸收能力与渐进性技术创新的关系具有显著正向调节作用 |
| H4（a） | 科学外部知识对潜在吸收能力与突破性技术创新的关系具有显著正向调节作用 |
| H4（b） | 行业外部知识对潜在吸收能力与渐进性技术创新的关系具有显著正向调节作用 |
| H4（c） | 科学外部知识对现实吸收能力与突破性技术创新的关系具有显著正向调节作用 |
| H4（d） | 行业外部知识对现实吸收能力与渐进性技术创新的关系具有显著正向调节作用 |
| H5（a） | 潜在吸收能力和现实吸收能力之间存在互补效应，协同地促进突破性技术创新。具体而言，潜在吸收能力与现实吸收能力的交互作用对突破性技术创新具有显著正向影响；潜在吸收能力与现实吸收能力发展不平衡对突破性技术创新具有显著负向影响 |
| H5（b） | 潜在吸收能力和现实吸收能力之间存在互补效应，协同地促进渐进性技术创新。具体而言，潜在吸收能力与现实吸收能力的交互作用对渐进性技术创新具有显著正向影响；潜在吸收能力与现实吸收能力发展不平衡对渐进性技术创新具有显著负向影响 |

# 第四章 研究设计与方法

基于相关研究文献以及理论推导，已在第三章建立起各变量之间的理论框架，要想深入了解企业吸收能力与技术创新之间的关系和作用机理，不仅要进行规范的理论推导，还要运用科学和适当的实证研究方法，针对变量之间关系的假设进行实证检验，这就涉及研究过程的设计。本书检验了潜在吸收能力、现实吸收能力与突破性技术创新、渐进性技术创新之间的关系，以及制度环境和外部知识类型在此关系间起到的调节作用。本书进行实证检验的数据来自调查问卷，因此，调查问卷的设计和数据收集过程科学与否就会对变量测量的准确性以及最终检验结果产生非常大的影响。调查工具的编制以及选用会直接影响研究结果的可靠性和有效性。

本章对变量的测度、问卷设计以及数据收集过程加以阐述。本书基于对现有理论和实证研究的总结与分析，构建了变量测度指标；分析方法主要包括信度测试、因子分析和回归分析等。

## 第一节 问卷设计

由于本书研究的企业吸收能力、突破性技术创新以及渐进性技术创新等构念都是比较抽象的变量，不太容易直接观测到，又比较缺乏现成的二手数据。根据马庆国（2002）的建议，在本书中使用问卷调查法来收集数据。问卷调查法的优点是灵活简单，同时能够获得可靠翔实的资料。

## 一、问卷设计原则

问卷调查这种数据收集方法目前在国内外的学术界应用非常普遍。问卷调查法具备简便、灵活等特点。这种方法能够帮助研究人员通过调查问卷的发放直接获得所需的翔实可靠的第一手资料。调查问卷的设计过程是否合理科学可以说是实证研究操作化过程的开始，高质量的调查问卷是分析结果科学可靠的重要保证。

荣泰生（2006）在其研究中指出，问卷设计要遵循以下原则：①问卷的内容要与概念框架呼应；②问卷的题项设计要尽量使填答人容易回答；③问项中尽量回避个人隐私；④前面题目的回答不能对后面题目的回答产生影响；⑤必须确定问卷题目中哪些是开放性问题，哪些是封闭性问题；⑥大规模正式问卷调查之前要进行问卷的预测试。针对问卷的结构形式安排：在问卷的形式安排上，单个题项往往只能测度出狭窄的概念，要提高信度一般来说要用多个题项而非单一题项（Churchill，1979）。因此，本书采用多题项的形式测度变量，以保证量表的信度和效度。

为了尽可能客观真实地测度本书相关概念，借鉴众多学者的建议，本书主要遵循以下几个量表设计原则来保证量表质量：在可能的情况下尽量选择与本书直接关联的研究开发使用的量表；优先选择那些本书所在研究领域的量表；尽量选择已经被验证的，信度、效度值较高，并得到广泛应用的量表。本书遵循以上原则，对于变量测度采用的量表基本上都是权威文献中出现的量表，只在必要的情况下对个别题项进行了微调。

## 二、问卷设计步骤

Churchill（1979）等学者都在研究中指出：问卷设计的整个过程一般要经过以下4个阶段：①文献回顾，调查与访谈；②听取学者专家意见；③听取企业界专家意见；④预测试，最终定稿。本书的问卷设计经历了以下几个阶段：

1. 文献研读与总结

设计问卷的过程需要将难以直接测度的变量转化成能够直接测度的操作变量，需要相关文献的支撑。本书遵循的原则是尽量选择较为成熟的量表，因为这样的量表具有良好的信度和效度，根据研究需要，能够直接纳入调查问卷。

现有相关文献和研究是本书问卷设计的基础。笔者通过检索和研读有关吸收能力和技术创新等方面的研究文献，将这些文献中对本书所涉及的变量的测度题项进行整理和总结，在大量阅读企业吸收能力、技术创新等领域文献基础上，笔者借鉴已有研究尝试构建起相关变量的测度题项库，比较测度题项间的适合性，选取信效度较高的题项。尽量选取那些经过实证检验、证明具有良好信度与效度的变量测度量表，总结归纳选取国内外权威研究中成熟量表中的测度指标。被本书借鉴的原始量表均为英文问卷，笔者采用双向回译（Back Translation）的方法翻译问卷，避免引起量表内容含义失真（Baird、Lyles、Wharton，1990）。双向回译的操作过程为：首先选择一位资深的精通中英文的管理学教师将英文的问卷翻译成中文的问卷。对于这份翻译的问卷；再请另一位英文专业的教师翻译回英文；之后，将该回译英文问卷与原始英文问卷相比，与学院导师和学者讨论，听取他们的意见，对比原始英文问卷和回译英文问卷的一致性。这样的程序能够确保中文问卷的翻译质量。

2. 听取学者专家以及管理人员意见

外文文献中的成熟量表在信度和效度上都有一定的保证，也经过了实证研究的检验。把这些量表应用于本土研究中是否需要进行微调，还需要通过与自己的导师、学院其他老师及其他博士同学交流，与学者以及实践管理人员交流，征求他们对于量表题项在用语、意义表述以及结构安排等方面的意见和建议，对原有题项进行了适当的微调。基于相关文献研究，结合与学者和企业访谈的结果进一步消除初始问项的歧义，形成本问卷的初稿。

3. 问卷量表的前测与修订

根据相关研究以及访谈结果得到量表的初稿，也就是前测量表，问卷主体内容包括企业吸收能力量表、突破性以及渐进性技术创新量表、制度环境量表以及外部知识量表。为了进一步保证问卷的效度，避免问卷中出现语义上的歧义，需要对问卷进行前测。这样做的目的是使问卷更加全面地反映出所要调查的问题，提升问卷填答人对问卷的理解，问卷的前测包括两个阶段。

第一个阶段：笔者在由博士生导师、博士后、博士研究生，以及企业管理人员组成的 8 人团队中进行测试。主要的目的是：分析各个题项的措辞和用语是否易于填答人理解，题项是否存在歧义；分析是否存在一个题项测度多个概念的情况，确保每个题项只明确表达一个意思；分析是否存在语义上的重复；观察问卷填答需要的时间。然后，根据调研反馈，进一步做出改善。对有歧义的题项进行适当的修改和调整，对有疑问的题项进行详细说明，对问卷填答人对问卷的反馈和意见认真记录，反复揣摩，确认量表的题项在措辞上严谨合理，以便问卷更好地被填答人理解和回答。

第二个阶段：在大规模正式问卷调查之前，需要对初步形成的问卷进行前测，以初步了解问卷的科学性和适用性。笔者在研究中将问卷的初稿在小范围内进行前测。问卷前测是在吉林省和辽宁省两所高校 MBA 学员中进行的。他们多数都是长春市、沈阳市和大连市及周边地区的企业高层或中层管理人员，不但拥有较高的学历，而且富有企业管理经验，对本书所调查问题的认知度和理解度都比较高，在较大程度上保证了量表的信度和效度。共发放问卷 77 份，收回了 41 份。经核查，问卷中所有测度问项都回答完整的有效问卷 34 份。在这 34 份有效总体样本中，企业遍布电子、医药、化工等行业。可以说，这些样本企业具有一定的代表性。这个阶段回收到 34 份有效问卷，根据小样本数据统计分析结果，我们对题项进行一定的调整，例如，删除跨因子载荷严重的题项，调整题项的用语等。

4. 正式问卷形成

问卷小样本前测之后，笔者对填答人的反馈和建议进行了认真的总结，基于此形成问卷终稿，以备实证研究数据收集之用。

综上所述，图 4－1 是对问卷形成过程的整理，梳理了正式问卷的形成过程。

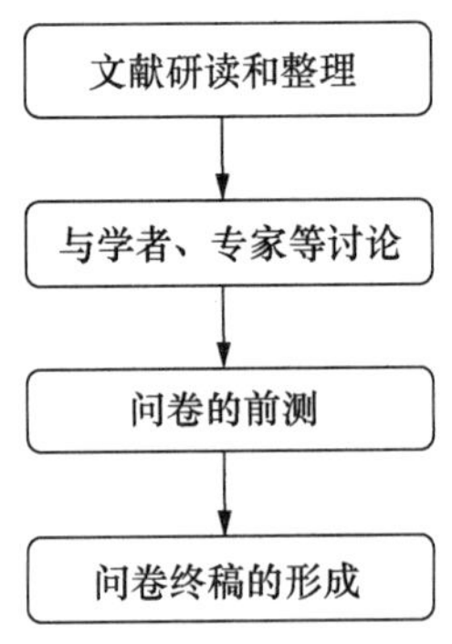


**图 4－1　正式问卷形成过程**

## 三、避免偏差出现的方法

问卷问题包括填空题和选择题，对于选择题部分，笔者采用 Likert（李克特）5 点量表来衡量。问卷的填答人对题目的判断是基于填答人对问题的主观判断的基础上进行的，而不是完全基于实际的客观情况。主观的判断很可能会导致问卷的调查结果出现偏差，不能反映出客观的实际情况。需要采取一些方法来避免偏差出现。

在问卷设计的过程中需要非常注意问卷设计的合理性和科学性，尽量避免可能出现的偏差。以下 4 个原因可能会导致非准确性答案的出现（Fowler，1988）。第一，问卷设计的问题可能是填答人不清楚答案的问题；第二，填答人可能想不起来这些问题的答案；第三，填答人出于主客观原因不想回答这些问题；第四，填答人可能无法理解这些问题。笔者在研究中针对这 4 个原因进行了科学的安排。这 4 个方面任何一个出现问题，都会影响到问卷填答人对问题的回答，进而影响到数据质量。这 4 个可能的原因以及本书所采取的预防措施见表 4－1。

**表 4－1　问卷设计中出现的问题及避免偏差出现的措施**

| 引发问题的原因：问卷填答人…… | 避免偏差出现的措施 |
|---|---|
| 不知道所提问问题答案的信息 | 本问卷的调查对象为熟悉企业情况的中高层管理人员 |
| 不能回忆所提问问题答案的信息 | 问卷题项所涉及的问题针对企业近期阶段的情况 |
| 知道答案但不想回答 | 在问卷中指明，本问卷纯属学术研究目的，所获信息也不会用于任何商业目的 |
| 不理解所问的问题 | 调查问卷听取了学术界专家和企业界人士的意见，经历了预测试阶段，尽量排除题项难以理解以及表述不明的可能性 |

同时，题项答案选项的数量方面，笔者在研究中采用 Likert 5 点量表的形式，对于企业吸收能力以及制度环境量表，“1”、“2”、“3”、“4”、“5”代表题项描述的情况与实际情况的符合程度，数字越大，表示题项阐述的内容与企业现实情况越符合，数字越小，则表示题项阐述的内容与企业现实情况越不符合。对于技术创新量表，要求填答者选择所描述活动发生的频率，“1”～“5”代表“从未有过”～“非常频繁”。对于外部知识量

表，“1”、“2”、“3”、“4”、“5”代表题项描述的外部知识来源对企业技术创新活动的重要性。

此外，本书为了保证研究问题能够被问卷填答人很好地理解，尽量把偏差控制到最小，在发放问卷的时候，亲自或通过联系人向每位被调查对象强调以下几点：问卷调查不是测验，答案没有对错之分，填答人需要做的只是表达自己的真实想法；问卷采用的是匿名的方式，问卷中的信息绝对保密；填答人需要单独完成调查问卷。

### 四、问卷基本内容

本书的正式问卷包含两大部分的内容。企业基本信息以及个人基本信息构成问卷的第一部分，变量量表为问卷第二部分。问卷的主要部分包括企业吸收能力、技术创新、制度环境以及外部知识量表。

## 第二节　变量选取及测度

本书所涉及的变量大多难以通过量化来测度，这些指标虽然存在定量的测度指标，但考虑到不容易得到客观的信息，以及可能涉及企业不愿公开的信息。因此本书对变量的测度均通过问卷方式获得，采用 Likert 5 点量表打分法处理。

本书各变量的测度量表都曾在权威文献中被使用过，同时结合本书的实际研究需要对文献中的成熟量表进行微调。本书的变量测度是基于权威文献的界定，并结合企业实际调研获得的信息形成的，以下是对各个测度量表的描述。

### 一、企业吸收能力

吸收能力是一个复杂且难以操作的构念（Lane，2006），目前学界对于吸收能力的测量方法也有很多不同的看法。吸收能力这个概念强调的是企业对外部新知识的认知、把握与利用，是一个多层次的概念：一般可分为个体层次吸收能力和企业层次吸收能力：个体层次的吸收能力为个人的相关知识以及专业知识背景；企业组织层次吸收能力则不同，强调的是成员吸收能力的整合，并非简单的加和。个体层次与企业层次的吸收能力都具有路径依赖（Path Dependence）的特征：个人或企业先前的知识和能力将在很大程度上影响他们后续获取与累积知识的能力。本书针对的问题是企业层面的吸收能力。

“吸收能力”这个概念在很多研究中被看成一个单维度概念，如 Cohen 和 Levinthal（1990），Tsai（2001）都通过研发强度测度这个概念，也有学者通过专利引用（Mowery，1995）、技术人员（Luo，1997）、研发部门建立等指标（Veugelers，1997）衡量企业吸收能力。另有一些学者从组织内部知识转移的视角以单一维度测度企业吸收能力：Szulanski（1996）在实证研究中开发出企业吸收能力的 9 题项量表，指出，接收者吸收能力的不足是企业内部知识转移的主要障碍。这 9 个题项包括共享的语言、明确的愿望、企业运作信息、岗位和责任分化以及必要技能等。但是，这种方法不能反映吸收能力概念的多维度特征。

可以说，以上这些测度方式都有一定的道理，但是大多以结果导向测量吸收能力，随着研究的不断深入，学界渐渐意识到，把吸收能力看成一个多维度变量来分析更加恰当，研发指标并不能全面地反映企业吸收能力概念，而仅仅代表吸收能力的部分含义。吸收能力的多维度研究也正是吸收能力研究的发展方向之一。Zahra 和 George（2002）从动态能力视角入手，把吸收能力划分为 4 个维度：获取、消化、转化及利用，但作者没有创建实证研究所需的量表供后续学者参考。Jansen、Bosch 与 Volberda（2005）基于 Zahra 和 George（2002）对企业吸收能力的维度划分开发出企业吸收能力的多维度量表，同时对量表的信度和效度进行了分析。通过分析，此量表具有良好的信度，同时识别出 4 个公因子，与量表预设结构相同。Flatten 等（2011）学者也基于这 4 个维度进行了吸收能力量表的开发，此量表与 Jansen、Bosch 与 Volberda（2005）量表有一定相似性。之后，Lichtenthaler（2009）基于 Lane（2006）的研究开发出包含探索性学习、转化性学习以及利用性学习在内的企业吸收能力量表。

通过以上对吸收能力测度的回顾可以看出，从单一维度入手研究吸收能力有一定的理论基础和现实意义，在实践中具有简单易行的优点。但实际上，并不是所有的行业和企业都依赖研发投入推动技术创新，这种吸收能力测度方式缺乏普遍适用性（Liao、Welsch、Stoica，2003）。Zahra 和 George（2002）也在研究中强调，单一维度的测量（如研发强度）无法充分涵盖吸收能力各个维度的含义。

本书对吸收能力的测度参考借鉴上述学者提出的多维度测度方法，检验吸收能力两子能力的作用（Zahra、George，2002）。笔者首先对相关研究的各测度题项进行汇总。其次，基于与行业专家和相关研究学者进行的讨论对各题项进行比较和考察。最后，选取 Jansen、Bosch 与 Volberda（2005）开发的量表进行测度，此量表从知识获取、消化、转化以及利用 4 个维度入手对企业吸收能力进行测度。在量表开发过程中，Jansen、Bosch 与 Volberd（2005）以 Zahra 和 George（2002）提出的分析框架为基础，量表题项的来源主要是吸收能力文献（如 Szulanski，1996）以及市场导向文献（例如 Jaworski、Kohli，1993）。潜在吸收能力量表的题项包含对外部知识的获取以及消化。6 个题项用来测度获取能力，衡量知识获取方面的强度和方向。3 个题项来测度消化能力，衡量知识分析和理解新知识的程度。6 个题项用来测度知识转化，6 个题项来测度知识利用，衡量将新知识融入企业运营的能力。本书对企业吸收能力的测度主要采用 Jansen、Bosch 与 Volberda（2005）的量表，题项 A1 ~ A9 旨在反映潜在吸收能力，A10 ~ A21 旨在反映现实吸收能力，见表 4 - 2。

**表 4 - 2　企业吸收能力量表**

| 企业吸收能力（Jansen，Bosch，Volberda，2005；Flatten 等，2011） |
|---|
| **获取能力** |
| A1. 经常和其他公司接触获得新知识 |
| A2. 公司员工经常拜访其他公司 |
| A3. 经常通过非正式的方式收集信息 |
| A4. 从来不接触其他公司 * |
| A5. 经常接触类似于咨询公司或专家这样的第三方 |
| A6. 定期与客户或第三方进行会面以获取新知识 |
| **消化能力** |
| A7. 对市场的变化很迟钝 * |
| A8. 能很快识别、理解服务客户的新机会 |
| A9. 能够迅速地分析并理解市场需求的变化 |

续表

| 转化能力 |
| --- |
| A10. 经常考虑利用新产品和服务改变市场的需求 |
| A11. 经常记录并储存新进获得的知识，并在需要的时候加以使用 |
| A12. 能够快速地识别出外部新知识对企业现有知识的用途 |
| A13. 几乎不分享彼此的经验* |
| A14. 利用外部新知识来为公司创造新的发展机遇是很难的事* |
| A15. 定期开会讨论市场趋势的变化和新产品的开发 |
| **利用能力** |
| A16. 员工对自己的工作应该怎么做非常清楚 |
| A17. 顾客的投诉无人理会* |
| A18. 公司内职权分工明确 |
| A19. 经常考虑如何利用知识 |
| A20. 采用新产品和服务模式很困难* |
| A21. 员工对我们的产品和服务有共同的概念 |

注：带*的题项为反向题项。

潜在吸收能力与现实吸收能力互补性检验：

企业吸收能力是一个整体能力，需要对其子系统进行深入的分析才能细致了解其对技术创新的影响。潜在吸收能力与现实吸收能力的作用是单独的，同时也是互补的，二者在企业中能够长期共存，这二者对于绩效提升，都是必要的条件，但是单独的作用不足以构成充分条件（Zahra、George，2002）。

针对吸收能力子能力的互补关系，Zahra 与 George（2002）提出效率因子（Efficiency Factor）来反映企业通过知识基础创造价值的能力的差异，以“现实吸收能力/潜在吸收能力”表示，指出现实吸收能力越接近潜在吸收能力，企业基于知识创造价值的能力越强，但是没有进行实证分析。Jansen、Van den Bosch、Volberda（2003）基于 Zahra 与 George（2002）的研究，对这种互补关系，通过“现实吸收能力/（潜在吸收能力+现实吸收能力）”来衡量，这种测度方法的得分介于 0 和 1 之间，越接近 0.5 说明潜在吸收能力和现实吸收能力越接近。Lichtenthaler（2009）通过高阶因子模型以及三向交互分析（Three-way Interaction Analyses）方式检验探索性学习、转换性

学习以及利用性学习这3个吸收能力组成部分的互补效应，三者互补效应对创新具有提升作用。此外，研究指出，基于科学的组织学习和基于经验的组织学习对技术创新绩效也具有互补性正向影响（郭爱芳，2010）。学者们对于产品营销能力和产品技术能力的互补效应，学习导向与市场导向的互补效应以及技术能力和营销能力的互补效应对企业产出的影响研究（Moorman、Slotegraaf，1999；Baker、Sinkula，1999；Song 等，2005）也采取了交互项检验这种互补效应检验的常用方式。互补性还涵盖“平衡发展”这层意思（Zahra、George，2002；Lichtenthaler，2009），类似地，Damanpour 与 Evan（1984）提出，技术创新和管理创新均衡发展有利于绩效的提升，通过二者绝对差额（| 技术创新 - 管理创新 |）来衡量二者是否实现匹配。Slater 和 Narver（1994）通过“顾客导向/竞争者导向”得分来测度企业战略导向不同维度之间的均衡发展。

Jansen、Van den Bosch、Volberda（2003），Slater、Narver（1994）和 Damanpour、Evan（1984）的分析方法重在反映不同子系统或能力之间需要平衡发展，过于重视一项而忽视另一项不可取，强调管理者对二者的关注程度和资源的合理配置。交互项检验方式强调子系统或能力间能够加强彼此的效应，弥补彼此的不足。交互项检验方式强调资源或能力间是否能够加强彼此对企业的作用，而比率和绝对差额方式则强调能力或资源间平衡发展。这两种测度方式密切相关，共同构成互补性概念的内涵，笔者认为，采用较为全面的测度方式才能全面反映互补性的理论意义。基于资源基础论（Barney，1991）、互补性理论观点（Milgrom、Roberts，1994）、战略匹配理论观点（Venkatraman，1989）以及相关理论和实证研究，笔者通过二者的交互项以及绝对差额来衡量潜在吸收能力和现实吸收能力的互补性。类似地，Yung-ching Ho（2011）通过这两个指标来检验企业的技术能力、设计能力对技术商业化的复杂影响关系。李雪松（2009）通过这样的方式验证了不同类型知识管理方式之间的匹配对企业绩效的影响。

## 二、突破性技术创新与渐进性技术创新

突破性技术创新和渐进性技术创新的根本区别在于包含新知识的程度不同（Dewar、Dutton，1986）。Hage（1980）指出，突破性程度（Degree of

Radicalness）表示与现有技术和产品的显著偏离程度。对于突破性技术创新和渐进性技术创新测度方面的研究并不是很多。Dewar 和 Dutton（1986）的研究样本为鞋业企业，首先请行业专家评定出本行业的创新。初始创新为 12 种创新，经过筛选和再评定，最后锁定了 6 种技术创新。最终样本企业突破性和渐进性创新程度的测度也是围绕着这 6 种创新。这种测度方式很有行业针对性，对管理实践也具有很大的指导意义。但是就本书而言，这种测度方式并不具备很好的普适性和可操作性。

Gao 和 Yang（2008）在研究中对管理者关系与技术创新之间的关系进行了研究，作者对突破性技术创新和渐进性技术创新的测度也采取问卷调查方式，被调查者需要回答“过去 5 年里，与竞争对手相比，您所在企业突破性/渐进性产品/过程创新的数量”。量表采用 7 点量表，1 代表快速增加，7 代表快速减少。作者着重测度的是被调查企业的创新性（Innovativeness），而不在于对突破性技术创新和渐进性技术创新进行分别测度，而且测度的题项不够丰富，本书没有采用这种测度方式。

Koberg、Detienne 和 Heppard（2003）研究结果指出了环境、组织过程以及管理因素对两类创新的影响，他们的研究在对突破性技术创新和渐进性技术创新研究中具有一定的代表作用，对后续研究具有很大的借鉴意义，所开发技术创新量表对后续研究具有很强的借鉴意义。

本书对于突破性技术创新和渐进性技术创新的测度参照 Ettlie 等（1984）和 Dewar、Dutton（1986）对这两个概念的定义的测度，借鉴 Koberg、Detienne 和 Heppard（2003）以及国内学者孙永风、李垣以及廖貅武（2007）等的研究。

本书采用的突破性技术创新和渐进性技术创新量表见表 4-3。

**表 4-3 突破性技术创新与渐进性技术创新量表**

| 技术创新（Koberg，Detienne，Heppard，2003；孙永风、李垣、廖貅武，2007） |
|---|
| 突破性技术创新 |
| B1. 在市场上引入全新的产品 |
| B2. 在产品研制上引入最新理念 |
| B3. 开发和引入全新技术 |
| B4. 创造出全新的技术和工艺 |

续表

| |
|---|
| **渐进性技术创新** |
| B5. 引入原有产品的新类型 |
| B6. 开发更多产品样式 |
| B7. 改进现有产品和工艺 |
| B8. 降低现有产品的成本和能耗 |

## 三、制度环境

从之前的文献综述可知，制度环境是企业外部环境的一个重要特征，对企业的创新活动和绩效水平的影响非常大。对于制度环境的测度，不同的学者都试图给出自己的见解。学者指出，对外部环境的测度并不是对客观环境状态的测度，主要反映主观感知，管理者对环境的主观感受和评价对管理者的战略决策具有最直接的影响（Duncan，1972）。

在本次研究中，制度环境的测度通过管理者的主观感知来反映，管理者对环境的主观感知比环境的客观实际状况更加重要（Duncan，1972）。例如，如果管理者感觉环境的不确定性很高，那么就很可能会采取应对环境不确定性的措施。换句话说，环境的本身可能是不确定性的或者是相对稳定的，但对管理者战略决策影响最大的其实是管理者的主观感知。

Busenitz、Gomez 和 Spencer（2000）基于 Scott（1995）对制度的界定，从规则维度、规范维度以及认知维度入手测度制度环境，问卷共包括 13 个题项。此制度环境划分方式在组织研究中应用得非常广泛（Ahlstrom、Bruton，2002；Bruton、Fried、Manigart，2005）。Busenitz、Gomez 和 Spencer（2000）制度环境量表具有很好的信度和效度。本书采用了这个量表。

Peng M. W. 基于中国情境对制度环境进行了检验。Peng、Zhang 以及 Li（2007）对中国制度转型期内 CEO 二元性（CEO Duality）与企业绩效之间的关系进行了研究。研究中对制度环境的测度通过资源稀缺和环境动态性来反映。其中资源稀缺程度通过公司总部的地理位置来衡量。

Yaqun Yi 等（2012）对制度环境的衡量采用财务市场不确定性、需求市场不确定性、行业政策、政府干预以及经济增长政策这几个指标来测度制度环境的不确定程度。

国内研究方面，冯天丽与井润田（2009）也在其研究中开发出制度环境量表，量表基于Scott（1995）对于制度环境的界定和研究，主要强调的是制度环境中和政府相联系的强制性管制。量表总体上反映的是企业感知到的制度环境的改进。

总体来说，国内学者对于制度环境的研究和测度还处于起步阶段，开发的量表质量还有较大的提升空间，普适性不是很强。考虑到量表的权威性和适用性，笔者倾向于采用权威期刊上出现过，并被后续学者应用过的制度环境量表为本次研究所用。基于此，笔者采用西方权威学者开发的量表作为主要借鉴，本书采用的量表由Busenitz、Gomez和Spencer（2000）开发得成。这个量表具有很好的信度和效度，在相关研究中应用也相对广泛，具体测量题项如表4－4所示。

**表4－4 制度环境量表**

| 制度环境（Busenitz，Gomez，Spencer，2000） |
|---|
| **规则维度** |
| C1. 政府部门支持个人的创业行为 |
| C2. 政府愿意与新创企业和小企业签订产品合同 |
| C3. 国家和当地政府会为有意创业的个人提供特别的支持 |
| C4. 政府会为那些帮助新企业发展的机构提供支持 |
| C5. 即使创业失败，政府也会为重新创业提供支持 |
| **规范维度** |
| C6. 将新点子转化为生意是令人羡慕和尊重的事业发展路径 |
| C7. 创新性和创造性的思维方式被认为是成功之路 |
| C8. 企业家是被羡慕和尊敬的人 |
| C9. 人们非常羡慕和尊敬创办企业的人 |
| **认知维度** |
| C10. 人们懂得如何通过法律途径保护新企业 |
| C11. 创业者知道如何应对风险 |
| C12. 创业者知道如何管理风险 |
| C13. 多数人知道如何寻找关于他们产品的市场信息 |

## 四、外部知识

外部知识对企业吸收能力效用发挥的影响不容忽视。不同外部知识来源为企业提供了不同的创新知识（Malerba，1992；赵晓庆，2004）。本书从外部知识来源入手测度不同类型外部知识的调节效应，认为企业吸收能力与不同类型外部知识的结合对不同类型技术创新的影响会有差别。

学者们已尝试采用问卷方式来测度企业外部知识。例如，Becker 和 Peters（2000）从行业的和非行业的知识入手研究对企业创新具有影响作用的知识。这其中，供应商、顾客以及竞争者所带来的知识形成行业知识流。行业以外的机构，例如科研机构、学术界带来的知识构成非行业知识流。

Vangelis Souitaris（2001）提出，企业知识搜寻的信息来源包含从顾客、供应商、竞争对手等获得的对于企业运营与发展联系紧密的企业特定信息（Firm-specific Information）以及通过技术报告、专利数据库、行业研讨会、科技杂志等方式获取的一般意义上的市场与技术的信息（General Market and Technological Information）。此外，作者指出，企业在知识获取过程中需要与外部组织合作，例如，政府、客户、高校、研究机构、产业服务中介等机构。同时，合资公司、合作许可等构成了创新合作伙伴模式，两者共同组成了组织外部合作的主要形式。作者在研究中将外部信息搜寻与外部组织合作这两类因素看成是企业获取外部知识的来源。

Cassiman 和 Veugelers（2002）对外部知识流的研究从两个指标入手：分别是进入外溢（Incoming Spillovers）和创新独占性（Appropriability）。对外溢的测度通过填答人评价外部信息源（专利信息、专家会议以及出版刊物）对技术创新过程的重要性来衡量。创新独占性测度通过填答人评价产品和过程保护的法律机制以及战略机制有效性来衡量。

Amara 和 Landry（2005）从内部知识（Internal Sources）、市场知识（Market Sources）、科研知识（Research Sources）和普遍可获得知识（Generally Available Sources）这 4 个来源入手研究技术创新新颖性的知识来源。其中内部知识来源于企业研发人员以及管理人员等工作人员；市场知识来源于其他企业以及供应商等；研发知识来源于高校以及科研机构；最后一类知识来源于会议以及网络等。

另有学者将企业外部知识分为 4 类，分别是市场、机构、标准以及其他知识（Laursen、Salter，2006）。市场知识来源包括顾客和分销商、供应商和承包商、咨询顾问等。高校、政府研发机构、其他公共部门以及私营研究机构构成机构类知识来源。标准类知识来源主要指的是技术标准以及安全规则等。其他类知识来源指的是专业学术会议、出版物、博览会等。笔者指出这些知识来源是企业创新活动的主要知识来源。

Vega-Jurado（2009）指出，企业技术创新知识来源主要有两类：一类来自行业相关者（顾客、供应商、竞争者以及其他企业），另一类来自科研机构（研究室/研发企业、高校、公共科研机构以及研究中心）。

Varis 与 Littunen（2010）从网络关系入手研究外部知识，评价不同网络关系对企业技术创新的重要性：其中包括与顾客的关系网络、与供应商的关系网络以及与其他企业的关系网络等。

Escribano（2009）在研究中通过填答人评价 7 个外部信息来源对企业新产品和服务创新的重要性来测度对外部知识流。这 7 个外部信息来源分别是供应商、顾客、竞争者、高校、科研机构、专业刊物以及会议。

对于外部知识的测度，本书主要借鉴 Tortoriello（2005）和 Vega-Jurado（2009）的研究，要求问卷的填答人评价所列出的各个外部知识来源作为行业和/或科学知识，对企业技术创新活动的重要性程度。科学外部知识的来源包括会议与科学刊物等，给企业带来的是科学外部知识，而行业外部知识的来源包括与客户及供应商的合作等，给企业带来的是行业外部知识。见表 4－5。

**表 4－5　外部知识量表**

| 外部知识（Tortoriello，2005；Vega-Jurado，2009） |
|---|
| **科学外部知识** |
| D1. 学术会议 |
| D2. 科学刊物 |
| D3. 专利成果 |
| D4. 与科研机构的合作 |
| **行业外部知识** |
| D5. 与竞争者的合作 |
| D6. 与其他企业的合作 |
| D7. 与客户的合作 |
| D8. 与供应商的合作 |

## 五、控制变量

企业的技术创新活动与企业规模以及经济属性等因素联系密切，本书将这些变量作为控制变量引入回归模型中，以期尽量降低这些因素对研究结果产生的影响。根据相关的文献，本书选择了经济性质、企业规模、企业年龄以及所属行业 4 个控制变量。

在我国，不同性质的企业之间存在很大的创新活力以及绩效的差异，它们受政府影响的程度也大不相同，因此，笔者将企业的经济性质纳入控制变量当中。企业规模对企业行为和战略决策的影响都比较大，规模较大的企业可能比小企业拥有更多的有不同知识背景的人员，这些人员对企业吸收能力的提升会有很大的影响。企业规模的增大会使得企业更加细分化，使得企业获得分工带来的收益。同时规模大的企业中协调和合作也是一个大问题。也有学者指出，小企业往往更倾向于创新，原因是它们更加灵活，富于创新精神（Peng，2007）。企业规模对企业的创新行为和创新效果具有明显的影响，学界对于企业规模与技术创新的影响从来都没忽略过。企业年龄也是影响创新活动的重要因素，一般来说，企业经营时间的延续能够帮助企业更好地了解所处的外部环境，更好地调配各种相关的资源，积累更多的资源与能力去进行技术创新活动。企业的成立年限会影响企业对知识的探索和开发，与企业信息处理能力有很大的关系。随着企业成立年限的增长，企业的历史也更长，也更加容易形成组织的惰性，形成组织路径依赖，可能更容易满足自己在行业中的地位，可能会影响技术创新活动。有学者认为，企业的历史越长，组织的惰性往往就会越大，对路径的依赖性越强，企业越容易滋长满足感（许庆瑞，2000），于是会对企业的创新行为和选择产生影响。一般来说，不同行业的技术创新表现会有所差别，Porter（1980）强调行业分析对企业的技术创新分析的重要性，强调不同行业的利润率的差异。

本书对控制变量的选取和赋值情况为：①企业经济性质用国有（及国有控股）和非国有表示，用 0 和 1 表示；②企业规模：1、2、3、4、5 分别表示 100 人及以下、101 ~ 300 人、301 ~ 500 人、501 ~ 1000 人、1001 人及以上；③企业年龄：1、2、3、4 分别表示 3 年以内、4 ~ 6 年、7 ~ 10 年和 10 年以上；④所属行业：1 ~ 6 分别代表不同的行业——电子信息行业、生物与医药行业、航空航天、新材料、环保与新能源和其他行业。这些变量都作为控制变量处理，见表4－6。

**表4－6　控制变量选取及赋值**

| 控制变量 | 分类 | 赋值 |
|---|---|---|
| 经济性质 | 国有企业、私营企业、中外合资企业、外商独资企业4类 | 用0和1表示国有（及国有控股）企业和非国有企业 |
| 企业规模 | 100人及以下、101～300人、301～500人、501～1000人、1001人及以上5类 | 1、2、3、4、5分别表示100人及以下、101～300人、301～500人、501～1000人、1001人及以上 |
| 企业年龄 | 3年及以下、4～6年、7～10年和10年以上4类 | 1、2、3、4分别表示3年以内、4～6年、7～10年和10年以上 |
| 所属行业 | 电子信息行业、生物与医药行业、航空航天、新材料、环保与新能源和其他行业6类 | 1～6分别代表不同的行业——电子信息行业、生物与医药行业、航空航天、新材料、环保与新能源和其他行业 |

# 第三节　数据收集过程

本书的目的是挖掘企业吸收能力与技术创新之间的关系，采用的是问卷调查方式来获得所需的数据，在问卷设计和变量量表开发工作完成之后，需要解决的问题就是采用科学的方式和过程进行数据的收集和整理。收集到的数据的真实性，可以说是实证分析的重要前提和基础。量表定稿之后，需要做的工作就是选取恰当的调查样本展开大规模的问卷调研。

## 一、样本选择

样本的选择对于实证研究的影响非常大。本书对于样本的选择比较谨慎，根据研究需要遵循一定的条件。不同企业的技术创新需要不同，同时，样本的选择还要受到客观因素的限制。综合这些因素，本书基于以下四个方面对样本作出选择：

第一，本书以高新技术企业作为研究对象，与传统企业相比，高新技术企业的创新行为特征更加明显，拥有更多的技术人员，产品技术含量高且生命周期短、市场需求波动大。不同行业的技术创新的特点不尽相同。将所有的行业不加区分地作为研究对象很可能会最终影响研究结论的准确性和科学性。本书在样本选择的时候主要选择例如医药、电子等高新技术行业作为调研对象，高新行业的企业对外部新知识的需求比较大，对创新的需要也比较大，需要更强的吸收能力，这样的样本选择能够更好地考察企业吸收能力和技术创新的关系。与传统行业企业相比，技术创新对于高新技术企业的重要性也尤为突出。高新技术产业往往会涉及技术领域的最新发展和尖端成果；科研费用大，产品的附加值高；富有创新精神。高技术企业所依托的技术处于科学技术前沿。技术创新可以说是高技术企业生存发展的本源，高新技术企业的运转受技术、资源和需求因素变动的影响非常大，知识经济背景下，技术创新越来越依赖于知识和信息，以及各类知识的动态转换与流动，因此，针对高新技术企业的技术创新研究更具现实意义。

第二，根据数据取得的可行性选择样本企业。对于数据的收集还要考虑可行性的问题。调研过程可能存在企业不愿意配合或担心信息外露等问题，数据的获取有一定的难度。本书的样本获得主要是基于笔者的社会关系，通过在其他企业和政府部门工作的同学和朋友，以及 MBA 班等可利用的资源，对样本进行选择。在我国，进行实证研究是，面临的一个极大挑战就是取样问题。在我国，随机方法选取样本不仅回复率极低，数据的可靠性和可信性也较低，很难满足研究的需要。难以达到研究的最低要求。进行企业层面的研究时，这一困难就更明显了，很多研究人员不得不退而求其次，转而寻求其他的方式来获取样本，如寻求政府主管部门协助或者委托朋友等方式。虽然这样的方式有一定的局限性，但是数据的回收率较高，数据的可靠性也较高。

第三，样本属性的多样化。样本企业在企业的人数、年龄、行业属性以及经济属性方面都具有一定的代表性，这样才能保证研究结果的普适性和科学性。为了客观地反映企业吸收能力与技术创新的关系，本书将企业规模以及企业年龄等变量作为控制变量分析企业吸收能力对技术创新的影响，在发放问卷时需要收集不同规模、成立年限、行业属性以及经济属性的企业进行分析，以提升研究的现实意义。

第四，在样本的选择上还考虑到样本的地理位置。我国处于转型期，经历着计划经济向市场经济的转换过程。我国各个地区总体上都是处在这个转型期，但是由于我国疆域辽阔，所以各个地区的市场化的进程是不同的。笔者根据实际的研究需要以及主客观条件，选择经济发展水平有差异的城市企业作为样本企业。

## 二、问卷发放与回收

笔者为了提升数据的准确性和有效性，在问卷中声明调查的目的仅用于学术研究的需要，没有商业的目的，答案也没有对错之分，要按照企业的实际情况填答；问卷的填答采用匿名的方式，相关信息绝对不会泄露。

调查问卷的发放以及回收主要采用以下 3 种方式：①借助两位高校教授给 MBA 学员授课的机会，在课堂上直接发放问卷，现场发放，现场回收。②通过几位联系人发放问卷，包括政府部门工作人员和企业工作人员，利用其与企业的联系，将电子版问卷通过电子邮件以及 QQ 等方式发给相关企业的被调查者，问卷填好之后回收到联系人那里。③笔者自行发放和回收问卷：通过笔者的个人关系在企业中发放问卷。问卷发放及回收情况详见表 4 – 7，其中，通过课堂发放问卷 59 份，回收 50 份，问卷回收率为 84.7%，有效问卷率为 69.5%；通过联系人发放问卷 288 份，回收问卷 209 份，问卷回收率和有效问卷率分别是 72.6% 与 58.7%；笔者自行发放问卷 22 份，回收问卷 19 份，问卷回收率和有效问卷率分别是 86.4% 与 81.8%。总计发放问卷 369 份，回收问卷 278 份，有效问卷 228 份，有效问卷率为 61.8%，见表 4 – 7。

本书前后共发放问卷 369 份，大部分问卷是通过联系人发放，这种问卷发放方式对本书来说效率较高。369 份问卷中回收到 278 份，其中有效问卷 228 份。无效问卷产生的原因主要在于：填写人所在企业并非高新企业；填写人非中层及以上管理者；没有按照 5 点量表来填答问卷，而是回答了“是”和“否”等；问卷没有填答完毕，缺失项目比较多；问卷虽然填答完毕，但是很多连续题项回答都一样；对于正向题项和反向题项的回答出现矛盾等。这样的问卷被视为无效的问卷，不能被之后的研究所用。

表 4－7　调查问卷发放与回收

| 问卷发放途径 | 发放问卷数量 | 回收问卷数量 | 问卷回收率（%） | 有效问卷数量 | 有效问卷率（%） |
|---|---|---|---|---|---|
| 课堂发放 | 59 | 50 | 84.7 | 41 | 69.5 |
| 联系人发放 | 288 | 209 | 72.6 | 169 | 58.7 |
| 自行发放 | 22 | 19 | 86.4 | 18 | 81.8 |
| 总计 | 369 | 278 | 75.3 | 228 | 61.8 |

注：问卷回收率 = 问卷回收数量/问卷发放数量；有效问卷率 = 有效问卷数量/问卷发放数量。

在本书中，同一份问卷中的各个题项的回答都是由一位填答人完成的。这种情况需要注意同源偏差（Common Method Variances）问题（Podsakoff，1986）。笔者在问卷中强调答案无对错之分，并且采用匿名测量等程序进行控制。此外，笔者还采用哈曼（Harmann）单因子检验方式进行统计控制，经检验，本书数据的同源偏差问题不严重。检验方式是把所有题项一起做因子分析，未旋转的因子分析显示出，第一个主成分载荷 25.043%，同源偏差不明显。

此外，本书对未回复偏差（Nonresponse Bias）进行了检验。实际上，对于那些没有回复问卷的企业的全部数据，我们无法获得。在检验过程中，我们参照权威学者（Armstrong、Overton，1977）的做法，比较早期收到的问卷与晚期收到的问卷是否存在差异，以此检验未回复偏差是否存在。学者指出，那些拖延了很长时间才回复问卷的企业比较接近那些没有反馈的企业（Armstrong、Overton，1977）。依照学者的建议，本书对最初收到的 50 份问卷与最后收到的 50 份问卷进行了独立样本 T 检验，发现两组企业没有显著的差异，未回复偏差不明显。

问卷填答人情况见表 4－8。问卷填答人的选择对于调查问卷数据收集的结果也至关重要，针对本书的研究需要，问卷题项大多是涉及企业战略层面和运营方面的问题。本书的调查对象是企业的中高层管理人员，企业的中高层管理人员一般来说在企业中有一定的工作年限，积累了一定的工作经验，对企业也比较熟悉，有一定的管理经验，有能力填答问卷中关于企业全面信息的问题。通过对问卷填答人背景的总结可见，本书的问卷填答人无论在教育背景、管理经验还是管理职位上的层次都是比较高的，这样的问卷填答人更加了解所在企业的实际情况，很大程度上保证了问卷的质量。

其中男性为156人，占比68.4%；女性为72人，占比31.6%。男性比例明显高于女性，原因主要是本书的主要被调查人为中高层的管理者，男性管理人员数量往往高于女性的数量。问卷填写人中80%以上是高层及以上的管理者；60%的填写人在企业中工作了6年以上；36～45岁者占比最大，为38.6%；填写人的受教育情况也非常良好。从问卷填答人的个人情况可以看出，本书问卷填答者具备完整理解及回答问项的主观条件。

**表4－8　问卷填答人情况**

| 分类 | | 频率 | 所占比例（%） |
|---|---|---|---|
| 性别 | 男 | 156 | 68.4 |
| | 女 | 72 | 31.6 |
| | 合计 | 228 | 100.0 |
| 职位 | 董事长或总经理 | 82 | 36.0 |
| | 高层管理者 | 102 | 44.7 |
| | 中层管理者 | 44 | 19.3 |
| | 合计 | 228 | 100.0 |
| 工作年限 | 3年以下 | 21 | 9.2 |
| | 3～5年 | 63 | 27.6 |
| | 6～10年 | 93 | 40.8 |
| | 10年以上 | 51 | 22.4 |
| | 合计 | 228 | 100.0 |
| 年龄 | 25岁及以下 | 35 | 15.4 |
| | 26～35岁 | 63 | 27.6 |
| | 36～45岁 | 88 | 38.6 |
| | 46岁及以上 | 42 | 18.4 |
| | 合计 | 228 | 100.0 |
| 学历 | 专科及以下 | 30 | 13.2 |
| | 本科 | 85 | 37.3 |
| | 硕士 | 75 | 32.9 |
| | 博士或博士后 | 38 | 16.7 |
| | 合计 | 228 | 100.0 |

## 第四节　研究主要分析方法

本书的数据收集采用的是问卷调查方法。数据回收之后，笔者在研究中使用 SPSS 16.0 统计分析软件进行实证检验，对提出的假设进行检验。为了保证与提高实证分析结果的可靠性和有效性，必须选取科学的分析方法，本书采用的具体的分析方法有以下几种：

1. 描述性统计分析

描述性统计分析的作用是对样本基本资料进行初步统计分析，以描述及解释样本数据，形式上是用数学语言表述一组样本的特征或者样本各变量间关联的特征（李怀祖，2004）。描述性统计分析描述样本的年龄、性质、规模等基本情况，说明各变量的均值、百分比等情况，可以通过这样的分析大致了解样本的总体状况。

2. 信度和效度检验

学界比较认可的信度检验指标是 Cronbach's α 系数，以此指标来反映测量结果的稳定性和一致性（李怀祖，2004）。效度（Validity）主要包括内容效度、构念效度、准则相关效度，通过效度检验，可以知道测量工具正确测量出所要测量事物性质的程度。针对量表的开发和检验，主要考察内容效度和构念效度。本书中，问卷量表的形成是以文献系统整理和分析为基础，借鉴相对成熟的量表而形成的，并且借鉴了学者专家的意见进行了完善，由此可认定，量表内容的适切性较高，本书所使用的量表具有较高的内容效度。对于构念效度的检验一般可采用因子分析（李怀祖，2004）。在对各变量测量指标进行因子分析前必须进行 KMO 样本测度和 Bartlett 球形检验（马庆国，2002）。通过 KMO 样本测度，可以看出，各变量测量数据是否适合做因子分析，当 KMO 值在 0.90 以上的时候认为非常适合进行因子分析；当 KMO 值在 0.80 ~ 0.90 的时候认为很适合因子分析，处在 0.70 ~ 0.80 则说明适合因子分析，如果处在 0.60 ~ 0.70 则认为不太适合因子分析，处在 0.50 ~ 0.60 认为勉强适合因子分析，如果不足 0.50 则不适合因子分析。此外，Bartlett 统计值显著则说明适合进一步进行因子分析检验（马庆国，2002）。

3. 相关分析

相关分析反映出两个变量关联程度。系数越大，可以推定为相关性越高。有学者提出，相关显著与否，还与调查样本数量有关。通过相关分析结果我们可以初步把握变量之间的关联程度，相关性分析是多变量数据分析的基础，为其后的回归分析提供基本的判断基础（李怀祖，2004）。在本书中，企业吸收能力、突破性技术创新及渐进性技术创新等变量之间的相关性是本书的重要依据和基础。本书运用 SPSS 16.0 的 Pearson 相关分析来衡量两个变量间的关联程度。

4. 层级回归分析

多元回归可用来研究一个被解释变量与多个解释变量之间的线性统计关系（马庆国，2002）。本书以层级回归分析对本书变量间的理论关系假设进行实证检验。层级回归分析，与一般的多元回归方法相比，能够更加直接地观察到随着解释变量的增加，每个模型的解释力变化，进而帮助分析不同解释变量对被解释变量的贡献程度。可以通过这种变化分析变量间的复杂关系。

5. 调节回归分析

调节回归（Moderated Regression Analysis）通过检验权变量的调节作用来反映调节变量对自变量和因变量关系强度或方向的影响。从众多学者的研究经验都可以看出，调节回归分析是检验权变关系的一种最直接和有效的方法，在实证研究中获得了广泛的应用。一般来讲，调节作用的检验方法详见表 4－9。

**表 4－9 调节作用的检验方法**

| 调节变量 | 自变量 | |
|---|---|---|
| | 类别变量（Categorical Variable） | 连续变量（Continuous Variable） |
| 类别变量 | 有交互作用的两因素方差分析（ANOVA） | 分组回归：按 M 取值分组，做 Y 对 X 的回归。若回归的系数有显著差异，则调节效应显著 |
| 连续变量 | （当做类别变量时，自变量使用虚拟变量）<br>进行 $Y=a+bX+cM+dXM+\varepsilon$ 的层级回归分析（或调节回归分析）<br>第一步，做 Y 对 X 和 M 的回归分析，得决定系数 $R^2$<br>第二步，做 Y 对 X、M 和 XM 的回归，得决定系数 $R_2^2$<br>若 $R_2^2$ 显著性高于 $R_1^2$，或者做 XM 的回归系数检验，若显著，则调节作用显著 | |

资料来源：温忠麟、侯杰泰、张雷：《调节效应与中介效应的比较和应用》，《心理学报》2005 年第 37 期，第 268－274 页。

# 第五章　实证分析与结果讨论

## 第一节　样本与数据

本书数据收集采用问卷调查方式进行，有效问卷的数量是228份。本书的样本企业为高新技术行业企业。有效样本中的企业行业背景覆盖了电子信息、生物与医药、航空航天等领域。本书的样本企业在成立年限、企业规模等方面分布都比较广泛，应该说样本企业具有比较好的代表性。表5-1、表5-2、表5-3、表5-4和表5-5分别列示了本次调查所获取样本企业的一些数据特征。

1. 地区分布

样本地区分布情况如表5-1所示。虽然样本涵盖的省份不是非常全面，但还是具有较好的代表性。我国各个地区的市场化程度和经济发展水平不同。对于样本的选择，笔者根据实际的研究需要以及主客观条件，基于笔者的个人能力和社会关系进行数据收集，样本企业包括上海市以及北京市等5个地区的企业。来自上海市的企业52家，占比为22.81%；来自北京市的企业68家，占比为29.82%；来自长春市的企业45家，占比为19.74%；来自沈阳市和吉林市的企业分别为36家与27家，占比分别为15.79%和11.84%。可见，本书样本的地区分布是比较广泛的。本书认为，在不同的地域选择样本能够提升研究结果的科学性。首先，通过获得不同地域的企业在技术创新表现上的整体信息能够提高研究的现实意义。同时，不同地域的经济发展水平以及市场化水平有所差异，样本在地域上的分散性有助于深入揭示本书的各变量间的内在关系和规律。

表5－1 有效样本企业地区分布

| 地区 | 企业个数 | 所占比例（%） |
| --- | --- | --- |
| 上海市 | 52 | 22.81 |
| 北京市 | 68 | 29.82 |
| 长春市 | 45 | 19.74 |
| 沈阳市 | 36 | 15.79 |
| 吉林市 | 27 | 11.84 |
| 合计 | 228 | 100 |

2. 行业分布

样本企业的行业分布也是比较广泛的，遍布电子信息、生物与医药以及新材料等多个行业。如表5－2所示，样本企业中电子信息及生物与医药行业的企业占比最大，占比分别为27.19%与24.56%。详细地说，电子信息企业62家，生物与医药企业56家，航空航天企业27家，新材料企业26家，环保与新能源企业29家，其他行业企业28家。

表5－2 有效样本企业行业分布

| 行业 | 企业个数 | 所占比例（%） |
| --- | --- | --- |
| 电子信息 | 62 | 27.19 |
| 生物与医药 | 56 | 24.56 |
| 航空航天 | 27 | 11.84 |
| 新材料 | 26 | 11.40 |
| 环保与新能源 | 29 | 12.72 |
| 其他 | 28 | 12.28 |
| 合计 | 228 | 100 |

3. 年龄分布

样本企业的年龄也具有多元化的特点，包含了不同年龄的企业，整体上也能反映出企业成长和发展的阶段特征。成立3年及以下的企业52家，占比为22.81%；成立4～6年的企业61家，占比为26.75%；成立7～10年的企业79家，占比为34.65%；成立10年及以上的企业36家，占比为15.79%。从年龄结构上，样本企业也具有比较好的代表性，见表5－3。

表 5-3　有效样本企业年龄分布

| 年龄 | 企业个数 | 所占比例（%） |
|---|---|---|
| 3 年及以下 | 52 | 22.81 |
| 4~6 年 | 61 | 26.75 |
| 7~10 年 | 79 | 34.65 |
| 10 年及以上 | 36 | 15.79 |
| 合　计 | 228 | 100 |

4. 规模分布

企业规模通过员工数量来反映，样本企业的员工人数差异较大，从 100 人及以下至 1001 人及以上不等。样本企业显示出大中小型企业在人员数量上的分布差异。样本企业在规模上分为 5 类，其中，样本企业在各个规模档次的分布相对比较平均。100 人及以下的企业 42 家，占比为 18.42%；101~300 人的企业 56 家，占比为 24.56%；301~500 人的企业 65 家，占比为 28.51%；501~1000 人的企业 41 家，占比为 17.98%；1001 人及以上的企业 24 家，占比为 10.53%，见表 5-4。

表 5-4　有效样本企业规模分布

| 年龄 | 企业个数 | 所占比例（%） |
|---|---|---|
| 100 人及以下 | 42 | 18.42 |
| 101~300 人 | 56 | 24.56 |
| 301~500 人 | 65 | 28.51 |
| 501~1000 人 | 41 | 17.98 |
| 1001 人及以上 | 24 | 10.53 |
| 合计 | 228 | 100 |

5. 经济属性

从企业的经济属性来看，样本企业包含国有（及国有控股）企业、私营企业、中外合资以及外资企业，其中私营企业 98 家，占比最大，占比为 42.98%，见表 5-5。

表 5-5　有效样本企业经济属性分布

| 年龄 | 企业个数 | 所占比例（%） |
| --- | --- | --- |
| 国有（及国有控股）企业 | 23 | 10.09 |
| 私营企业 | 98 | 42.98 |
| 中外合资企业 | 48 | 21.05 |
| 外资企业 | 59 | 25.88 |
| 合计 | 228 | 100 |

# 第二节　信度与效度检验

笔者将在本节中利用 SPSS 16.0 对调查问卷方式获取的原始数据进行效度和信度的检验。本书理论框架的建立，问卷的设计以及数据收集都是建立在大量的文献分析、专家建议的基础上，可以说本书的数据获取并不存在明显的信度和效度问题，但是仍然需要对各变量内部题项的信度与效度进行检验。

## 一、信度及效度检验标准

效度主要包括内容效度、构念效度、准则相关效度，通过效度检验，我们可以知道测量工具正确测量出所要测量事物性质的程度（马庆国，2002）。就本书的实际情况而言，同一时间很难找到其他辅助材料，相关效度检验很难实现，本书主要讨论内容效度和构念效度。

笔者在调查问卷的设计以及变量相应量表的开发过程中，遵循较为科学的程序进行。本书选择的量表都是权威文献中出现的量表，这些量表被证明具有较好的信度和效度。本书中量表的质量是经过实践检验的，同时，笔者还与学术专家和企业界专家进行了讨论，认真听取了他们的意见和建议，对问卷进行了完善，大规模问卷调查之前，笔者还进行了问卷的预测试，并对存在的不足做出修正。问卷在设计，发放和回收过程中处处考虑到科学性的要求，尽量做到严谨。可以说，本书量表具有较好的内容效度。

对于构念效度的检验，本书采用因子分析进行。要判断数据适合因子分析与否，应该参照 KMO 指标和 Bartlett's 球形检验的结果，KMO 值通常分为这样几个档次：高于 0.9、0.8～0.9、0.7～0.8、0.6～0.7、0.5～0.6、0.5 以下。这几个档次分别表示：非常适合因子分析、很适合因子分析、适合因子分析、不太适合因子分析、勉强适合因子分析、不适合因子分析（马庆国，2002）。

信度检验方面，Cronbach's α 系数是实证研究中非常常用的方法，本书利用 Cronbach's α 系数作为检验标准，将信度检验的临界值设定为 0.7（马庆国，2002），在 0.7 以下看作没有通过信度检验。

## 二、信度及效度检验结果

1. 企业吸收能力量表

企业吸收能力量表题项暗含着获取、消化、转化和利用能力 4 个维度，其中获取和消化维度构成潜在吸收能力；转化和利用维度构成现实吸收能力。问卷填答者对量表各个题项的评价最小值为 1，最大值为 5，见表5－6，得分越高，说明企业的这项能力越高。

**表 5－6　企业吸收能力量表描述性统计**

| 题项 | 最小值 | 最大值 | 均值 | 标准差 |
|---|---|---|---|---|
| A1 | 1 | 5 | 3.31 | 0.835 |
| A2 | 1 | 5 | 3.22 | 0.997 |
| A3 | 1 | 5 | 2.95 | 0.965 |
| A4 | 1 | 5 | 2.98 | 0.965 |
| A5 | 1 | 5 | 3.06 | 0.967 |
| A6 | 1 | 5 | 3.08 | 0.890 |
| A7 | 1 | 5 | 3.24 | 0.918 |
| A8 | 1 | 5 | 3.11 | 1.095 |
| A9 | 1 | 5 | 3.10 | 0.814 |
| A10 | 1 | 5 | 3.21 | 0.819 |
| A11 | 1 | 5 | 3.22 | 0.851 |

续表

| 题项 | 最小值 | 最大值 | 均值 | 标准差 |
|---|---|---|---|---|
| A12 | 1 | 5 | 2.99 | 0.937 |
| A13 | 1 | 5 | 2.97 | 0.890 |
| A14 | 1 | 5 | 2.89 | 0.967 |
| A15 | 1 | 5 | 3.12 | 1.035 |
| A16 | 1 | 5 | 3.06 | 0.829 |
| A17 | 1 | 5 | 3.05 | 1.083 |
| A18 | 1 | 5 | 3.20 | 0.924 |
| A19 | 1 | 5 | 2.97 | 0.980 |
| A20 | 1 | 5 | 3.05 | 1.032 |
| A21 | 1 | 5 | 3.02 | 0.890 |

首先，以主成分分析（Principal Component Analysis）进行因子分析，区分出企业吸收能力不同维度，因子旋转方法是方差最大法（Varimax），因子载荷值指标为0.5（张文彤，2004），因子载荷低于0.5的没有在分析结果里面显示。通过检验，KMO值为0.865，大于0.7，Bartlett球形检验显著，符合因子分析要求（张文彤，2004）。结果显示，除了A17之外的每个测量题项在对应因子上的载荷都在0.5这个标准之上，因子方差累积贡献率为64.221%，4个因子被识别出来，以备后续分析。A17这个题项因子载荷没达到0.5这个标准，这表明对该题项的构思不恰当，并不适合用来测量企业吸收能力，予以删除，见表5－7。

**表5－7　企业吸收能力量表因子分析（1）**

| 题项 | 因子1 | 因子2 | 因子3 | 因子4 |
|---|---|---|---|---|
| A1 | 0.510 | | | |
| A2 | 0.655 | | | |
| A3 | 0.596 | | | |
| A4 | 0.612 | | | |
| A5 | 0.736 | | | |
| A6 | 0.700 | | | |
| A7 | | 0.763 | | |

续表

| 题项 | 因子1 | 因子2 | 因子3 | 因子4 |
|---|---|---|---|---|
| A8 | | 0.635 | | |
| A9 | | 0.646 | | |
| A10 | | | 0.802 | |
| A11 | | | 0.568 | |
| A12 | | | 0.550 | |
| A13 | | | 0.632 | |
| A14 | | | 0.699 | |
| A15 | | | 0.502 | |
| A16 | | | | 0.714 |
| A17 | | | | |
| A18 | | | | 0.647 |
| A19 | | | | 0.581 |
| A20 | | | | 0.632 |
| A21 | | | | 0.665 |

注：①KMO 值为 0.865，Bartlett 统计值显著异于 0，因子方差累积贡献率为 64.221%。

②略去载荷小于 0.5 的条目的值。

其次，通过 Cronbach's α 系数检验进行信度分析。Nunnally（1978）在研究中提供了衡量的标准，即测量题项对变量所有题项的相关系数应大于 0.35，Cronbach's α 值应该大于 0.7。根据这个衡量标准，企业吸收能力量表具有较好的信度，见表 5－8。

**表 5－8　企业吸收能力量表信度分析**

| 题项 | 条目对全体条目的更正相关系数 | 若删除该条目 Cronbach's α | 全体条目 Cronbach's α |
|---|---|---|---|
| A1 | 0.641 | 0.720 | 0.793 |
| A2 | 0.609 | 0.641 | |
| A3 | 0.469 | 0.554 | |
| A4 | 0.522 | 0.623 | |
| A5 | 0.536 | 0.720 | |
| A6 | 0.681 | 0.766 | |

续表

| 题项 | 条目对全体条目的更正相关系数 | 若删除该条目 Cronbach's α | 全体条目 Cronbach's α |
|---|---|---|---|
| A7 | 0.603 | 0.625 | 0.722 |
| A8 | 0.688 | 0.701 | |
| A9 | 0.652 | 0.692 | |
| A10 | 0.673 | 0.682 | 0.755 |
| A11 | 0.602 | 0.650 | |
| A12 | 0.524 | 0.599 | |
| A13 | 0.599 | 0.654 | |
| A14 | 0.681 | 0.694 | |
| A15 | 0.603 | 0.613 | |
| A16 | 0.533 | 0.655 | 0.807 |
| A18 | 0.582 | 0.596 | |
| A19 | 0.730 | 0.735 | |
| A20 | 0.692 | 0.798 | |
| A21 | 0.669 | 0.770 | |
| 企业吸收能力（上述题项）：0.810 | | | |

经过以上信度分析可以确定，保留下来的企业吸收能力条目能够很好地反映和测度企业吸收能力4个维度。A17去除后，做进一步因子分析以提取因子，因子分析见表5-9。本次因子分析中，KMO值为0.877，Bartlett球形检验非常显著。每个测量题项在对应因子上的载荷都在0.5这个标准之上，此外，因子方差累积贡献率为65.118%。从因子的题项构成和预先设定的条目维度归属看，识别出的4个因子分别应该命名为获取能力、消化能力、转化能力和利用能力。经过因子分析，可以判断，企业吸收能力量表具有较好的效度。本书的关注点是潜在和现实吸收能力，潜在吸收能力由获取能力和消化能力构成，现实吸收能则包含转化能力和利用能力。

**表5－9　企业吸收能力量表因子分析（2）**

| 题项 | 因子1 | 因子2 | 因子3 | 因子4 |
|---|---|---|---|---|
| A1 | 0.514 | | | |
| A2 | 0.608 | | | |
| A3 | 0.617 | | | |
| A4 | 0.604 | | | |
| A5 | 0.662 | | | |
| A6 | 0.728 | | | |
| A7 | | 0.708 | | |
| A8 | | 0.644 | | |
| A9 | | 0.583 | | |
| A10 | | | 0.811 | |
| A11 | | | 0.627 | |
| A12 | | | 0.504 | |
| A13 | | | 0.559 | |
| A14 | | | 0.627 | |
| A15 | | | 0.558 | |
| A16 | | | | 0.801 |
| A18 | | | | 0.704 |
| A19 | | | | 0.663 |
| A20 | | | | 0.607 |
| A21 | | | | 0.711 |

注：①KMO值为0.877，Bartlett统计值显著异于0，因子方差累积贡献率为65.118%。

②略去载荷小于0.5的条目的值。

2. 突破性技术创新与渐进性技术创新量表

问卷中，本书采用了8个测度条目对突破性技术创新和渐进性技术创新进行测度，如表5－10所示。在具体的测度条目赋值上，本书采用了李克特5级评分法。B1～B8 8个条目暗含着突破性技术创新和渐进性技术创新。预期的设计结果是否得到证实最终还要看因子分析的结果才能知道。问卷填答者对突破性技术创新和渐进性技术创新的评价最小值为1，最大值为5。

表 5－10　突破性技术创新与渐进性技术创新量表描述性统计

| 题项 | 最小值 | 最大值 | 均值 | 标准差 |
|---|---|---|---|---|
| B1 | 1 | 5 | 2.99 | 0.960 |
| B2 | 1 | 5 | 3.08 | 0.985 |
| B3 | 1 | 5 | 2.98 | 0.790 |
| B4 | 1 | 5 | 2.87 | 0.992 |
| B5 | 1 | 5 | 3.23 | 0.996 |
| B6 | 1 | 5 | 3.55 | 1.067 |
| B7 | 1 | 5 | 4.03 | 0.922 |
| B8 | 1 | 5 | 3.54 | 0.930 |

首先，进行因子分析，以区分出不同类型技术创新（见表 5－11），因子旋转方法是方差最大法，因子载荷低于 0.5 的没有在分析结果里面显示。通过检验发现，判断是否适合进行因子分析的统计量 KMO 值为 0.799，大于 0.7，Bartlett 球形检验非常显著，适宜因子分析（张文彤，2004）。每个测量题项在对应因子上的载荷都在 0.5 这个标准之上（张文彤，2004），除此之外，因子方差累积贡献率为 62.742%。因子分析共识别出两个因子，根据这两个因子内容和预先设定的条目维度归属，两个公因子分别命名为突破性技术创新和渐进性技术创新。

表 5－11　突破性技术创新与渐进性技术创新量表因子分析

| 题项 | 因子 1 | 因子 2 |
|---|---|---|
| B1 | 0.517 | |
| B2 | 0.663 | |
| B3 | 0.703 | |
| B4 | 0.652 | |
| B5 | | 0.556 |
| B6 | | 0.800 |
| B7 | | 0.722 |
| B8 | | 0.685 |

注：①KMO 值为 0.799，Bartlett 统计值显著异于 0，因子方差累积贡献率为 62.742%。
②略去载荷小于 0.5 的条目的值。

Nunnally（1978）提供了这样的衡量标准：测量题项对变量所有题项的相关系数应大于0.35，Cronbach's α 值应该大于0.7。通过检验，企业技术创新量表信度较好，可以保留下这些题项，见表5-12。

**表5-12 突破性技术创新和渐进性技术创新量表信度分析**

| 题项 | 条目对全体条目的更正相关系数 | 若删除该条目 Cronbach's α | 全体条目 Cronbach's α |
|---|---|---|---|
| B1 | 0.645 | 0.666 | 0.756 |
| B2 | 0.625 | 0.649 | |
| B3 | 0.436 | 0.550 | |
| B4 | 0.558 | 0.684 | |
| B5 | 0.715 | 0.720 | 0.795 |
| B6 | 0.634 | 0.766 | |
| B7 | 0.596 | 0.635 | |
| B8 | 0.520 | 0.685 | |
| 技术创新（上述题项）：0.825 | | | |

3. 制度环境量表

对于制度环境，本书采用了13个测度条目进行测度，如表5-13所示。在具体的测度条目赋值上，本书采用了李克特5级评分法。这13个条目旨在反映企业所处的制度环境规则、规范以及认知维度的完善程度。由表5-13可知，问卷的填答人感知的制度环境完善程度并不高，评价最小值为1，最大值为4，从得分结果可知，均值在3以下。

**表5-13 制度环境量表描述性统计**

| 题项 | 最小值 | 最大值 | 均值 | 标准差 |
|---|---|---|---|---|
| C1 | 1 | 4 | 2.78 | 0.984 |
| C2 | 1 | 4 | 2.74 | 1.056 |
| C3 | 1 | 4 | 2.56 | 0.977 |
| C4 | 1 | 4 | 2.97 | 0.908 |
| C5 | 1 | 4 | 2.67 | 0.969 |
| C6 | 1 | 4 | 2.93 | 0.965 |

续表

| 题项 | 最小值 | 最大值 | 均值 | 标准差 |
|---|---|---|---|---|
| C7 | 1 | 4 | 2.77 | 0.789 |
| C8 | 1 | 4 | 2.80 | 0.998 |
| C9 | 1 | 4 | 2.87 | 1.023 |
| C10 | 1 | 4 | 2.86 | 0.970 |
| C11 | 1 | 4 | 2.88 | 0.817 |
| C12 | 1 | 4 | 2.90 | 0.896 |
| C13 | 1 | 4 | 2.99 | 0.853 |

根据检验结果，KMO值在0.7以上，Bartlett球形检验显著，每个测量题项在对应因子上的载荷都在0.5这个标准之上，此外，因子方差累积贡献率为66.201%。因子分析产生了3个因子，根据每个因子构成条目的内容和预先设定的条目维度归属，将这3个因子命名为规则、规范和认知，见表5-14。

**表5-14　制度环境量表因子分析**

| 题项 | 因子1 | 因子2 | 因子3 |
|---|---|---|---|
| C1 | 0.511 | | |
| C2 | 0.635 | | |
| C3 | 0.710 | | |
| C4 | 0.654 | | |
| C5 | 0.754 | | |
| C6 | | 0.726 | |
| C7 | | 0.622 | |
| C8 | | 0.658 | |
| C9 | | 0.589 | |
| C10 | | | 0.647 |
| C11 | | | 0.722 |
| C12 | | | 0.710 |
| C13 | | | 0.635 |

注：①KMO值为0.751，Bartlett统计值显著异于0，因子方差累积贡献率为66.201%。

②略去载荷小于0.5的条目的值。

通过检验结果，可以看出，量表所有的组成题项对应全体条目的更正相关系数都在0.35以上，3个公因子的构成条目在删除条目后的α值均小于全体条目的α值，Cronbach's α在0.7以上。C1～C13都保留下来了，见表5-15。

**表5-15 制度环境量表信度分析**

| 题项 | 条目对全体条目的更正相关系数 | 若删除该条目 Cronbach's α | 全体条目 Cronbach's α |
|---|---|---|---|
| C1 | 0.635 | 0.659 | 0.788 |
| C2 | 0.604 | 0.646 | |
| C3 | 0.466 | 0.559 | |
| C4 | 0.515 | 0.632 | |
| C5 | 0.535 | 0.668 | |
| C6 | 0.680 | 0.684 | 0.721 |
| C7 | 0.695 | 0.702 | |
| C8 | 0.602 | 0.694 | |
| C9 | 0.571 | 0.582 | |
| C10 | 0.548 | 0.557 | 0.736 |
| C11 | 0.502 | 0.526 | |
| C12 | 0.552 | 0.701 | |
| C13 | 0.524 | 0.640 | |
| 制度环境（上述题项）：0.809 | | | |

4. 外部知识量表

对于外部知识的测度，本书采用了8个测度条目，李克特5级评分法进行测度，如表5-16所示。这8个条目旨在反映企业不同外部知识源对技术创新活动重要性的评价。问卷填答者对这8个条目的评价最小值为1，最大值为5。

**表5-16 外部知识量表描述性统计**

| 题项 | 最小值 | 最大值 | 均值 | 标准差 |
|---|---|---|---|---|
| D1 | 1 | 5 | 2.71 | 0.959 |
| D2 | 1 | 5 | 2.75 | 1.044 |

续表

| 题项 | 最小值 | 最大值 | 均值 | 标准差 |
|---|---|---|---|---|
| D3 | 1 | 5 | 3.56 | 0.977 |
| D4 | 1 | 5 | 2.98 | 0.911 |
| D5 | 1 | 5 | 3.67 | 0.969 |
| D6 | 1 | 5 | 3.05 | 0.965 |
| D7 | 1 | 5 | 2.72 | 0.781 |
| D8 | 1 | 5 | 3.85 | 0.998 |

如表5-17所示，笔者对外部知识量表的各个题项进行了主成分因子分析，KMO值为0.714，大于0.7，Bartlett统计值显著异于0，符合进行因子分析的要求（张文彤，2004）。每个测量题项在对应因子上的载荷都在0.5这个标准之上，除此之外，因子方差累积贡献率为62.742%。因子分析产生2个因子，依据因子的题项内容以及预先设定的维度归属，因子1涵盖了科学外部知识的意义，因子2涵盖了行业外部知识的意义。

**表5-17　外部知识量表因子分析**

| 题项 | 因子1 | 因子2 |
|---|---|---|
| D1 | 0.515 | |
| D2 | 0.620 | |
| D3 | 0.715 | |
| D4 | 0.666 | |
| D5 | | 0.585 |
| D6 | | 0.700 |
| D7 | | 0.712 |
| D8 | | 0.596 |

注：①KMO值为0.714，Bartlett统计值显著异于0，因子方差累积贡献率为62.742%。

②略去载荷小于0.5的条目的值。

表5-18呈现的是外部知识量表信度分析结果，题项D1～D8对应全体条目的更正相关系数都在0.35以上，两个公因子的组成条目在删除条目后的α值都要低于全体条目的α值，Cronbach's α在0.7以上，保留这些题项，量表信度较好。

表 5-18 外部知识量表信度分析

| 题项 | 条目对全体条目的更正相关系数 | 若删除该条目 Cronbach's α | 全体条目 Cronbach's α |
| --- | --- | --- | --- |
| D1 | 0.526 | 0.596 | 0.769 |
| D2 | 0.609 | 0.702 | |
| D3 | 0.466 | 0.554 | |
| D4 | 0.722 | 0.725 | |
| D5 | 0.638 | 0.741 | 0.756 |
| D6 | 0.579 | 0.698 | |
| D7 | 0.568 | 0.598 | |
| D8 | 0.521 | 0.599 | |
| 外部知识（上述题项）：0.815 | | | |

# 第三节 回归分析与假设检验

## 一、描述性统计和相关分析

表 5-19 和表 5-20 显示出研究变量各自的均值、标准差以及它们之间的 Pearson 两两相关系数。相关分析使我们对变量之间的关系建立一个初步认识。

表 5-19 描述性统计与相关分析（1）（N=228）

| 变量 | 均值 | 标准差 | 1 | 2 | 3 | 4 |
| --- | --- | --- | --- | --- | --- | --- |
| 1. 所属行业 | 2.94 | 1.75 | 1 | | | |
| 2. 经济性质 | 0.89 | 0.30 | 0.022 | 1 | | |
| 3. 企业规模 | 2.77 | 1.23 | 0.123 | 0.036 | 1 | |
| 4. 企业年龄 | 2.43 | 1.01 | 0.125 | 0.025 | 0.024 | 1 |
| 5. 潜在吸收能力 | 3.12 | 0.98 | 0.042 | 0.228** | 0.017 | 0.015 |

续表

| 变量 | 均值 | 标准差 | 1 | 2 | 3 | 4 |
|---|---|---|---|---|---|---|
| 6. 现实吸收能力 | 3.06 | 0.92 | 0.036 | 0.248** | 0.018 | 0.011 |
| 7. 突破性技术创新 | 2.98 | 0.94 | 0.115 | 0.136** | 0.210** | 0.240* |
| 8. 渐进性技术创新 | 3.58 | 0.89 | 0.023 | -0.125* | 0.147* | 0.025 |
| 9. 规则 | 2.74 | 1.34 | 0.036 | 0.014** | 0.149 | 0.120 |
| 10. 规范 | 2.84 | 0.87 | 0.014 | 0.037 | 0.035 | 0.105 |
| 11. 认知 | 2.90 | 0.92 | 0.015 | 0.025 | 0.039 | 0.036 |
| 12. 科学外部知识 | 3.01 | 0.93 | 0.025 | 0.240* | 0.025 | 0.022 |
| 13. 行业外部知识 | 3.32 | 0.94 | 0.082 | 0.319* | 0.020 | 0.010 |

注：** 表示显著性水平 P<0.01（双尾检验），* 表示显著性水平 P<0.05（双尾检验）。

在理论构建和数据分析的过程当中，本书更加关注的是企业吸收能力不同子能力的影响作用，潜在吸收能力由获取能力和消化能力构成，现实吸收能力由转化能力和利用能力构成。

从主要控制变量与技术创新的关系来看，经济性质、企业规模以及企业年龄都与突破性技术创新具有相关关系（r=0.136，P<0.01；r=0.210，P<0.01；r=0.240，P<0.05）。可见，非国有企业更有可能进行突破性技术创新；规模大的企业更有可能进行突破性技术创新；成立时间长的企业更有可能进行突破性技术创新，而实际的因果联系还要看之后的回归检验的结果，相关分析还不足以支持因果联系。经济性质和企业规模与渐进性技术创新相关（r=-0.125，P<0.05；r=0.147，P<0.05）。此外，经济性质与潜在吸收能力和现实吸收能力都正向相关（r=0.228，P<0.01；r=0.248，P<0.01），表明非国有企业比国有企业的吸收能力要强。行业知识和科学知识也与经济性质相关（r=0.240，P<0.05；r=0.319，P<0.05）。这样的相关关系在一定程度上说明非国有企业对外部知识环境更加敏感。

**表 5-20 描述性统计与相关分析（2）（N=228）**

| 变量 | 1 | 2 | 3 | 4 | 5 | 6 | 7 | 8 | 9 |
|---|---|---|---|---|---|---|---|---|---|
| 1. 潜在吸收能力 | 1 | | | | | | | | |
| 2. 现实吸收能力 | 0.296* | 1 | | | | | | | |

续表

| 变量 | 1 | 2 | 3 | 4 | 5 | 6 | 7 | 8 | 9 |
|---|---|---|---|---|---|---|---|---|---|
| 3. 突破性技术创新 | 0.330** | 0.212** | 1 | | | | | | |
| 4. 渐进性技术创新 | 0.115* | 0.218** | 0.175** | 1 | | | | | |
| 5. 规则 | 0.125* | 0.252* | 0.245** | 0.199** | 1 | | | | |
| 6. 规范 | 0.119* | 0.114* | 0.223** | 0.196** | 0.258** | 1 | | | |
| 7. 认知 | 0.145* | 0.136* | 0.233** | 0.120* | 0.230** | 0.209* | 1 | | |
| 8. 科学外部知识 | 0.075 | 0.031 | 0.338** | 0.126* | 0.025* | 0.114* | 0.119* | 1 | |
| 9. 行业外部知识 | 0.025 | 0.029 | 0.219* | 0.278** | 0.047* | 0.085* | 0.094* | 0.222* | 1 |

注：** 表示显著性水平 P<0.01（双尾检验），* 表示显著性水平 P<0.05（双尾检验）。

从各自变量、因变量和调节变量之间的相关关系上看，潜在吸收能力和现实吸收能力正向相关（r=0.296，P<0.05）。企业吸收能力与技术创新之间也具有联系：潜在吸收能力与突破性技术创新和渐进性技术创新都正向相关（r=0.330，P<0.01；r=0.115，P<0.05）；现实吸收能力与突破性技术创新和渐进性技术创新都正向相关（r=0.212，P<0.01；r=0.218，P<0.01）。制度环境也与技术创新呈现出较强的相关关系：规则制度与两类技术创新都具有正向关系（r=0.245，P<0.01；r=0.199，P<0.01）；规范制度与两类技术创新也有正向关系（r=0.223，P<0.01；r=0.196，P<0.01）；认知制度也与两类技术创新正向相关（r=0.233，P<0.01；r=0.120，P<0.05）。外部知识也与突破性和渐进性技术创新有正向关系：科学知识和行业知识都与突破性技术创新正向相关（r=0.338，P<0.01；r=0.219，P<0.05），也都与渐进性技术创新正向相关（r=0.126，P<0.05；r=0.278，P<0.01）。

## 二、企业吸收能力对技术创新的影响

从本部分开始，将会对本书的回归检验结果进行展示和说明。首先检验不考虑调节变量时潜在吸收能力和现实吸收能力与突破性技术创新和渐进性技术创新的关系。本书对理论假设的检验采用 SPSS 16.0 软件进行检验。

1. 潜在吸收能力与现实吸收能力对技术创新的独立影响

表 5-21 呈现的是潜在吸收能力和现实吸收能力对突破性技术创新和渐

进性技术创新的影响的检验结果。模型中，突破性技术创新和渐进性技术创新是因变量，潜在吸收能力和现实吸收能力相关变量是自变量，同时考虑了企业年龄，企业规模等可能的潜在影响因素，并且将它们作为控制变量纳入回归模型当中，进行了层级回归分析。首先，让控制变量进入模型，然后把自变量代入模型。以突破性技术创新为因变量的时候，潜在吸收能力（β=0.208，P<0.01）以及现实吸收能力（β=0.162，P<0.01）的回归系数都显著，模型2与模型1相比，由$R^2$变化和F值可知，回归模型解释力有所提升，潜在吸收能力和现实吸收能力对突破性技术创新具有显著的正向影响。以渐进性技术创新为因变量的时候，潜在吸收能力的回归

**表5-21　企业吸收能力对技术创新影响回归分析**

| 研究变量 | 因变量：突破性技术创新 | | | | 因变量：渐进性技术创新 | | | |
|---|---|---|---|---|---|---|---|---|
| | 模型1 | 模型2 | 模型3 | 模型4 | 模型5 | 模型6 | 模型7 | 模型8 |
| 所属行业 | 0.012 | 0.010 | 0.011 | 0.008 | 0.010 | 0.011 | 0.010 | 0.009 |
| 经济性质 | 0.109** | 0.103** | 0.102** | 0.101** | -0.114* | -0.115* | -0.113* | -0.112** |
| 企业规模 | 0.014* | 0.013* | 0.013* | 0.011* | 0.025 | 0.024 | 0.022 | 0.023 |
| 企业年龄 | 0.025* | 0.022* | 0.022* | 0.021* | 0.017 | 0.015 | 0.016 | 0.014 |
| 潜在吸收能力 | | 0.208*** | 0.205** | 0.206** | | 0.134 | 0.132 | 0.130 |
| 现实吸收能力 | | 0.162*** | 0.155** | 0.150** | | 0.118** | 0.115** | 0.114** |
| \|现实吸收能力-潜在吸收能力\| | | | -0.151** | | | | -0.105 | |
| 潜在吸收能力×现实吸收能力 | | | | 0.225*** | | | | 0.122 |
| $R^2$ | 0.244 | 0.323 | 0.343 | 0.346 | 0.216 | 0.235 | 0.238 | 0.236 |
| 调整后$R^2$ | 0.239 | 0.289 | 0.299 | 0.303 | 0.201 | 0.213 | 0.215 | 0.214 |
| $R^2$变动 | | 0.079** | 0.020** | 0.023** | | 0.019** | 0.003 | 0.001 |
| F | 5.335** | 6.089*** | 6.735*** | 6.788*** | 2.007* | 6.338*** | 6.325** | 6.172** |

注：①***表示显著性水平P<0.01，**表示显著性水平P<0.05，*表示显著性水平P<0.10。

②模型3、模型4中的$R^2$变动是指与模型2相比，模型7、模型8中的$R^2$变动是指与模型6相比。

③各回归模型的D.W.值接近于2，方差膨胀因子（VIF）小于10，模型的自相关和多重共线性不严重。

系数不具有显著性，说明潜在吸收能力对渐进性技术创新没有显著的影响，现实吸收能力的回归系数为0.118，在 $P<0.05$ 水平上显著，说明现实吸收能力对渐进性技术创新有显著的影响。

2. *潜在吸收能力与现实吸收能力互补效应对技术创新的影响*

除了独立作用外，本书还对潜在吸收能力、现实吸收能力二者对技术创新的互补效应进行了检验。Zahra 和 George（2002）提出，二者之间既具有差别，又是互补的，现实吸收能力越接近于潜在吸收能力，知识吸收效果越好，企业需要实现二者的协调发展，但只限于理论层面的分析。资源基础论和互补性理论都强调资源组合所产生的超额价值，互补性的企业能力或资源之间彼此不同，但是相互影响着，并且一项能力或资源对组织产出的影响会因另一项能力或资源而增强。对于互补性检验，交互项检验方式是比较常见的方法，例如，产品营销能力和产品技术能力对产品开发的互补效应（Moorman、Slotegraaf，1999），学习导向与市场导向对企业绩效的互补效应（Baker、Sinkula，1999）以及技术能力和营销能力对企业绩效的互补效应（Song 等，2005）检验，这类文献强调资源或能力间效用的彼此加强，强调资源的整合效应。另有学者采用比率以及绝对差额等方式进行检验，强调资源或能力间的均衡发展对组织产出的影响，例如，以“顾客导向/竞争者导向”来衡量二者的协调发展（Gatignon、Xuereb，1997），以“|技术创新－管理创新|”来衡量二者的协调发展（Damanpour、Evan，1984）。针对多资源或能力之间互补效应，也有学者采用高阶因子模型（Higher-order Factor Modeling）检验，主要借助结构方程模型检验互补性或匹配度（Whittington 等，1999；Tanriverdi、Venkatraman，2005）。基于对相关文献的借鉴（Yung-ching Ho，2011；李雪松，2009），为了更全面地反映互补性的含义，本书采用了交互项检验和绝对差额检验相结合的方式，检验潜在吸收能力和现实吸收能力对技术创新的影响是否会因彼此的存在而增强以及二者的平衡发展对技术创新的促进作用。

根据表5－21呈现的检验结果，以突破性技术创新为因变量时，|现实吸收能力－潜在吸收能力|回归系数为－0.151，并在 $P<0.05$ 的水平上显著，潜在吸收能力与现实吸收能力的交互项的回归系数在 $P<0.01$ 的水平上显著（$\beta=0.225$），模型3与模型2相比，模型4与模型2相比，由 $R^2$ 变化和F值可知，回归模型解释力有所提升，潜在吸收能力与现实吸收能力对突破性技术创新的互补性正向影响假设得到了证实。以渐进性技术创新

为因变量时，|现实吸收能力－潜在吸收能力|回归系数不具显著性，潜在吸收能力与现实吸收能力的交互项的回归系数也不具显著性，企业潜在吸收能力与现实吸收能力对渐进性技术创新的互补性正向影响假设没有得到证实。

根据表 5－21 呈现的检验结果，潜在吸收能力对突破性技术创新具有显著正向影响，但对渐进性技术创新的影响不具有统计显著性，只有正向影响倾向，H1（a）和 H1（b）通过了检验。现实吸收能力对两类技术创新都具有显著正向影响，H2（a）和 H2（b）通过了检验。H5（a）认为，潜在吸收能力和现实吸收能力之间存在互补效应，协同地促进突破性技术创新，通过了检验，研究发现，吸收能力子能力间交互项提升突破性技术创新，而二者发展不平衡则会阻碍突破性技术创新。H5（b）认为，潜在吸收能力和现实吸收能力之间存在互补效应，协同地促进渐进性技术创新，没通过检验，研究发现，吸收能力子能力间交互项以及二者绝对差额都与渐进性技术创新无显著因果关系。

为进一步验证潜在吸收能力和现实吸收能力对突破性技术创新的交互作用，本书利用均值分离技术，以潜在吸收能力和现实吸收能力的有效测度题项（即通过信度和效度检验的题项）的均值为界限将整个样本分为潜在与现实双低组、潜在吸收能力组、现实吸收能力组、潜在与现实双高组。样本企业中有 36 家为潜在与现实双低组，有 68 家为潜在吸收能力组，有 93 家为现实吸收能力组，有 31 家为潜在与现实双高组。分析 4 个子样本在“在市场上引入全新的产品、在产品研制上引入最新理念、开发和引入全新技术、创造出全新的技术和工艺”4 个突破性技术创新单项指标以及技术创新绩效综合指标上的差异。从不同吸收能力的 4 组样本的均值可以看出，不管是突破性技术创新单一指标还是综合指标，潜在与现实双高组具有最高的突破性技术创新水平，突破性技术创新最差的是潜在与现实双低组。从不同吸收能力样本组的方差分析结果可以发现，至少有两组样本在突破性技术创新单一指标和综合指标上的均值有显著差异。进一步将不同组样本的突破性技术创新作两两对比分析，以突破性技术创新单一指标以及突破性技术创新综合得分来衡量，除了潜在吸收能力组、现实吸收能力组的均值差异不显著外，其他不同吸收能力子样本的突破性技术创新均值两两之间都达到了显著性水平（$P<0.05$）。由此可见，潜在吸收能力和现实吸收能力对突破性技术创新具有单独的促进作用，同时，潜在吸收能力和现实吸收能力都比

较高的企业突破性技术创新水平最高，两类吸收能力子能力对突破性技术创新具有协同性提升作用。既不重视潜在吸收能力，也不重视现实吸收能力的企业，则具有最低的突破性技术创新水平，进而证明，潜在吸收能力和现实吸收能力对突破性技术创新的互补性具有协同促进效应。

## 三、制度环境调节作用

对于制度环境的调节效应，这里采用层级回归方式对制度环境 3 个维度与潜在吸收能力和现实吸收能力交互项回归系数进行显著性检验。本书中，对制度环境的分析也是从不同维度入手进行的，基于此前学者的研究，笔者从规则维度、规范维度以及认知维度入手对制度环境的调节作用进行实证分析（Scott，1995）。制度环境的 3 个维度关注的侧重点不同：规则维度的核心要素是法律、规则、政策等的作用体现；规范维度则常常是隐性的，主要是指共享概念和意义准则，这些概念和准则由文化体系、价值观体系、规范信念和行为假设渐进形成；认知维度更多地来自个体和组织对外在环境的理解和认识，强调社会认同的重要性。

**表 5－22　制度环境对企业吸收能力与技术创新关系调节作用检验**

| 研究变量 | 因变量：突破性技术创新 | | | 因变量：渐进性技术创新 | | |
|---|---|---|---|---|---|---|
| | 模型 1 | 模型 2 | 模型 3 | 模型 4 | 模型 5 | 模型 6 |
| 所属行业 | 0.012 | 0.008 | 0.007 | 0.010 | 0.010 | 0.009 |
| 经济性质 | 0.109** | 0.105** | 0.104** | －0.114* | －0.114** | －0.113** |
| 企业规模 | 0.014* | 0.011* | 0.009* | 0.025 | 0.022 | 0.020 |
| 企业年龄 | 0.025* | 0.021* | 0.018* | 0.017 | 0.015 | 0.016 |
| 潜在吸收能力 | | 0.221*** | 0.217*** | | 0.130 | 0.128 |
| 现实吸收能力 | | 0.160** | 0.158** | | 0.117** | 0.116** |
| 规则 | | 0.215* | 0.211* | | 0.252* | 0.250* |
| 规范 | | 0.119 | 0.115 | | 0.127 | 0.124 |
| 认知 | | 0.208 | 0.202 | | 0.097 | 0.083 |
| 潜在吸收能力×规则 | | | 0.210** | | | 0.230* |

续表

| 研究变量 | 因变量：突破性技术创新 | | | 因变量：渐进性技术创新 | | |
|---|---|---|---|---|---|---|
| | 模型 1 | 模型 2 | 模型 3 | 模型 4 | 模型 5 | 模型 6 |
| 潜在吸收能力×规范 | | | 0.203** | | | 0.126 |
| 潜在吸收能力×认知 | | | 0.118* | | | 0.117 |
| 现实吸收能力×规则 | | | 0.184** | | | 0.204* |
| 现实吸收能力×规范 | | | 0.175* | | | 0.105* |
| 现实吸收能力×认知 | | | 0.153* | | | 0.077* |
| $R^2$ | 0.244 | 0.355 | 0.398 | 0.216 | 0.322 | 0.335 |
| 调整后 $R^2$ | 0.239 | 0.294 | 0.314 | 0.201 | 0.287 | 0.311 |
| $R^2$ 变动 | | 0.111** | 0.043** | | 0.106** | 0.013** |
| F | 5.335** | 6.781*** | 7.410*** | 2.007* | 6.811*** | 7.229** |

注：①*** 表示显著性水平 P<0.01，** 表示显著性水平 P<0.05，* 表示显著性水平 P<0.10。

②各回归模型的 D. W. 值接近于 2，方差膨胀因子（VIF）小于 10，模型的自相关和多重共线性不严重。

在检验过程中，笔者对制度环境 3 个维度的调节效应一一做了分析，以期提升研究的细致性。本书在进行回归分析的过程中对涉及调节效应分析的时候，对自变量和调节变量进行了中心化处理。具体检验结果见表5-22。

以突破性技术创新为因变量时，潜在吸收能力与制度环境规则维度、规范维度和认知维度的交互项系数分别为 0.210、0.203 和 0.118，分别在 P<0.05、P<0.05 和 P<0.10 水平上显著。现实吸收能力与制度环境规则维度、规范维度和认知维度的交互项系数分别为 0.184、0.175 和 0.153，分别在 P<0.05、P<0.10 和 P<0.10 水平上显著。模型 3 和模型 2 与模型 1 比较，由 $R^2$ 变化和 F 值可知，回归模型解释力逐步提升。

以渐进性技术创新为因变量时，潜在吸收能力与制度环境规则维度、规范维度和认知维度的交互项系数分别为0.230（回归系数在 P<0.10 的水平上显著）、0.126（回归系数不具有显著性）和0.117（回归系数不具有显著性）。现实吸收能力与制度环境规则维度、规范维度和认知维度的交互项系数分别为0.204（回归系数在 P<0.10 的水平上显著）、0.105（回归系数在 P<0.10 的水平上显著）和0.077（回归系数在 P<0.10 的水平上显著）。模型6 和模型5 与模型4 比较，由 $R^2$ 变化和 F 值可知，回归模型解释力逐

步提升。

H3（a）通过检验，H3（b）认为制度环境的完善程度对潜在吸收能力与渐进性技术创新的关系具有显著正向调节作用，假设部分通过检验，只有规则维度具有正向调节效应，H3（c）通过检验，H3（d）通过检验。

## 四、外部知识类型调节作用

如表5－23所示，首先让控制变量进入回归模型；其次加入潜在吸收能力，现实吸收能力，科学外部知识以及行业外部知识；最后引入吸收能力两个子能力和外部知识的交互项进行回归检验。

通过实证检验结果（见表5－23）可知，科学外部知识和行业外部知识，虽然对企业突破性技术创新没有直接的显著影响，但是具有非直接的影响，体现在对吸收能力和突破性技术创新的关系的调节作用上。模型3中，潜在吸收能力与科学外部知识的交互项系数为0.201（$P<0.05$），现实吸收能力与科学外部知识的交互项回归系数为0.159（$P<0.05$）。模型3和模型2与模型1比较，由$R^2$变化和F值可知，回归模型解释力不断上升。模型6中，潜在吸收能力与行业外部知识的交互项系数为0.144（$P<0.10$），现实吸收能力与行业外部知识的交互项回归系数为0.158（$P<0.05$）。模型6和模型5与模型4比较，由$R^2$变化和F值可知，回归模型解释力不断增强。可见，科学外部知识对企业吸收能力两子能力与突破性技术创新的关系具有正向调节作用，行业外部知识对企业吸收能力两子能力与渐进性技术创新的关系具有正向调节作用。H4（a）、H4（b）、H4（c）、H4（d）通过了实证检验。

**表5－23　外部知识对企业吸收能力与技术创新关系调节作用检验**

| 研究变量 | 因变量：突破性技术创新 | | | 因变量：渐进性技术创新 | | |
|---|---|---|---|---|---|---|
| | 模型1 | 模型2 | 模型3 | 模型4 | 模型5 | 模型6 |
| 所属行业 | 0.012 | 0.010 | 0.009 | 0.010 | 0.009 | 0.006 |
| 经济性质 | 0.109** | 0.108** | 0.105** | －0.114* | －0.112** | －0.098** |
| 企业规模 | 0.014* | 0.013* | 0.013* | 0.025 | 0.029 | 0.025 |
| 企业年龄 | 0.025* | 0.020* | 0.018* | 0.017 | 0.012 | 0.011 |
| 潜在吸收能力 | | 0.222** | 0.221*** | | 0.130 | 0.125 |

续表

| 研究变量 | 因变量：突破性技术创新 | | | 因变量：渐进性技术创新 | | |
|---|---|---|---|---|---|---|
| | 模型1 | 模型2 | 模型3 | 模型4 | 模型5 | 模型6 |
| 现实吸收能力 | | 0.160*** | 0.157** | | 0.045* | 0.033* |
| 科学外部知识 | | 0.155* | 0.153* | | 0.122* | 0.117* |
| 行业外部知识 | | 0.121* | 0.119* | | 0.255** | 0.252** |
| 潜在吸收能力×科学外部知识 | | | 0.201** | | | 0.129 |
| 现实吸收能力×科学外部知识 | | | 0.159** | | | 0.133* |
| 潜在吸收能力×行业外部知识 | | | 0.153** | | | 0.144* |
| 现实吸收能力×行业外部知识 | | | 0.137** | | | 0.158** |
| $R^2$ | 0.244 | 0.328 | 0.341 | 0.216 | 0.355 | 0.392 |
| 调整后 $R^2$ | 0.239 | 0.308 | 0.325 | 0.201 | 0.294 | 0.307 |
| $R^2$ 变动 | | 0.084** | 0.013** | | 0.139** | 0.037** |
| F | 5.335** | 6.856*** | 7.432*** | 2.007* | 6.556*** | 7.265*** |

注：①***表示显著性水平 $P<0.01$，**表示显著性水平 $P<0.05$，*表示显著性水平 $P<0.10$。

②各回归模型的 D.W. 值接近于2，方差膨胀因子（VIF）小于10，模型的自相关和多重共线性不严重。

本书多数假设都通过了检验，假设通过检验说明本书变量间理论关系得到证明，假设未通过则将激发更多思考。理论假设及其检验结果如表5-24所示。

**表5-24 假设检验结果汇总**

| 理论假设 | 检验结果 |
|---|---|
| H1（a）：潜在吸收能力对突破性技术创新具有显著正向影响 | 通过检验 |
| H1（b）：潜在吸收能力对突破性技术创新的影响比对渐进性技术创新的影响大 | 通过检验 |
| H2（a）：现实吸收能力对突破性技术创新具有显著正向影响 | 通过检验 |
| H2（b）：现实吸收能力对渐进性技术创新具有显著正向影响 | 通过检验 |
| H3（a）：制度环境的完善程度对潜在吸收能力与突破性技术创新的关系具有显著正向调节作用 | 通过检验 |
| H3（b）：制度环境的完善程度对潜在吸收能力与渐进性技术创新的关系具有显著正向调节作用 | 部分通过检验 |

续表

| 理论假设 | 检验结果 |
|---|---|
| H3（c）：制度环境的完善程度对现实吸收能力与突破性技术创新的关系具有显著正向调节作用 | 通过检验 |
| H3（d）：制度环境的完善程度对现实吸收能力与渐进性技术创新的关系具有显著正向调节作用 | 通过检验 |
| H4（a）：科学外部知识对潜在吸收能力与突破性技术创新的关系具有显著正向调节作用 | 通过检验 |
| H4（b）：行业外部知识对潜在吸收能力与渐进性技术创新的关系具有显著正向调节作用 | 通过检验 |
| H4（c）：科学外部知识对现实吸收能力与突破性技术创新的关系具有显著正向调节作用 | 通过检验 |
| H4（d）：行业外部知识对现实吸收能力与渐进性技术创新的关系具有显著正向调节作用 | 通过检验 |
| H5（a）：潜在吸收能力和现实吸收能力之间存在互补效应，协同地促进突破性技术创新。具体而言，潜在吸收能力与现实吸收能力的交互作用对突破性技术创新具有显著正向影响；潜在吸收能力与现实吸收能力发展不平衡对突破性技术创新具有显著负向影响 | 通过检验 |
| H5（b）：潜在吸收能力和现实吸收能力之间存在互补效应，协同地促进渐进性技术创新。具体而言，潜在吸收能力与现实吸收能力的交互作用对渐进性技术创新具有显著正向影响；潜在吸收能力与现实吸收能力发展不平衡对渐进性技术创新具有显著负向影响 | 没有通过检验 |

## 第四节 补充研究：外部知识与技术创新

由先前学者的研究和本书的实证分析可知，外部知识与企业技术创新之间具有密切的联系，本书还对这个问题进行了补充性研究。科学外部知识和行业外部知识，不论是来源、性质还是特征，都有很大差异，这二者对不同的技术创新类型——突破性技术创新和渐进性技术创新的关系又是怎样的呢？出于研究的紧密性等方面的考虑，本书第三章的理论框架构建部分没有对外部知识与技术创新的关系进行细致的分析。无论从理论上来讲，还是从现实管理实践上来讲，外部知识与技术创新的关系都非常密切，而这二者的关系讨论也有助于深化我们对企业吸收能力与技术创新关系的理解。如表5－25和表5－26所示，笔者以突破性技术创新为因变量进行了回归分析，首先进入模型的是控制变量，之后进入模型的是外部知识相关变量。互补性检验，学界比较常用的方法是交互项检验方式（Moorman、Slotegraaf，1999；Baker、Sinkula，1999），交互项检验强调资源或能力间效用的彼此加强，强调资源的整合效应。从自变量对突破性技术创新的回归系数可以看出，科学外部知识（β＝0.257，P＜0.05）的回归系数显著，行业外部知识（β＝0.118，P＜0.10）的回归系数显著，科学外部知识与行业外部知识交互项（β＝0.112，P＜0.10）的回归系数显著。以渐进性技术创新为因变量的时候，科学外部知识（β＝0.088，P＜0.10）的回归系数显著，行业外部知识（β＝0.227，P＜0.01）的回归系数显著，科学外部知识与行业外部知识交互项（β＝0.081，P＜0.05）的回归系数显著。

**表5－25　外部知识对突破性技术创新影响回归分析**

| 研究变量 | 因变量：突破性技术创新 | | | | |
|---|---|---|---|---|---|
| | 模型1 | 模型2 | 模型3 | 模型4 | 模型5 |
| 经济性质 | 0.012* | 0.013* | 0.111** | 0.108** | 0.106** |
| 企业规模 | 0.198* | 0.220* | 0.209* | 0.207* | 0.205* |
| 企业年龄 | 0.042 | 0.050 | 0.064 | 0.058 | 0.061 |
| 科学外部知识 | | 0.257** | | 0.212** | 0.209** |
| 行业外部知识 | | | 0.118* | 0.104* | 0.109* |
| 科学外部知识×行业外部知识 | | | | | 0.112* |
| $R^2$ | 0.305 | 0.379 | 0.207 | 0.405 | 0.462 |
| $\Delta R^2$ | | 0.071 | 0.032 | 0.026/0.198 | 0.062 |
| F | 4.085*** | 8.562*** | 8.322*** | 8.056*** | 7.488*** |

注：①***表示显著性水平P＜0.01，**表示显著性水平P＜0.05，*表示显著性水平P＜0.10。

②各回归模型的D.W.值接近于2，方差膨胀因子（VIF）小于10，模型的自相关和多重共线性不严重。

除此之外，回归模型还对两类外部知识对突破性技术创新和渐进性技术创新的相对重要性进行了检验，本书通过回归分析中的 $\Delta R^2$ 值来衡量，此方式的有效性在先前的研究中也得到了验证（Li，2009）。通过回归分析可知（见表 5－25），$\Delta R^2$Model4 － Model2 = $R^2$Model4 － Model2 = 0.405 － 0.379 = 0.026，$\Delta R^2$Model4 － Model3 = $R^2$Model4 － Model3 = 0.405 － 0.207 = 0.198。在这里，$\Delta R^2$Model4 － Model2 反映的是行业外部知识对突破性技术创新解释的方差，$\Delta R^2$Model4 － Model3 反映的是科学外部知识对突破性技术创新解释的方差。可见，科学外部知识对突破性技术创新的作用比较大。同样，表 5－26 中，$\Delta R^2$Model4 － Model2 = $R^2$Model4 － Model2 = 0.458 － 0.355 = 0.103，$\Delta R^2$Model4 － Model3 = $R^2$Model4 － Model3 = 0.458 － 0.424 = 0.034。在这里，$\Delta R^2$Model4 － Model2 反映的是行业外部知识对渐进性技术创新解释的方差，$\Delta R^2$Model4 － Model3 反映的是科学外部知识对渐进性技术创新解释的方差。可见，行业外部知识对渐进性技术创新的作用比较大。

**表 5－26　外部知识对渐进性技术创新影响回归分析**

| 研究变量 | 因变量：渐进性技术创新 | | | | |
|---|---|---|---|---|---|
| | 模型 1 | 模型 2 | 模型 3 | 模型 4 | 模型 5 |
| 经济性质 | 0.131 * | 0.069 * | 0.089 ** | 0.077 ** | 0.077 * |
| 企业规模 | 0.112 | 0.089 | 0.077 | 0.081 | 0.093 |
| 企业年龄 | 0.005 | 0.011 | 0.007 | 0.008 | 0.009 |
| 科学外部知识 | | 0.088 * | | 0.090 * | 0.088 * |
| 行业外部知识 | | | 0.227 *** | 0.192 *** | 0.199 *** |
| 科学外部知识 × 行业外部知识 | | | | | 0.081 ** |
| $R^2$ | 0.274 | 0.355 | 0.424 | 0.458 | 0.488 |
| $\Delta R^2$ | | 0.077 | 0.151 | 0.103/0.034 | 0.032 |
| F | 2.447 *** | 6.922 *** | 6.885 *** | 6.600 *** | 5.685 *** |

注：①*** 表示显著性水平 $P < 0.01$，** 表示显著性水平 $P < 0.05$，* 表示显著性水平 $P < 0.10$。
②各回归模型的 D.W. 值接近于 2，方差膨胀因子（VIF）小于 10，模型的自相关和多重共线性不严重。

通过补充性的实证分析发现，科学外部知识，相较于行业外部知识，对突破性创新的作用更大；行业外部知识，相较于科学外部知识，对渐进性创新的作用更大。科学外部知识与行业外部知识对突破性创新和渐进性创新具有互补性的协同提升作用。不管是从理论发展脉络，还是从管理实践经验来讲，将突破性技术创新和渐进性技术创新与企业外部知识联系起来考虑都很有意义，这两类技术创新都需要企业对外部知识进行一定的探索，但程度差异非常大。突破性技术创新与渐进性技术创新相比更具探索性，要求企业在资产和知识基础等很多方面做出调整。

将突破性创新与企业外部知识联系起来对理论的延续和管理实践都具有启示意义。对于企业管理者来说，所开展技术创新的新颖性越高，越需要借助科学外部知识的力量。科学外部知识与行业外部知识对企业技术创新的协同效应则说明，技术创新的开展需要企业更加全面地吸纳不同类型的外部知识，与不同类型的外部知识源建立联系。外部科学知识与外部行业知识的有效整合有助于在企业内部形成持续不断的创新流，进而形成持续的竞争优势。当企业的创新活动旨在在市场上引入全新的产品、对产品研制引入最新理念、开发和引入全新技术、创造出全新的技术和工艺时，需要注重与源自学术会议、科学刊物、专利成果、科研机构的外部知识展开互动；当企业的创新活动旨在引入原有产品的新类型、开发更多产品样式、改进现有产品和工艺、降低现有产品成本和能耗的时候，则需要更加关注与竞争者的合作、与其他企业的合作、与客户的合作、与供应商的合作。在不同外部知识源与不同类型技术创新之间建立联系有助于管理者在建立外部网络与构建知识获取战略时作出适当与理性的选择。

得到的研究结论说明，突破性技术创新与企业的学习动机，创新试验更加相关，同时突破性技术创新意味着企业需要在现有知识领域外运行，不同领域的知识需要彼此之间连接以产生突破性技术创新产出。新的技术知识和市场知识的探索和利用能够带来高的附加值，对新技术的探索既包括对科学知识的探索，也包括对行业知识的探索，二者的有效结合能够最大限度地提升企业技术创新的能力，只有将新技术知识和行业知识有效地结合起来，企业才有可能推出受市场欢迎的新产品。企业的持续发展源于竞争优势的获取和形成，持续的竞争优势来源于动态能力。外部知识利用能力的培养构成了企业持续竞争优势的微观形成机制。研究结果有助于中国本土企业在开放性的创新环境中形成更持续的高附加值竞争优势，这具有重要的现实意义。我国高新技术企业需要根据企业自身的条件与发展环境特点，进一步提高对组织外部新知识和新信息的探索水平，应适度加强对行业未来主导技术的探索，在密切关注本行业技术发展的同时，加强对其他相关行业技术发展动态的关注。

# 第五节　结果讨论与解释

## 一、潜在吸收能力和现实吸收能力的直接影响

潜在吸收能力和现实吸收能力的区分有助于更加深入及完整地理解吸收能力与技术创新的关系。本书发现，现实吸收能力对两种技术创新都有正向影响，而潜在吸收能力只对突破性技术创新有正向影响。

渐进性技术创新鼓励现状，只要求对已经存在的功能和实践进行局部的修改和完善，建立在已经存在的事物基础上；突破性技术创新强调新事物的出现，强调对过程进行再定位，对现有的模式进行根本性的重新安排（Dess、Beard，1984）。本书结果说明，渐进性技术创新反映的主要是现实吸收能力的作用，而想要进行突破性技术创新的企业需要同时培养潜在吸收能力和现实吸收能力，这两种能力对突破性技术创新都会产生促进作用。渐进性技术创新强调的更多的是效率的提升和现有知识的巩固，新颖性程度较弱，这与潜在吸收能力对外部新知识的获取和消化可能联系不强，此外，二者的关系可能会受到一些权变因素的影响。突破性技术创新强调的更多的是新事物的出现及新能力的诞生，变革性强，这一点恰恰与潜在吸收能力对外部新知识的获取和消化相吻合，因此，突破性技术创新与潜在吸收能力的联系紧密。

根据本书的结果，潜在吸收能力只作用于突破性技术创新，而且作用非常明显，但不作用于渐进性技术创新。截至目前，学者们对潜在吸收能力的作用关注较少，这是一个在未来的研究中需要进一步探讨的问题。到目前为止，为数不多的关于潜在吸收能力的研究能够给予我们一定的启示：部分学者认为潜在吸收能力的作用是间接的，Andrawina（2008）指出，潜在吸收能力主要起间接作用，通过现实吸收能力影响产品和过程创新能力。Lichtenthaler（2009）发现，吸收能力过程中的探索学习对企业创新没有显著影响，但与转化学习和利用学习结合起来能够产生互补效应，共同作用于企业创新，Lichtenthaler（2009）指出，“探索学习”过程相当于潜在吸

收能力。需要指出的是，针对探索学习对企业创新没有显著影响这个研究结果，Lichtenthaler（2009）强调，探索性学习虽然无直接影响，但这并不说明它对企业创新没有贡献，它的贡献是通过企业吸收能力整体发挥作用来体现的，而且探索性学习在这个过程中提升了转化性学习和利用性学习的作用。Lichtenthaler（2009）认为，这也恰恰说明我们对企业吸收能力不同构成部分互补性进行检验的必要性，因为如果我们只关注不同构成部分的单独的能力，则可能得出不全面的结论，因为有些子能力的作用在于与其他能力产生协同效应，而不一定具有独立的直接作用。潜在吸收能力对技术创新的直接作用也得到了一定的研究支持，例如，Moedas（2008）、Fosfuri 与 Tribo（2006）等研究都指出潜在吸收能力对创新和绩效的直接影响。到目前为止，学者们并没有开始关注潜在吸收能力和现实吸收能力之间的互补性关系。忽略吸收能力子能力之间的互补关系会妨碍我们对吸收能力作用机制的全面理解（Lichtenthaler，2009）。

## 二、制度环境调节作用

制度理论在学术界得到重视和关注，该理论的产生与发展基于转型经济的实际，源于对主流管理理论的思考。该理论将企业的外部环境看成一种系统，即制度环境。制度理论认为制度环境影响企业的决策和行为（Scott，1995）。制度理论强调，处在这个系统内的个体的行为，不管是个人、集体还是企业，都要受到这个系统很大的影响。在这个意义上说，企业的战略和管理实践活动都在一定程度上带有所处制度环境的烙印。但在现有相关研究中，学者们对企业吸收能力的讨论很少考虑到制度环境这个重要的影响因素，这将在一定程度上阻碍我们对吸收能力理论的理解。本书对制度环境的测度从 3 个维度入手，这样能够更加全面地反映制度环境与企业吸收能力和技术创新的关系，加深对制度理论的理解。在新制度学派观点看来，组织普遍受到了外部环境的社会规则、规范和文化的塑形。与制度环境相符合的要求使企业的形态、结构或行为变得合理，可接受和易获得支持的社会观念、规则、规范或文化就是本书所说的制度环境构成要素。需要指出的是，这种外部的制度条件对组织的影响既可能是有意识的法律强制机制，也可能是无意识的被社会看来是理所应当的社会规范。Scott（1995）指出，不同的制度视角强调不同的制度力量，学界强调的制度力量可以被分成3个类别：规则、规范与认知。Scott（1995）的制度环境维度划分在管理学领域得到了很多学者的认可和比较广泛的应用。规则制度的差异主要体现在法律规则上，如法律对投资者的法律保护、法律执行以及资本市场体系（Bruton，2005）。规范制度指的是对于某行业中做事方法的共享的价值观和规范。认知维度来源于社会文化体系，从中可以知道什么是可以做的，什么是不可以做的。

在我国经济转型期内，多元性和异质性的商业环境为企业发展提供了新的机会以及挑战，催生了大量突破性技术创新和组织变革，为本书研究提供了一个绝好的情境。当前我国市场经济发展处在转型的过程中，市场机制有所好转，但是普遍存在法制不完善、法律操作性不强、政府监督能力不足、商业秩序尚未健全等现实问题。

H3（a）提出，制度环境的完善程度对潜在吸收能力与突破性技术创新的关系具有显著正向调节作用；H3（b）提出，制度环境的完善程度对潜在吸收能力与渐进性技术创新的关系具有显著正向调节作用；H3（c）提出，制度环境的完善程度对现实吸收能力与突破性技术创新的关系具有显著正向调节作用；H3（d）提出，制度环境的完善程度对现实吸收能力与渐进性技术创新的关系具有显著正向调节作用。H3（a）通过检验，H3（b）部分通过检验，H3（c）通过检验，H3（d）通过检验。需要注意的是，制度环境不同的维度对潜在吸收能力与渐进性技术创新关系的调节效应存在差异，只有规则维度具有正向调节效应，而规范和认知维度没有调节效应。结合本书之前的研究结果，潜在吸收能力对渐进性技术创新没有显著直接影响，而在规则制度完善的条件下，具有显著正向影响。可见，潜在吸收能力对渐进性技术创新的作用在规则制度环境好的情况下表现得明显。在法律法规不健全的情况下，企业的创新行为无法得到相关法律的充分保护。企业政府关系的维护可能对技术创新的影响更大，而外部知识获取和消化可能会在一定程度上影响企业政府关系的维护，因为企业的资源和能力是有限的，需要考虑资源分配问题。随着规则制度环境的好转，市场机制对资源配置的影响越来越明显，外部知识获取及消化对渐进性技术创新的作用会提升。潜在吸收能力对渐进性技术创新虽然没有直接的独立影响，但是随着规则制度环境的不断完善，这种影响渐渐显著，规则制度环境正向调节潜在吸收能力与渐进性技术创新的关系。在规则制度环境较好的情况下，法律法规比较健全，知识流转相对流畅，市场机制相对完善。这样的环境中，技术进步较快，市场竞争也较激烈。Acquaah（2007）在研究中检验了管理者社会关系，企业战略导向与组织绩效之间的关系。研究以发展中国家为研究背景。研究的问题是管理者社会资本与组织继续之间的关系受到竞争战略导向的影响。研究发现，通过与其他企业的高层管理者、政府官员以及机构领导建立的社会联系能够提升企业的组织绩效。在战略导向的调节作用方面，作者通过研究发现，通过与政府官员以及机构领导建立的社会联系与绩效之间的关系，在采取低成本战略的企业中比不采取这类战略的企业中明显。通过与其他企业的高层管理者、政府官员以及机构领导建立的社会联系队组织绩效的影响在采取差异化的企业，比不采取这种战略的企业要大。通过与政府官员建立的社会联系队组织绩效的影响在采取整合化战略的企业，比不采取这种战略的企业要大。环境的特质会改变企业能力或资源的效用（Barney，1991），Lukas 等（2001）以 360 家中国电子企业为样本进行实证研究，发现，在低动态性和敌对性的环境中，企业更加倾向于采取前瞻性的战略，在高动态性和敌对性的环境中，更加倾向于采取保护性的战略。Lichtenthaler（2009）研究发现，探索学习（作者指出，探索学习过程相当于潜在吸收能力）本身对企业绩效没有直接的正向影响，反而有负向影响倾向，但是在高技术动态性和市场动态性的情况下，具有显著的正向影响，换句话说，技术和市场的动态性提升了吸收能力对探索学习的作用。Escribano 等（2009）也发现，知识环境越动荡，吸收能力的作用越明显。本书的结果也在一定程度上印证了这一点。

研究结果总体上说明，制度环境越完善，企业吸收能力对技术创新的作用越明显。制度环境的相对完善使得企业更加倾向于通过市场的方式获取信息，进行交易，因为相对完善的市场机制会支持公平交易。这种情况下，信息更加透明，竞争更加公平，企业更加需要通过提升自身的知识吸收能力来获取并利用外部的新知识。在制度环境相对不好的环境中，市场经济秩序还没有建立起来，政府依然是资源的主要分配者，这种情况下，因为没有相对完善的制度和法律支持，企业往往会更倾向于通过“关系”，尤其是与政府部门或官员的关系来获取资源，确保自己在市场中的地位。吸收能力的提升需要企业进行一定的投资以及机制安排，其回报可能不如建立“关系”来得明显和快速。因此，当制度环境不完善的时候，企业吸收能力对技术创新的价值可能没有“关系”那么明显。这一点在发展中国家表现得再明显不过了，在发达国家中，市场机制较健全，因此制度环境好似“无形”的，而在发展中国家中，市场支持制度的缺失是较明显的。因此在发展中国家检验制度环境的作用具有很大的理论和现实意义。

## 三、外部知识类型调节作用

现有的文献对企业吸收能力与技术创新整体上的关系基本得到了一致的认识，但往往没有能够关注，特别是实证检验知识属性和知识特征的影响作用。企业外部的知识，不论是在性质还是类型上都有差异，本书对不同类型的外部知识——科学外部知识和行业外部知识的调节作用进行了检验。

科学知识和行业知识在特征和来源上具有很大的差别。行业知识对企业运营的针对性更强，适用性也更高，而科学知识一般并非针对企业实际具体问题，不一定能立刻被企业所用，但是更加具有启发性和创新性。行业知识对企业和行业的具体问题具有很强的针对性，带有很深的企业或行业本身的特征。例如，企业通过行业知识的吸收来学习如何与竞争者开展竞争，如何更好地理解顾客的需求。企业对科学知识的吸收主要是通过学术会议、科学刊物、专利以及与科研机构合作等方式实现的。科学知识，与行业知识相比，针对性较弱，可能不像行业知识那样能够对企业的实际问题提出具体的解决方案。但是科学知识具有很强的潜质，能够激发更多的创新意识、更多的新想法，这种新想法具有更强的新颖性。例如，生物医药行业的企业就更多是需要通过吸收高校以及科研机构的研究成果来完成产品更新。学者发现，来源于顾客，竞争者和供应商的信息，与一般意义上的技术信息相比，对企业的短期收益更有帮助，而来自技术报告、专利数据库、行业研讨会、科技杂志等媒介的信息针对性虽然较弱，但与企业的长期规划联系更加密切（Souitaris，2001）。

本书关于外部知识调节效应的理论假设通过了实证检验，总体讲，企业吸收能力与科学外部知识的结合能够提升突破性技术创新，而与行业外部知识的结合能够提升渐进性技术创新。这种关系的形成主要产生于不同知识类型与不同技术创新类型之间的联系，即行业知识与渐进性技术创新的联系以及科学知识与突破性技术创新的联系。基于以往的研究，渐进性技术创新往往被认为是市场驱动的，因为这类创新的大部分想法都来自于市场（Kohli、Jaworksi，1990），而突破性技术创新的想法主要来源于科研人员，被认为是技术驱动的（Dosi，1988），突破性技术创新更多地以科学知识为依托，而渐进性技术创新更多地以行业知识为依托。Amara 和 Landry（2005）以制造业企业为研究样本，对外部知识类型与企业技术创新的关系进行了实证研究，作者从新颖性程度将创新区别为重大创新和微小创新，研究得出这样的结论：相对于那些进行微小创新的企业，进行新颖性程度高的创新（重大创新）的企业往往更多地依赖于研发类知识来源（例如高校和研究所）。Amara 和 Landry（2005）对重大创新和微小创新的描述分别与本书中突破性技术创新和渐进性技术创新的含义比较接近，而且突破性技术创新和渐进性技术创新的主要区别就是所包含的知识的新颖程度（Dewar、Dutton，1986）。本书的结论在一定程度上加强了以上的理论观点，技术创新的新颖性和创造性越高，则与外部科研类知识吸收联系越密切，而新颖性不高的技术创新与行业知识吸收联系更明显。根据本书的分析结果，科学知识和行业知识对渐进性技术创新有直接作用，而对突破性技术创新没有直接的影响，需要与企业吸收能力相结合才能发挥作用，这也在一定程度上印证了先前学者的观点：对于突破性技术创新来说，与外部合作伙伴的合作不如企业内部能力作用大，突破性技术创新所需的知识对于企业来说吸收难度较大，需要企业拥有更高的吸收能力才能加以利用（Kaufmann、Todtling，2001）。此外，本书结果显示，潜在吸收能力对渐进性技术创新虽然没有直接的独立影响，但是与行业外部知识结合起来却能够显著提升渐进性技术创新，也就是说，行业外部知识正向调节潜在吸收能力与渐进性技术创新的关系。同时，根据本书结果，潜在吸收能力与科学外部知识结合起来并不会显著提升渐进性技术创新。可见，外部知识的存在和企业对知识的识别和重视会激发企业对潜在吸收能力的培养和运用，同时，知识获取和消化的价值还需要与外部知识的特征和性质结合起来考虑。

## 四、潜在吸收能力和现实吸收能力的互补性影响

互补性概念源于拉丁语“Complere”，意思是“补充，补全”，互补性指的是一项要素的边际效益随着另一个要素的增强而增强（Milgrom、Roberts，1994）。整合生产系统中两项或两项以上的互补性要素产生的整体经济效益大于单一要素本身的价值之和。资源之间的互补性反映在管理实践

中的现象是，改变一项要素提升企业绩效水平只有在某些其他要素也发生改变的时候才能实现（Milgrom、Roberts，1994；Yung-ching Ho，2011）。

基于现有的理论以及相关实证研究，本书通过二者的交互项以及绝对差额检验潜在吸收能力和现实吸收能力的互补效应，可以说是对吸收能力相关研究，尤其是实证研究的推进和深入。研究结果显示，以突破性技术创新为因变量时，“潜在吸收能力×现实吸收能力”回归系数为正，并具有统计显著性，说明潜在吸收能力和现实吸收能力的整合能够产生附加价值，以渐进性技术创新为因变量时，“潜在吸收能力×现实吸收能力”回归系数不具有统计显著性，结合先前研究文献（Moorman、Slotegraaf，1999；Baker、Sinkula，1999；Song 等，2005）对企业资源或能力间交互作用的分析，认为潜在吸收能力和现实吸收能力会提升彼此对突破性技术创新的作用。本书以绝对差额衡量潜在和现实吸收能力是否发展平衡，这个指标值越小则说明二者的发展越均衡，值越大，则表明二者的发展越不均衡。以突破性技术创新为因变量时，“|现实吸收能力－潜在吸收能力|”回归系数为负，并具有统计显著性，结合先前研究文献（Damanpour、Evan，1984；Slater、Narver，1994；Yung-ching Ho，2011）对企业资源或能力间均衡发展的分析，认为当企业的现实吸收能力和潜在吸收能力差距较大的时候，不利于突破性技术创新的进行，过于强调现实吸收能力或潜在吸收能力会阻碍突破性技术创新。以渐进性技术创新为因变量时，“|现实吸收能力－潜在吸收能力|”回归系数不具有统计显著性。总体上，研究结果说明，两种子能力的互补效应对技术创新的作用在突破性技术创新上表现明显，在渐进性技术创新上表现不明显。

可以这样理解这个研究结果：本书回归方程显示，只有现实吸收能力对渐进性技术创新具有显著正向影响，潜在吸收能力没有显著的影响。或者说，渐进性技术创新体现的主要是现实吸收能力的影响，而与潜在吸收能力关联不大。吸收能力的培养和保持需要企业投入很大的精力和财力，而渐进性技术创新强调的更多的是效率的提升和成本的降低。基于本书的结果，现实吸收能力本身对突破性技术创新和渐进性技术创新都具有正向的直接影响，与潜在吸收能力整合之后，对突破性技术创新的影响增强了。这个研究结果给了我们一些启示：Henderson 和 Clark（1990）指出，突破性技术创新，对于外部新知识的需求非常高，需要企业获取与现有知识结构不同的新知识。突破性技术创新既要求企业从外部取得新知识，也要求企业及时地实现知识的转化和利用，也就是说同时具备较高的潜在吸收能力和现实吸收能力。对于渐进性技术创新来说，情况或许就不一样了，一方面，渐进性技术创新旨在巩固现有能力和资源，提升效率，对新知识的需求不明显；另一方面，外部知识获取和消化会增加企业成本和风险，消耗管理者精力，可能反而在短期内降低企业效率。而且，还需要考虑权变因素的影响，正如本书显示，制度环境的改善会加强潜在吸收能力对渐进性技术创新的影响，可以认为对潜在吸收能力与渐进性技术创新关系的考察仅仅关注直接影响是不够的，因为环境等因素可能会改变它们之间的关系。对于突破性技术创新来说，潜在吸收能力和现实吸收能力的效果的实现需要彼此的辅助，同时只有在二者平衡发展的情况下，企业才能实现较理想的技术创新成果。如果企业要在潜在吸收能力弱的情况下进行技术创新，就意味着企业可利用的新知识很有限，这将在很大程度上降低技术创新的新颖性。企业潜在吸收能力较强，表明企业愿意接近外部的新知识和信息，更加关注于新兴市场和技术，以便产生突破性技术创新的创意，全新的顾客价值。这类企业往往愿意投入较多的资源进行知识探索和新领域的尝试。潜在吸收能力和现实吸收能力的共同作用会提升突破性技术创新成果。另外，潜在吸收能力和现实吸收能力之间的差距过大将会抑制突破性技术创新。如果潜在吸收能力远高于现实吸收能力，企业要面临很大的风险。因为探索和尝试性的活动往往伴随着高成本、高不确定性。企业过于关注潜在吸收能力的培养可能会增大企业的投入，形成有待开发的想法很多但是无法实践的局面，最终导致组织成本的增加。如果现实吸收能力远高于潜在吸收能力，容易形成组织近视，核心能力刚性，潜在吸收能力的缺乏可能会导致企业的产品缺乏新颖性和创造性，无法应对环境变动，而这两种局面都不利于突破性技术创新的进行。

# 第六章　结论与展望

吸收能力概念在很多领域的相关研究中都是非常重要的解释变量，例如，组织学习、战略联盟以及基于资源观的竞争优势等。在过去的几十年里，企业的竞争规则发生了变化，越来越以知识为基础（Prahalad、Hamel，1990）。外部环境错综复杂，成功的机会往往是昙花一现，这些都要求企业具有高度的适应能力，那么，如何不断地充实自己的知识储备，不断地积累新的知识，利用企业的吸收能力快速识别市场机遇，高效利用外部新知识实现企业成长，已成为企业创造和保持核心能力的关键影响因素。

可以说，未来的成功企业必将是那些把知识作为独特生产要素，并能够有效地运用知识解决问题的企业。技术创新活动可以说是一种知识商业化应用的能力，只有能够不断创新的企业才能实现持续地成长。只有那些能够不断地从外部环境中获取、消化、转化并利用知识的企业才能够具备创新必需的知识，而这个能力就是企业的吸收能力。本书对企业吸收能力与技术创新的关系进行了论证，并考虑了制度环境以及外部知识的调节效应。

已有的吸收能力相关的研究成果为研究提供了一个很好的“平台”，这个“平台”为实证研究提供了坚实的理论基础，更重要的是，通过这个“平台”，能够发现一些企业吸收能力研究可以进一步深入的地方。本书的研究内容为：在中国情景下，实证分析企业吸收能力与技术创新之间的关系，以及制度环境和外部知识类型对这个关系的调节机制。本书在理论方面较为全面、系统和动态地剖析企业吸收能力对突破性技术创新与渐进性技术创新的影响，一定程度上丰富了以往对于企业吸收能力的欠系统和静态的研究。本书得出的结论不仅可以为企业吸收能力研究的发展提供实证支持，同时还能够为我国企业知识利用和创新实践提供一定的借鉴。

## 第一节 主要结论与发现

本书在研究中，紧跟国际学术理论前沿，力求将理论创新与实践应用相结合，从文献研究中寻求机会，从管理实践中挖掘问题。期望在已有研究上有所突破，为相关理论发展带来思考，为企业界带来启示。

本书得出的结论说明，能够持续开展创新活动的企业是具有较强吸收能力的企业。借由组织的吸收能力，企业可以较为充分地了解组织的外部环境，提高组织的战略柔性，从而快速地调用和配置组织的内外部资源，满足企业发展的需求。与企业的产品或服务相关的知识和能力是企业长期知识吸收和组织学习的结果，具有路径依赖性和因果模糊性，很难实现模仿与复制。此外，通过外部知识吸收，企业可以较为充分地了解自身的能力和外部环境的机会，从而更好地理解市场和消费者需要变化，实现内外部资源整合，使资源具有衍生性。本书得出以下主要的结论：

第一，企业吸收能力子能力间动态互动与技术创新关系的研究。本书从两个方面研究技术创新，分别是突破性技术创新和渐进性技术创新；从两个方面研究企业吸收能力，分别是潜在吸收能力和现实吸收能力。研究沿着这个发展思路展开：企业吸收能力对技术创新的促进作用已经基本上得到了学界的认同，而企业吸收能力子能力对不同类型的技术创新影响的研究却非常缺乏。

Zahra 和 George（2002）通过对先前文献的研读，发现，许多文章对企业吸收能力与创新等绩效产出的影响进行了研究。他们强调，这些绩效产出反映的是现实吸收能力对企业的影响，而潜在吸收能力得到的关注非常少，也就说对企业吸收能力的考察要从两个方面——潜在能力和现实能力入手，单单关注现实吸收能力容易造成研究和理解上的偏颇。Zahra 和 George（2002）强调，二者在企业中是同时存在的，是促进企业创新和绩效的必要条件。鉴于此，很有必要在研究中同时考察潜在吸收能力和现实吸收能力的效用。

现有相关研究中所考察的影响因素相对分散，缺乏更加紧密的整体逻辑性，所展示出的吸收能力与技术创新的关系还不够清晰。现有研究的不足之一体现在研究吸收能力与技术创新关系时将技术创新看成一个单一维度的概念，往往用新产品数量等指标进行简单的替代。实际上，技术创新是一个非常复杂的概念，对它的研究，仅仅从单一维度入手是很不够的。对于渐进性技术创新和突破性技术创新的分类研究的根源可以追溯到熊彼特的研究，熊彼特指出，创新思想是偏离现有技术和标准的操作流程的催化剂（熊彼特，1990）。突破性技术创新和渐进性技术创新需要不同的企业能力和管理方式（Henderson、Clark，1990）。因此，不区分类型的技术创新研究很可能无法完全反映影响因素与技术创新之间的复杂关系。本书的分类研究则很大程度上丰富了企业吸收能力理论。

对于企业能力或资源间的互补效应，一些学者通过能力或资源间交互项检验来验证（Moorman、Slotegraaf，1999；Baker、Sinkula，1999；Song等，2005；He、Wong，2004；Yung-ching Ho，2011），一些学者通过能力或资源间的比率来验证（Jansen、Van den Bosch、Volberda，2003），另有一些学者通过能力或资源间绝对差额来验证（He、Wong，2004；Yung-ching Ho，2011）。通过分析发现，以上检验方式都有一定的理论基础，但强调的重点和阐述的视角不同，交互项检验强调能力或资源间作用发挥需要彼此的辅助，而比率和绝对差额检验则强调能力或资源间需要平衡发展。基于现有研究的启发，本书通过二者的交互项以及绝对差额测度潜在吸收能力和现实吸收能力间的互补效应。

本书对潜在吸收能力与现实吸收能力互补效应的研究与资源基础论（Barney，1991），互补性理论观点（Milgrom、Roberts，1994）以及战略匹配理论观点（Venkatraman，1989）相吻合。此前已有学者作出了尝试，例如，Yung-ching Ho（2011）研究发现，技术能力与设计能力对技术商业化具有各自独立的作用，同时，二者的交互作用对技术商业化具有正向影响，二者间的不平衡对技术商业化具有负向影响。李雪松（2009）从战略匹配视角出发，研究发现，IT型和学习型知识管理的交互作用提升长期绩效，而二者的差异（| IT型－学习型 |）与长短期绩效都无关联。

第二，制度环境调节效应。环境是对企业经营绩效产生持续的潜在或者显现影响的各种外生因素的总和。企业环境是一个范围广泛的概念，包括企业以外的一切事物、现象，如文化、法律等，同时也包括供应商、顾客、竞争对手、政府机构等，对企业生存、成长至关重要。在环境不确定的情况下，企业越来越面临着既要能够成功变革又要保持已有优势这两方面的压力。企业的运营过程中，无时无刻不在与外部环境进行着信息、资源等方面的交流。任何组织的活动都无法脱离环境的影响，组织活动都会嵌入在环境中。

本书以制度环境作为调节变量之一，检验制度环境对企业吸收能力与技术创新关系的调节作用。制度视角能够在很大范围解释企业和环境的关系（DiMaggio，1988）。“哪些组织生存下来以及它们如何演进，根本上都是受制度结构的影响”（North，1990）。制度环境的变化会影响企业的资源及能力配置，进而影响企业的战略选择。当企业处于高度动态的制度环境当中时，高层管理者必须制定富有创新性的战略才能应对外部运营制度环境的变化，接受外部环境的挑战。现有的文献中，学者们对知识吸收过程与组织产出之间关系的影响因素研究不足。企业吸收能力在不同的制度环境下对突破性技术创新和渐进性技术创新作用的差异能够加深我们对制度理论的理解。

企业吸收能力对技术创新的提升作用在现有很多文献中都得到了不同程度的证实。但这其中也存在着一个不足，即这个作用关系会受到什么因素的影响，也就是调节变量的研究。不管是什么样的企业，其运转和成败都要受到环境很大的影响。企业的创新活动在很大程度上就是企业对环境变化的适应性改变，甚至是引导。可见外部环境对企业创新行为及结果的影响是非常大的。快速变化的外部环境对企业能力提出新的要求，对行业竞争态势提出挑战，甚至具有革命性的破坏性（Tushman、Anderson，1986），强迫企业产生新的竞争力。企业的任何能力的创造和利用以及其作用效果都离不开环境的影响。企业的活动会受到外部环境的影响，环境是对企业经营绩效产生持续的潜在或者显现影响的各种外生因素的总和，企业活动都会嵌入在环境中。本书关注的是制度环境的调节效应。制度理论认为，制度决定着约束与规则，掌控经济和市场活动（North、1990）。对中国转型经济企业行为的研究很有意义，制度环境的考察有助于缓解无情境思想的局限性。

第三，外部知识类型调节效应。本书将外部知识类型（科学外部知识和行业外部知识）纳入理论模型中，以期更全面地展示出企业吸收能力对技术创新的影响。企业吸收能力对企业技术创新以及绩效的正向影响在现有的文献中基本上得到了证实，大量学者都对这个问题进行了理论以及实证研究。现有文献没有充分关注的一个问题是外部知识对吸收能力与技术创新关系的影响。企业外部知识，不论是性质还是类型，都有不同的分类，对企业技术创新的影响也不尽相同。本书基于理论挖掘和现有文献的分析，认为，不同类型外部知识（科学外部知识与行业外部知识）与吸收能力结合，会对不同类型技术创新产生影响。

March（1991）指出，大部分的创新都是借来的而非发明出来的，企业不可能仅凭内部知识开发来进行创新活动，往往需要从外部环境中吸收新的知识。企业知识符合资源基础论所说的能够形成竞争优势的条件（有价值的、难以模仿的以及不能复制的）（Barney，1991）。知识是创新过程一种最重要的投入之一。考虑到吸收能力是一种基于知识的概念，那么吸收能力与技术创新被广泛地研究就不足为奇了。

将突破性技术创新和渐进性技术创新与吸收能力联系起来考虑是很有价值的，因为突破性技术创新和渐进性技术创新都具有一定的知识探索的成分，只是程度不同。多数的研究集中在渐进性创新上（Lane 等，2006），将突破性创新与吸收能力联系起来是很有趣的研究。突破性技术创新与渐进性技术创新相比更具探索性，要求企业在资产和知识基础等很多方面做出调整（Henderson、Clark，1990）。由此可见，突破性技术创新与企业的学习动机，创新试验更加相关，同时突破性技术创新意味着企业需要在现有知识领域外运行，不同领域的知识需要彼此之间连接以产生突破性技术创新产出。

本书从多维度入手对企业吸收能力进行研究，探讨企业吸收能力与突破性技术创新以及渐进性技术创新之间的关系：潜在吸收能力、现实吸收能力对技术创新（突破性技术创新与渐进性技术创新）产生的直接的影响，制度环境和外部知识类型对以上理论关系的调节效应，除了独立的作用之外，笔者还探讨了潜在吸收能力和现实吸收能力之间互补效应对技术创新的作用。下面笔者将对本书的研究结论进行详细的介绍：

第一，潜在吸收能力对技术创新的直接影响。技术创新活动可以说也是一个知识的商业化产出的过程。没有新知识的加入，技术创新活动无法完成。任何企业都无法拥有技术创新活动所需的所有知识，这样一来，从外界获取并利用知识的能力就非常重要了，也就是所说的企业吸收能力。本书对企业吸收能力与两类技术创新（突破性技术创新和渐进性技术创新）之间的关系进行了实证分析。

可以说，吸收能力对技术创新的促进作用已经被很多研究证实了。吸收能力不同构成要素与不同类型的技术创新之间有怎样的关系呢？企业的吸收能力能够细分成两种子能力——潜在吸收能力和现实吸收能力。通过研究发现，潜在吸收能力对突破性技术创新具有显著的提升作用，且这种影响大于对渐进性技术创新的影响。实际上，根据本书的实证检验结论，潜在吸收能力对渐进性技术创新有正向影响倾向，但是没有统计显著性。现有吸收能力研究大多旨在反映现实吸收能力，而潜在吸收能力的价值也不能忽略，因为这种能力能够大大提升企业的战略柔性，增加企业的战略选择，是现实吸收能力存在的基础（Zahra、George，2002）。Fosfuri 和 Tribo（2006）基于 Zahra 和 George（2002）的研究，对潜在吸收能力的前因变量以及潜在吸收能力对企业创新绩效的影响进行了实证检验，发现企业的研发合作、研发外购，以及知识搜索经验能够提升潜在吸收能力，同时，潜在吸收能力能够显著提升企业的创新绩效，而且这种提升作用在具有较好的整合机制的企业中更加明显。钱锡红（2010）建立起企业网络位置，吸收能力与创新绩效之间的关系，发现获取、消化、转化以及利用能力 4 个维度都能显著提升创新绩效。Xia 和 Roper（2008）对潜在吸收能力与探索性联盟（Exploratory Alliance）建立之间的关系进行了研究，潜在吸收能力能够影响企业通过探索性联盟获取知识的效果和效率。

潜在吸收能力对突破性技术创新的显著影响反映出，潜在吸收能力，由于更加强调对外部新知识的获取和消化，强调新知识的进入，与突破性技术创新对新知识的需求非常吻合，因而对突破性技术创新的作用非常显著。潜在吸收能力强调新知识的取得，而渐进性技术创新强调现有知识的巩固利用，因而潜在吸收能力对技术创新的影响主要体现在突破性技术创新上，突破性创新要求企业不断更新知识库，充分利用外部有价值的新知识。此研究结果一定程度上印证了先前学者的观点，例如，Liao、Welsch 和 Stoica（2003）在研究就吸收能力与组织反应力（Responsiveness）之间的关系进行了实证研究。作者检验外部知识获取（External Knowledge Acquisition）以及企业内部知识扩散（Intrafirm Knowledge Dissemination）这两个吸收能力维度与组织反应力之间的关系，以及环境动态性与企业战略导向对此关系的调节作用。研究发现，外部知识获取以及企业内部知识扩散这两个吸收能力维度对组织反应力具有积极的影响，而且这个关系受到环境动态性和战略导向的调节作用。研究结果显示，样本企业的绩效会提升：①如果它们具有较高的外部知识获取以及企业内部知识扩散能力；②具有较高的外部知识获取能力同时采取积极的战略导向；③企业面临动态的环境，具有较高的内部只是扩散能力。

第二，现实吸收能力对技术创新的直接影响。根据本书的结论，现实吸收能力对企业技术创新的作用至关重要。现实吸收能力（转化和利用能力）的重要性，不仅能够促进突破性技术创新也能提升渐进性技术创新。Zahra 和 George（2002）在研究中指出，企业的现实吸收能力（转化和利用能力）对技术创新活动具有重要的作用，既能起到路径创造的作用，也能起到路径完善的作用。Lichtenthaler（2009）从过程视角（Process-based）入手对企业吸收能力与企业创新及绩效的关系进行了实证研究，认为，企业吸收能力包括探索性、转化性、利用性学习这 3 个过程。其中，探索性学习与 Zahra 和 George（2002）模型中的潜在吸收能力相符合；利用性学习则反映 Zahra 和 George（2002）模型中的现实吸收能力。Lichtenthaler（2009）研究发现，探索性学习与企业创新无关联；转化性学习显著提升创新；利用性学习也具有显著影响，且影响的显著性水平高于转化性学习。本书对技术创新的分类研究进一步推进了学界对现实吸收能力与技术创新关系的认识。

第三，制度环境的调节作用。本书对制度环境的调节效应进行了研究：制度环境的完善程度对企业吸收能力与突破性和渐进性技术创新关系的调节作用。外部环境被认为是影响企业战略的关键要素之一（Porter，1998）。与西方社会不同，我国处于转型经济体制中，我国的企业需要学会在这种不完善的市场中开展竞争（Peng，2002）。学界已经认识到转型期我国企业进行技术创新面临的制度压力。在我国，政府推动并控制着这个转型过程（Tan、Tan，2005）。因此，政府控制，而非市场竞争，成为我国企业技术创新的重要外部影响要素。我国企业需要以技术创新战略来适应变化着的商业环境（Tan、Tan，2005）。整体上讲，市场环境和政府政策对我国企业技术创新具有明显的影响。

本书将制度环境作为调节变量纳入分析框架中，以期完善对吸收能力与技术创新关系的理解。通过研究发现，总体上讲，制度环境越完善，潜在和现实吸收能力的影响越大。当制度安排支持有效市场机制所需的自愿交易时，这种安排较强，而当制度安排不能保证有效市场运行的时候被认为较弱。在发达国家，市场机制较健全，因此制度环境好像是“无形”的，而在发展中国家，市场支持制度的缺失是较明显的。可以这样理解本书的结论，制度环境的不完善使得企业吸收能力投资激励降低，而是更多地转向建立与政府之间的联系。制度环境不完善说明政府对资源的支配权力很大，企业所需的资源更多地控制在政府的手中而不是市场中。企业很难通过单纯的市场手段获得所需的资源，与政府部门和官员建立密切的关系显得更加有效。先前的研究也指出，当例如合同法以及产权执行等法律制度比较弱的时候，企业或许会更多地依赖基于网络和关系的战略，以此发展出执行合同的能力，这些合同更多的时候是非正式的（Peng、Heath，1996），这使得吸收能力的作用在制度环境不好的情况下效用不明显。同时，制度环境完善的情况下，知识流转较为顺畅，技术发展快速，外部知识变动快速，吸收能力的作用也会更加凸显。

为了企业在社会中持续经营，激发企业对外部信息和知识的吸纳及学习，公司高层管理者和相关部门需要超越传统视野，在关注外部技术环境和市场环境的同时，应该充分注意到规则、规范和认知制度中的各种要求、规范、准则、理念和价值观。技术发展的重要性毋庸置疑，不管是在转型经济环境中，还是在市场机制环境中，技术本身的发展都会引导企业的战略选择，但是在市场机制不发达的环境中，规则、规范和文化的影响很多时候是至关重要的。国家有关部门应该充分注意到政府规制和政策导向对于企业行为、战略选择以及绩效或创新结果的影响，进一步建立和完善有关政策法规，依照市场规律制定企业激励机制以及相应的惩处措施，推动我国企业的市场行为的履行。政府相关部门需要重视行业内部治理和标杆企业的导向作用，引导企业积极交流信息、展开创新活动。为了进一步推动企业吸收能力的发挥，政府相关部门需要更好地支持个人的创业行为，为有意创业的个人提供特别的支持，为那些帮助新企业发展的机构提供支持。政府需要创建这样的制度氛围：创新性和创造性的思维方式被认为是成功之路，企业家是被羡慕和尊敬的人，人们非常羡慕和尊敬创办企业的人。政府管理部门以及相关行业组织需要帮助人们懂得如何通过法律途径保护新企业，帮助创业者知道如何应对风险、如何管理风险、如何寻找关于产品的市场信息。

第四，外部知识类型的调节作用。本书发现，科学外部知识在企业吸收能力与突破性技术创新之间发挥正向调节影响、行业外部知识在企业吸收能力与渐进性技术创新之间发挥正向调节影响。学者指出，渐进性技术创新往往是市场驱动的，大部分想法都来自于市场（Kohli、Jaworksi，

1990）。突破性技术创新更多的是技术驱动的（Dosi，1988），是能力破坏性的，主要来源于科研人员。本书得出这样的结论，突破性技术创新更多地通过吸收能力和科学知识结合来实现，而渐进性技术创新更多地通过吸收能力和行业知识结合来实现，印证并加深了先前研究：Todtling、Lehner 和 Kaufmann（2009）研究发现，不同类型的技术创新活动依赖于特定的知识来源和知识联系，较先进的创新更多地依赖科学知识，这类知识来源于高校和科研机构，通过人际的互动加以传播；渐进性技术创新往往是通过与行业合作者的互动实现的。本书将外部知识作为调节变量纳入分析框架中，以便深入对吸收能力与技术创新关系的认识，吸收能力与不同类型外部知识的结合对不同类型技术创新的效应不同。

第五，潜在吸收能力与现实吸收能力的互补效应对技术创新的影响。吸收能力是一个整体的能力，潜在吸收能力和现实吸收能力是彼此独立、互相影响、互补的能力（Zahra、George，2002）。本书通过实证检验发现，潜在吸收能力、现实吸收能力互补效应正向影响突破性技术创新但不影响渐进性技术创新。

基于资源基础论（Barney，1991）、战略匹配观点（Venkatraman，1989）、互补性观点（Milgrom、Roberts、1994）以及相关理论和实证研究，本书通过交互项和绝对差额相结合来测度潜在吸收能力和现实吸收能力的互补效应。如果交互项作用显著，可以认为，潜在吸收能力会提升现实吸收能力对技术创新的作用，反之亦然；如果绝对差额对技术创新呈负向作用，可以认为，二者的差距越小，发展越均衡，越能促进技术创新。本书对潜在吸收能力和现实吸收能力互补性的检验既能反映出互补性的理论含义，也能在实证检验方面综合现有互补性检验方式。资源理论、互补理论以及战略匹配理论等都蕴含着这样的观点，资源的结合能够产生附加值。资源互补性指的是进行一项活动能够增加另一项活动的回报（Milgrom、Roberts，1995；Venkatraman，1989）。互补性的资源彼此不同，但是相互影响，相互支撑。互补性资源的整合效应比单独效应的加和要大，互补性资源的使用会产生附加值效应、协同的效果（Milgrom、Roberts，1995）。

研究结果显示，潜在吸收能力与现实吸收能力的互补效应能够显著提升突破性技术创新，但不会显著提升渐进性技术创新，也就是说，对于突破性技术创新，企业需要同时培养潜在和现实吸收能力，并实现二者的均衡发展，实现二者的互补效应。以往的研究也证明，企业竞争优势往往是企业不同资源和能力互相补充和互相加强的结果（Moorman、Slotegraaf，1999；Baker、Sinkula，1999；He、Wong，2004；Yung-ching Ho，2011）。企业借助吸收能力，通过对外部知识的获取、消化，以及之后的转化和利用，摆脱原有知识基础的束缚，产生了新的知识基础，克服建立在原有知识基础上的结构惯性。在此过程中，潜在吸收能力和现实吸收能力产生互补效应，提升突破性技术创新的可能。这也正说明了企业竞争优势来自于企业的资源及能力的整合效应（Teece，2007）。潜在吸收能力和现实吸收能力协调发展产生的整体能力能够为企业带来独特的价值和影响，可以说，这种影响预示着企业在其他维度相对缺乏的情况下，单独提升吸收能力的某一子能力所产生的边际效应是很低的。潜在和现实吸收能力虽然界限明显，但是二者之间相互依存、相互影响并相互加强。潜在和现实吸收能力协调发展的收益超过了单独子能力的正向影响。企业在培养吸收能力的过程中应该充分考虑到潜在和现实吸收能力之间的复杂关系，既需要考察二者之间的冲突，又要考虑二者之间的整合。潜在吸收能力和现实吸收能力互动关系形成一种动态能力，正是这种动态性形成企业竞争优势来源。

## 第二节　研究局限与研究展望

本书通过努力在很大程度上保证了研究结果的科学性，但是由于个人能力、时间等主客观原因，研究还是存在一些局限，主要体现在以下几个方面：

第一，问卷调查范围。本书在数据收集的过程中尽量遵循科学的程序进行，以保证研究结果的可靠性。但由于一定的主客观原因，还是会有一些研究不足。虽然最终锁定的样本企业涉及较多的行业和规模，由于笔者的能力以及时间等方面的限制，样本企业所在省份数量相对有限，收集的数据可能带有一定的地域特征，影响研究结论的普适性。

第二，数据收集方式。本书的数据收集方式是问卷调查法。问卷调查法在学界运用非常普遍，可靠性已经得到了广泛的认可。但毕竟是通过填答人的主观反馈来进行测评，难免会掺杂被调查者的主观因素，而这又可能会影响研究结论的科学性。还需指出的是，变量之间虽然具有因果联系，但变量间的作用可能呈现一定的时滞，例如，吸收能力对技术创新的作用可能要经过一段时间才会显现出来。二手数据收集方式可能更能体现出这种时滞。

第三，变量测度。本书对吸收能力和技术创新各维度的测量主要是借鉴相关领域国内外权威期刊上的现有研究成果。可以说选取的量表都具有一定的权威性和可靠性。需要指出的是，虽然这些量表的信度和效度在外文文献得到了一定的证实，但是基本上还是基于西方情景下进行的研究。研究中涉及的概念还没有较成熟的基于中国情景的研究和检验。

已有的企业吸收能力相关研究已经经历了多年的发展，取得了很多有价值和具有启发性的研究结果，已有的研究中，学者已经对吸收能力的概念构建、影响因素、作用效果等问题进行了一定程度上的研究，得出的结果对后续的研究也具有很大的借鉴意义。学界对吸收能力的理解和研究不断深入。经过对文献的整理和研读，对吸收能力理论脉络的整理，笔者认为，吸收能力相关研究未来的研究方向为：

第一，吸收能力概念的拓展。吸收能力是一个含义丰富的概念。吸收能力不仅存在于个体，也存在于企业层面，乃至地区和国家层面。吸收能力概念本身还有很多可探寻和发展之处。首先，个体吸收能力研究：个体吸收能力主要取决于个体先前的知识结构，企业吸收能力具有组织特征，而不等于企业成员吸收能力之和，企业对吸收能力的培养需要更多地考虑它的组织性独特特征（Cohen、Levinthal，1990）。很显然，企业吸收新知识的能力不仅仅取决于员工的先前知识，更重要的是，企业吸收能力取决于促进吸收能力形成的组织因素，也就是说企业整体的吸收能力。Cohen和Levinthal（1990）认为，企业的吸收能力包括企业成员之间的沟通联系以及知识的分享。企业吸收能力与个体吸收能力不同。个体吸收能力指的是员工个人的先前知识和经验，企业吸收能力强调更多的是组织沟通和信息结构以及合作的组织文化。企业和个体吸收能力并不是对立的。实际上，这两种吸收能力在企业中是共存的。学者们对个体吸收能力的研究明显不足，此问题是未来研究方向之一。另外，相对吸收能力：Lane和Lubatkin（1998）指出，现有很多文献研究都是基于这样一个大前提，即企业吸收能力是一个绝对概念，对于不同的知识来源的价值是相同的。但实际上，吸收能力是相对的，取决于知识的来源和接收者两个方面，即“老师”和“学生”两个方面。二者在知识基础、组织结构等方面的相似程度能够在很大程度上影响知识吸收的效果。这个问题也是未来研究的方向之一。

第二，吸收能力形成机制研究。吸收能力是一个内涵丰富的多层面、多维度概念，被应用在很多学科研究中。吸收能力的形成和发展是一个多要素互动的复杂过程，不仅与企业自身因素相联系，也无法摆脱环境要素的影响。吸收能力的形成机制是怎样的？各级层面影响因素之间相互作用又与吸收能力有怎样的关系？这个问题需要更多讨论。哪些企业内外部因素能够影响吸收能力的产生和发展还需要进一步深入研究。

第三，吸收能力作用机制以及作用过程的研究。目前学界对吸收能力结果变量的研究主要集中于技术创新和企业绩效以及知识转移。可以说，企业吸收能力对创新等结果变量的作用在很大程度上得到了学界的一致认可。在未来的研究中，学界非常有必要对吸收能力的作用机理进行深入的分析，换句话说，有必要对之间产生作用的中介变量进行更多的研究，例如，企业吸收能力究竟是通过提升企业的哪些能力进而提升了企业的绩效水平或知识转移的效果。这个作用机理的细致研究，有助于更加深入地分析吸收能力的作用过程和作用方式。

第四，结合案例研究方式，进一步剖析与检验本书的一些命题和结论。案例研究能够使理论研究更加深入和扎实，丰富以往吸收能力的理论模型，对理论的发展和深入至关重要。虽然如此，出于笔者自身能力的不足，以及客观上的种种限制，笔者在研究中没有进行案例分析，只进行了一般性样本统计分析。未来的研究还需要注意积累和剖析相关典型案例，检验相关命题和结论。样本统计分析结合案例分析能够加深对吸收能力与技术创新关系的理解。

第五，针对吸收能力内部维度之间的关系进行深入研究。吸收能力是一个多维度的概念，是基于不同能力形成的动态能力。但这个问题在现有文献中研究不足，是未来研究的一个很有意义的研究问题。吸收能力几个维度之间并不是简单的先后和因果关系。例如，知识转化旨在将看似不相关的信息和知识进行整合并形成新知识，知识利用实现知识商业化转变，知识的转化和利用离不开企业对知识的获取与消化（Zahra、George，2002），反过来又会作用于企业的知识基础（Lane，2006）。在现实中，很多企业面临着类似的外部知识环境，但对知识价值的认识却并不相同，这是因为先验知识影响了企业对外部知识价值和发展趋势的判断。知识利用不仅仅实现商业化应用，同时也会增加企业的知识储备，进而提升企业识别知识价值的能力，促进知识循环并螺旋上升。现有研究并没有对这些维度之间的关系进行深入探讨。此问题是未来研究的方向之一。

# 附　录

## 问卷

尊敬的先生/女士：

感谢您为填答问卷付出的宝贵时间，感谢您对本书的支持。问卷旨在反映您的真实想法，答案没有对错之分。问卷采用匿名填答方式，对您回答的信息，我们绝对不会泄露，只作学术研究之用。请您依据自身和企业实际情况填写，谢谢！

### 第一部分

企业基本信息

| 1. 您所在企业经济属性： | A. 国有企业　B. 私营企业　C. 中外合资企业　D. 外资企业 |
|---|---|
| 2. 您所在企业成立年限： | A. 3 年及以下　B. 4 ~ 6 年　C. 7 ~ 10 年　D. 10 年及以上 |
| 3. 您所在企业所属行业： | A. 电子信息　B. 生物医药　C. 航空航天　D. 新材料<br>E. 环保与新能源　F. 其他（请填写行业名称［　　　］） |
| 4. 您所在企业员工总数： | A. 100 人及以下　B. 101 ~ 300 人　C. 301 ~ 500 人<br>D. 501 ~ 1000 人　E. 1001 人及以上 |
| 5. 您所在企业地理位置： | ［　　　］省［　　　］市（请填写省市名称） |

## 个人基本信息

| | |
|---|---|
| 6 您的性别： | A. 男　B. 女 |
| 7. 您在公司的职位： | A. 董事长或总经理　B. 高层管理人员　C. 中层管理人员<br>D. 中层以下 |
| 8. 您在目前企业工作的年限： | A. 3 年及以下　B. 3～5 年　C. 6～10 年　D. 10 年及以上 |
| 9. 您的年龄： | A. 25 岁及以下　B. 26～35 岁　C. 36～45 岁　D. 46 岁及以上 |
| 10. 您的学历： | A. 专科及以下　B. 本科　C. 硕士　D. 博士或博士后 |

# 第二部分　问卷正文

以下描述与贵公司的实际情况相比：

1. 很不符　2. 一般不符合　3. 中等　4. 一般符合　5. 很符合

| | |
|---|---|
| A1. 经常和其他公司接触获得新知识 | 1　2　3　4　5 |
| A2. 本公司员工经常拜访其他公司 | 1　2　3　4　5 |
| A3. 经常通过非正式方式（与行业朋友一起吃饭或谈话等）收集信息 | 1　2　3　4　5 |
| A4. 从来不接触其他公司 | 1　2　3　4　5 |
| A5. 经常接触类似于咨询公司或专家这样的第三方 | 1　2　3　4　5 |
| A6. 定期与客户或第三方进行会面以获取新知识 | 1　2　3　4　5 |
| A7. 对市场的变化很迟钝 | 1　2　3　4　5 |
| A8. 能很快识别、理解服务客户的新机会 | 1　2　3　4　5 |
| A9. 能够迅速地分析并理解市场需求的变化 | 1　2　3　4　5 |
| A10. 经常考虑利用新产品和服务改变市场需求 | 1　2　3　4　5 |
| A11. 员工经常记录并储存新近获得的知识，并在需要的时候加以使用 | 1　2　3　4　5 |
| A12. 员工能够快速地识别出外部新知识对企业现有知识的用途 | 1　2　3　4　5 |
| A13. 员工几乎不分享彼此的经验 | 1　2　3　4　5 |
| A14. 利用外部新知识来为我公司创造新的发展机遇很困难 | 1　2　3　4　5 |
| A15. 定期开会讨论市场趋势的变化和新产品的开发 | 1　2　3　4　5 |
| A16. 员工对自己的工作应该怎么做非常清楚 | 1　2　3　4　5 |
| A17. 顾客的投诉无人理会 | 1　2　3　4　5 |

续表

| 以下描述与贵公司的实际情况相比：<br>1. 很不符 2. 一般不符合 3. 中等 4. 一般符合 5. 很符合 | |
|---|---|
| A18. 公司内职权分工明确 | 1 2 3 4 5 |
| A19. 经常考虑如何利用知识 | 1 2 3 4 5 |
| A20. 采用新产品和服务模式很困难 | 1 2 3 4 5 |
| A21. 员工对我们的产品和服务有共同的概念 | 1 2 3 4 5 |
| 贵公司最近5年左右，每一类活动的发生次数（频率）：<br>1. 从未有过 2. 很少（1~2次） 3. 有时（3~5次） 4. 频繁（6~10次）<br>5. 非常频繁（超过10次） | |
| B1. 在市场上引入全新的产品 | 1 2 3 4 5 |
| B2. 在产品的研制上引入最新理念 | 1 2 3 4 5 |
| B3. 开发和引入全新技术 | 1 2 3 4 5 |
| B4. 创造全新的技术和工艺 | 1 2 3 4 5 |
| B5. 创造和引入现有产品的新类型 | 1 2 3 4 5 |
| B6. 开发更多产品样式 | 1 2 3 4 5 |
| B7. 改进现有产品和工艺 | 1 2 3 4 5 |
| B8. 降低现有产品的成本和能耗 | 1 2 3 4 5 |
| 以下描述与实际情况相比：1. 很不符 2. 一般不符合 3. 中等 4. 一般符合 5. 很符合 | |
| C1. 政府部门支持个人的创业行为 | 1 2 3 4 5 |
| C2. 政府愿意与新创企业和小企业签订产品合同 | 1 2 3 4 5 |
| C3. 国家和当地政府会为有意创业的个人提供特别的支持 | 1 2 3 4 5 |
| C4. 政府会为那些帮助新企业发展的机构提供支持 | 1 2 3 4 5 |
| C5. 即使创业失败，政府也会为重新创业提供支持 | 1 2 3 4 5 |
| C6. 将新点子转化为生意是令人羡慕和尊重的事业发展路径 | 1 2 3 4 5 |
| C7. 创新性和创造性的思维方式被认为是通往成功之路 | 1 2 3 4 5 |
| C8. 企业家是被羡慕和尊敬的人 | 1 2 3 4 5 |
| C9. 人们非常羡慕和尊敬创办企业的人 | 1 2 3 4 5 |
| C10. 人们懂得如何通过法律途径保护新企业 | 1 2 3 4 5 |
| C11. 创业者知道如何应对风险 | 1 2 3 4 5 |
| C12. 创业者知道如何管理风险 | 1 2 3 4 5 |
| C13. 多数人知道如何寻找关于他们产品的市场信息 | 1 2 3 4 5 |

续表

| 以下各个外部知识来源，作为行业和/或科学知识，对企业技术创新活动的重要性：<br>1. 很低　2. 一般低　3. 中等　4. 一般高　5. 很高 | |
|---|---|
| D1. 学术会议 | 1　2　3　4　5 |
| D2. 科学刊物 | 1　2　3　4　5 |
| D3. 专利成果 | 1　2　3　4　5 |
| D4. 与科研机构的合作 | 1　2　3　4　5 |
| D5. 与竞争者的合作 | 1　2　3　4　5 |
| D6. 与其他企业的合作 | 1　2　3　4　5 |
| D7. 与客户的合作 | 1　2　3　4　5 |
| D8. 与供应商的合作 | 1　2　3　4　5 |

问卷结束！非常感谢！

# 参 考 文 献

陈劲、戴凌燕：《突破性创新及其识别》，《科技管理研究》2002 年第 5 期。

邓建平、曾勇：《政治关联能改善民营企业的经营绩效吗》，《中国工业经济》2009 年第 2 期。

樊纲、王小鲁、朱恒鹏：《中国市场化指数——各地区市场化相对进程》2006 年报告，经济科学出版社 2007 年版。

冯天丽、井润田：《制度环境与私营企业家政治联系意愿的实证研究》，《管理世界》2009 年第 8 期。

方润生、李雄诒：《组织冗余的利用对中国企业创新产出的影响》，《管理工程学报》2005 年第 3 期。

郭爱芳：《企业 STI/DUI 学习与技术创新绩效关系研究》，浙江大学博士学位论文，2010 年。

黄俊英：《行销研究：管理与技术》，华泰文化事业公司 1996 年版。

李怀祖：《管理研究方法论》，西安交通大学出版社 2004 年版。

刘新民、李垣、冯进路：《企业内部控制机制对创新模式选择的影响分析》，《南开管理评论》2006 年第 2 期。

刘璐：《企业外部网络对企业绩效影响研究》，山东大学博士学位论文，2009 年。

刘艳巧：《社会资本和知识吸收能力对团队绩效的影响》，河北工业大学博士学位论文，2012 年。

龚毅、李垣、姜黎辉：《内部自主研发与购买技术关系研究——基于潜在型与现实型吸收能力的分析》，《科学学与科学技术管理》2004 年第 8 期。

罗党论、唐清泉：《中国民营上市公司制度环境与绩效问题研究》，《经济研究》2009 年第 2 期。

沙文兵：《吸收能力、FDI 知识溢出与内资企业创新能力——基于我国高技术产业的实证检验国际商务》，《对外经济贸易大学学报》2013 年第 1 期。

孙永风、李垣、廖貅武：《基于不同战略导向的创新选择与控制方式研究》，《管理工程学报》2007 年第 4 期。

李梅、柳士昌：《对外直接投资逆向技术溢出的地区差异和门槛效应——基于中国省际面板数据的门槛回归分析》，《管理世界》2012 年第 1 期。

李贞、杨洪涛：《吸收能力、关系学习及知识整合对企业创新绩效的影响研究——来自科技型中小企业的实证研究》，《科研管理》2012 年第 1 期。

李雪松：《环境不确定性对知识管理战略实施效果的影响》，重庆大学博士学位论文，2009 年。

马庆国：《管理统计》，科学出版社 2002 年版。

荣泰生：《SPSS 与研究方法》，五南图书出版公司 2006 年版。

彭维刚：《全球企业战略》，人民邮电出版社 2007 年版。

钱锡红、杨永福、徐万里：《企业网络位置、吸收能力与创新绩效：一个交互效应模型》，《管理世界》2010 年第 5 期。

陶锋：《吸收能力、价值链类型与创新绩效——基于国际代工联盟知识溢出的视角》，《中国工业经济》2011 年第 1 期。

陶永明：《企业技术创新投入对技术创新绩效影响机理研究——基于吸收能力视角》，《东北财经大学学报》2014 年第 1 期。

王唯：《吸收能力的研究现状与重新定位》，《外国经济与管理》2007 年第 7 期。

温忠麟、侯杰泰、张雷：《调节效应与中介效应的比较和应用》，《心理学报》2005 年第 2 期。

徐二明、陈茵：《基于知识转移理论模型的企业知识吸收能力构成维度研究》，《经济与管理研究》2009 年第 1 期。

徐二明、张晗：《企业知识吸收能力与绩效的关系研究》，《管理学报》2008 年第 6 期。

许庆瑞：《研究发展与技术创新管理》，高等教育出版社 2000 年版。

熊彼特：《经济发展理论》，商务印书馆 1990 年版。

余明桂、潘红波：《政治关系、制度环境与民营企业银行贷款》，《管理世界》2008 年第 8 期。

赵晓庆：《我国企业技术能力提高的外部知识源研究》，《科学学研究》2004

年第 4 期。

张文彤、董伟:《SPSS 统计高级教程》，高等教育出版社 2004 年版。

张洪石、卢显文:《突破性创新和渐进性创新辨析》，《科技进步与对策》2005 年第 2 期。

陈娟、芮明杰:《模块化与知识员工激励——一个博弈分析》，《上海管理科学》2005 年第 5 期。

高勇强、陈磊:《基于制度理论视角的企业政治贿赂问题研究》，《当代经济管理》2008 年第 6 期。

潘镇:《制度质量、制度距离与双边贸易》，《中国工业经济》2006 年第 7 期。

张维迎:《产权、政府与信誉》，北京三联书店 2001 年版。

杨兴全、张照南:《制度背景、股权性质与公司持有现金价值》，《经济研究》2008 年第 12 期。

朱秀梅:《知识溢出吸收能力对高技术产业集群创新的影响研究》，吉林大学博士学位论文，2006 年。

Abdul Qadir and Rahomee Ahmed and Aljanabi Nor Azila Mohd Noor and Dileep Kumar M. The Mediating Role of Absorptive Capacity in Its Effect on Organizational Support Factors and Technological Innovation, *Information Management and Business Review*, Vol. 6, No. 1, 2014, pp. 25 – 41.

Adler J. H. *Absorptive Capacity: The Concept and Its Determinants*. Washington: Brookings Institution, 1965.

Ahlstrom D. and Bruton G. D. An Institutional Perspective on the Role of Culture in Shaping Strategic Actions by Technology Focused Entrepreneurial Firms in China, *Entrepreneurship Theory and Practice*, Vol. 26, No. 4, 2002, pp. 53 – 69.

Ahuja G. Katila R. Technological Acquisitions and the Innovation Performance of Acquiring Firms: A Longitudinal Study, *Strategic Management Journal*, Vol. 22, No. 3, 2001, pp. 197 – 220.

Ajay K. Kohli, and Bernard J. Jaworski. Market Orientation: The Construct, Research Propositions, and Managerial Implications, *Journal of Marketing*, Vol. 54, No. 2, 1990, pp. 1 – 18.

Alexander Kaufmann and Franz Tödtling. Science – industry Interaction in the

Process of Innovation: The Importance of Boundary - crossing between Systems, *Research Policy*, Vol. 30, No. 5, 2001, pp. 791 - 804.

Ali A. Pioneering Versus Incremental Innovation: Review and Research Propositions, *Journal of Product Management*, Vol. 11, No. 1, 1994, pp. 46 - 56.

Alina B. Sorescu and Rajesh K. Chandy and Jaideep C. Prabhu. Sources and Financial Consequences of Radical Innovation: Insights from Pharmaceuticals, *The Journal of Marketing*, Vol. 67, No. 4, 2003, pp. 82 - 102.

Allen T. J. *Managing the Flow of Technology*. Cambridge MA: MIT Press, 1977.

Alvaro Escribano and Andrea Fosfuri and Josep A. Tribó. Managing External Knowledge Flows: The Moderating Role of Absorptive Capacity, *Research Policy*, Vol. 38, No. 1, 2009, pp. 96 - 105.

Alvin K. Klevorick and Richard C. Levin and Richard R. Nelson and Sidney G. Winter. On the Sources and Significance of Interindustry Differences in Technological Opportunities, *Research Policy*, Vol. 24, No. 2, 1995, pp. 185 - 205.

Amabile T. M. A Model of Creativity and Innovation in Organizations. In Staw BM, Cummings LL (Eds.), *Research in Organizational Behavior*, Vol. 10, 1988, pp. 123 - 167.

Amara N. and Landry R. Sources of Information as Determinants of Novelty of Innovation in Manufacturing Firms: Evidence from the 1999 Statistics Canada Innovation Survey, *Technovation*, Vol. 25, No. 3, 2005, pp. 245 - 259.

Ana Luiza Lara de Araújo Burcharth and Christopher Lettl and John Parm Ulhøi. Extending Organizational Antecedents of Absorptive Capacity: Organizational Characteristics that Encourage Experimentation Technological, *Technological Forecasting and Social Change*, 2014.

Anderson P. Complexity Theory and Organization Science, *Organization Science*, Vol. 10, No. 3, 1999, pp. 216 - 232.

Antonio L. and Leal - Rodríguez and José L. Roldán and José A. Ariza - Montes and Antonio Leal - Millán. 2014. From Potential Absorptive Capacity to Innovation Outcomes in Project Teams: The Conditional Mediating Role of the Realized Absorptive Capacity in a Relational Learning Context, *International Journal of Project Management*, Vol. 32, No. 6, 2014, pp. 894 - 907.

Arnold D. Kaluzny and James E. Veney and John T. Gentry. Innovation of Health Services: A Comparative Study of Hospitals and Health Departments, *Health and Society*, Vol. 52, No. 1, 1974, pp. 51 - 82.

A. K. Gupta and V. Govindarajan. Knowledge Flows within the Multinational Corporation, *Strategic Management Journal*, Vol. 21, No. 4, 2000, pp. 473 - 496.

Baird Inga S. and Marjorie A. and Lyles. Robert Wharton. Attitudinal Differences between American and Chinese Managers Regarding Joint Venture Management, *Management International Journal*, No. 30, 1990, pp. 53 - 68.

Banjo Roxas and Alan Coetzer. Institutional Environment, Managerial Attitudes and Environmental Sustainability Orientation of Small Firms, *Journal of Business Ethics*, Vol. 11, No. 4, 2012, pp. 461 - 476.

Barney J. Firm Resources and Sustained Competitive Advantage, *Journal of Management*, Vol. 17, No. 1, 1991, pp. 99 - 120.

Becker W. and Peters J. University Knowledge and Innovation Activities. In: Saviotti, P., Nooteboom, B. (Eds.), Technology and Knowledge: From the Firm to Innovation Systems. *Cheltenham*, Northampton, 2000, pp. 80 - 117.

Bernard J. Jaworski and Ajay K. Kohli. Market Orientation: Antecedents and Consequences, *Journal of Marketing*, Vol. 57, No. 3, 1993, pp. 53 - 70.

Boynton A. C. and Zmud R. W. and Jacobs G. The Influence of IT Management Practice on IT Use in Large Organizations, *MIS Quarterly*, Vol. 18, No. 3, 1994, pp. 299 - 318.

Bruno Cassiman and Reinhilde Veugelers. R&D Cooperation and Spillovers: Some Empirical Evidence from Belgium, *The American Economic Review*, Vol. 92, No. 4, 2002, pp. 1169 - 1184.

Bruton G. D. and Fried V. and Manigart S. Institutional Influences on the Worldwide Expansion of Venture Capital, *Entrepreneurship Theory Practice*, Vol. 29, No. 6, 2005, pp. 737 - 760.

Bryan A. Lukas and J. Justin Tan and G. Tomas M. Hult. Strategic Fit in Transitional Economies: The Case of China's Electronics Industry, *Journal of Management*, Vol. 27, No. 4, 2001, pp. 409 - 429.

Busenitz L. W. and C. Gomez, J. W. Spencer. Country Institutional Profiles: Unlocking Entrepreneurial Phenomena, *Academy of Management Journal*, Vol. 43, No. 5, 2000, pp. 994 - 1003.

Byounggu Choi and Simon K. Poon and Joseph G. Davis. Effects of Knowledge Mnagement Strategy on Organizational Performance: A Complementarity Theory - based Approach, *Omega*, Vol. 36, No. 2, 2008, pp. 235 - 251.

Celine Abecassis - Moedas and Sihem Ben Mahmoud - Jouini. Absorptive Capacity and Source - recipient Complementarity in Designing New Products: An Empirically Derived Framework, *Journal of Product Innovation Management*, Vol. 25, No. 5, 2008, pp. 473 - 490.

Chan C. M. and Isobe T. and Makino S. Which Country Matters? Institutional Development and Foreign Affiliate Performance, *Strategic Management Journal*, No. 29, 2008, pp. 1179 - 1205.

Charlene L. and Nicholls - Nixonl and Carolyn Y. Woo. Technology Sourcing and Output of Established Firms in a Regime of Encompassing Technological Change, *Strategic Management Journal*, Vol. 24, No. 7, 2003, pp. 651 - 666.

Chesbrough, H. W. *Open Innovation: The New Imperative for Creating and Profiting from Technology*. Cambridge, MA: Harvard Business School Publishing, 2003.

Child, Y. Lu. Institutional Constraints on Economic Reform the Case of Investment Decisions in China, *Organization Science*, Vol. 7, No. 1, 1996, pp. 60 - 77.

Christensen R. Effect of Technology Integration Education on the Attitudes of Teachers and Their Students. Ph. D. Dissertation, University of North Texas, 1997.

Christine Moorman and Rebecca J. and Slotegraaf. The Contingency Value of Complementary Capabilities in Product Development, *Journal of Marketing Research*, Vol. 36, No. 2, 1999, pp. 239 - 257.

Christine S. Koberg and Dawn R. Detienne and Kurt A. Heppard. An Empirical Test of Environmental, Organizational, and Process Factors Affecting Incremental and Radical Innovation, *The Journal of High Technology Management Research*. Vol. 14, No. 2, 2003, pp. 21 - 45.

Churchill Jr G. A. A Paradigm for Developing Better Measures of Marketing Constructs, *Journal of Marketing Research*, Vol. 1, No. 16, 1979, pp. 64 - 73.

Cockburn I. and Henderson R. Absorptive Capacity, Coauthoring Behavior, and the Organization of Research in Drug Discovery, *Journal of Industrial Economics*, Vol. 46, No. 2, 1998, pp. 157 - 183.

Cohen W. M. , Levinthal D. A. Innovation and Learning: The Two Faces of R&D, *Economic Journal*, Vol. 99, No. 397, 1989, pp. 569 - 596.

Cohen W. M. and Levinthal D. Fortune Favors the Prepared Firm, *Management Science*, Vol. 40, No. 2, 1994, pp. 227 - 251.

Cohen W. M. Levinthal D. Absorptive Capacity: A New Perspective on Learning and Innovation, *Administrative Science Quarterly*, Vol. 35, No. 1, 1990, pp. 128 - 152.

Cooper R. G. The Dimensions of Industrial New Produet Suceess and Failure, *Journal of Marketing*, Vol. 43, No. 3, 1979, pp. 93 - 103.

Covin D. P. and Slevin. A Conceptual Model of Entrepreneurship as Firm Behavior, *Entrepreneurship: Theory and Practice*, Vol. 16, No. 1, 1991, pp. 7 - 24.

Damanpour F. and Evan W. M. Organizational Innovation and Performance: The Problem of Oorganizational Lag, *Administrative Science Quarterly*, Vol. 29, No. 3, 1984, pp. 392 - 409.

Daphne Yiu and Shige Makino. The Choice between Joint Venture and Wholly Owned Subsidiary: An Institutional Perspective, *Organization Science*, Vol. 13, No. 6, 2002, pp. 667 - 683.

Darroch J. and McNaughton R. Examining the Link between Knowledge Management Practices and Types of Innovation, *Journal of Intellectual Capital*, Vol. 3 No. 3, 2002, pp. 210 - 222.

David L. Deeds. The Role of R&D Intensity, Technical Development and Absorptive Capacity in Creating Entrepreneurial Wealth in High Technology Start - ups, *Journal of Engineering and Technology Management*, Vol. 18, No. 1, 2001, pp. 29 - 47.

Dernsetz. The Theory of the Firm Revisited. *Journal of Law Economics Organization*, Vol. 4, No. 1, 1988, pp. 141 - 161.

Dess G. G. and Beard D. W. Dimensions of Organizational Task Enviromnents, *Administrative Science Quarterly*, Vol. 29, No. 1, 1984, pp. 52 - 73.

Dewar R. D. and Dutton J. E. The Adoption of Radical and Incremental Innovations: An Empirical Analysis, *Management Science*, Vol. 32, No. 11,

1986, pp. 1422 - 1433.

DiMaggio P. J. Interest and Agency in Institutional Theory. In L. G. Zucker (Ed.), *Institutional Patterns and Organizations: Culture and Environment*, Cambridge MA: Ballinger, 1988.

Drucker P. *Innovation and Entrepreneurship.* New York: Harper & Row, 1985.

Duncan R. L. Characteristics of Organizational Environments and Perceived Environmental Uncertainty , *Administrative Science Quarterly*, Vol. 17, No. 2, 1972, pp. 313 - 327.

Dyer J. H. and Singh H. The Relational View: Cooperative Strategy and Sources of Interorganizational Competitive Advantage, *Academy of Management Review*, Vol. 23, No. 4, 1998, pp. 660 - 679.

D. Hickson, C. J. MacMillan. *Organization and Nation.* London: Gower Press, 1981.

D. Minbaeva and T. Pedersen and I. Björkman and C. F. Fey and H. J. Park. MNC Knowledge Transfer, Subsidiary Absorptive Capacity, and HRM, *Journal of International Business Studies*, Vol. 34, 2003, pp. 586 - 599.

Edquist C. , Johnson B. Institutions and Organisation in Systems of Innovation. In C Edquist (Ed.), *Systems of Innovations, Technologies, Institutions and Organisations.* London: Pinter Publishers, 1997.

Eisenhardt K. M. and Martin J. A. Dynamic Capabilities: What Are They? *Strategic Management Journal*, Vol. 21, No. 10, 2000, pp. 1105 - 1121.

Escribano A. and Fosfuri A. and Tribó J. A. Managing External Knowledge Flows: The Moderating Role of Absorptive Capacity, *Research Policy*, Vol. 38, No. 1, 2009, pp. 96 - 105.

Ettlie J. E. and Bridges W. P. and O' Keefe, R. D. Organization Strategy and Structural Differences for Radical versus Incremental Innovation, *Management Science*, Vol. 30, No. 6, 1984, pp. 682 - 695.

Eviden Veugelers and Reinhilde. Internal R&D Expenditures and External Technology Sourcing, *Research Policy*, Vol. 26, No. 3, 1997, pp. 3 - 15.

Fang Huang and John Rice. The Role of Absorptive Capacity in Facilitating Open Innovation Outcomes: A Study of Australian SMEs in the Manufacturing Sector, *International Journal of Innovation Management*, 2009, Vol. 13, No. 2.

Fosfuri A. J. and A. Tribo. Exploring the Antecedents of Potential Absorptive Capacity and Its Impact on Innovation Performance, *Omega*, Vol. 36, No. 2, 2006, pp. 173 - 187.

Fowler F. J. *Survey Research Methods.* Newbury Park, CA: Sage, 1988.

Franco Malerba. Learning by Firms and Incremental Technical Change, *The Economic Journal*, Vol. 102, No. 413, 1992, pp. 845 - 859.

Franco Malerba. Sectoral Systems of Innovation and Production, *Research Policy*, Vol. 31, No. 1, 2002, pp. 247 - 264.

Frank T. and Rothaermel and Maria Tereza Alexandre. Ambidexterity in Technology Sourcing: The Moderating Role of Absorptive Capacity, *Organization Science*, Vol. 20, No. 4, 2009, pp. 759 - 780.

Frans A. J. and Van den Bosch and Henk W. Volberda. Michiel de Boer. Coevolution of Firm Absorptive Capacity and Knowledge Environment: Organizational Forms and Combinative Capabilities, *Organization Science*, Vol. 10, No. 5, 1999, pp. 551 - 568.

Franz Tödtling and Patrick Lehner and Alexander Kaufmann. Do Different Types of Innovation Rely on Specific Kinds of Knowledge Interactions? *Technovation*, Vol. 29, No. 1, 2009, pp. 59 - 71.

Freeman C. *Technology Policy and Economic Performance: Lessons from Japan.* London: Frances Pinter, 1987.

Gatignon and Hubert and Jean - Marc Xuereb. Strategic Orientation of the Firm and New Product Performance, *Journal of Marketing Research*, Vol. 34, No. 1, 1997, pp. 77 - 90.

Gerard George and Shaker A. Zahra and Kathleen K. Wheatley and Raihan Khan. The Effects of Alliance Portfolio Characteristics and Absorptive Capacity on Performance , a Study of Biotechnology Firms, *Journal of High Technology Management Research*, Vol. 12, No. 2, 2001, pp. 205 - 226.

Giovanni Dosi. Sources, Procedures, and Microeconomic Effects of Innovation, *Journal of Economic Literature*, Vol. 26, No. 3, 1988, pp. 1120 - 1171.

Gittelman M. and Kogut B. Does Good Science Lead to Valuable Knowledge? Biotechnology Firms and the Evolutionary Logic of Citation Patterns, *Management Sci*, Vol. 49, No. 4, 2003, pp. 366 - 382.

Grant R. M. Toward a Knowledge - based Theory of the Firm, *Strategic Manage-*

*ment Journal*, Vol. 17, No. 2, 1996, pp. 109 – 122.

Gregory N. Stock and Noel P. Greis and William A. Fischer. Absorptive Capacity and New Product Development, *The Journal of High Technology Management Research*, Vol. 12, No. 1, 2001, pp. 77 – 91.

Hage J. *Theories of organizations.* New York: John Wilwy and Sons, 1980.

He Z. L. and Wong P. K. Exploration vs Exploitation: an Empirical Test of the Ambidexterity Hypothesis, *Organization Science*, Vol. 15, No. 4, 2004, pp. 481 – 94.

Heeley M. Appropriating Rents from External Knowledge: The Impact of Absorptive Capability on Firm Sales Growth and Research Productivity, *Frontiers of Entrepreneurship Research.* Babson Park, MA: Babson College, 1997.

Hefu Liu and Weiling Ke and Kwok Kee Wei and Zhongsheng Hua. The Impact of IT Capabilities on Firm Performance: The Mediating Roles of Absorptive Capacity and Supply Chain Agility, *Decision Support Systems*, Vol. 54, No. 3, 2013, pp. 1452 – 1462.

Henderson R. M. and Clark K. B. Architectural Innovation: The Reconfiugration of Existing Product Technologies and the Failure of Established Firms, *Administrative Science Quarterly*, Vol. 35, No. 1, 1990, pp. 9 – 30.

Henk W. Volberda and Nicolai J. Foss and Marjorie A. Lyles. Absorbing the Concept of Absorptive Capacity: How to Realize its Potential in the Organization Field. *Organization Science*, Vol. 21, No. 4, 2010, pp. 931 – 951.

Hickson D. J. and McMillan C. J. (Eds.). *Organisation and Nation: The Aston Programme.* Westmead, UK: Gower, 1981.

Hill C. W. L. and F. T. Rothaermel. The Performance of Incumbent Firms in the Face of Radical Technological Innovation, *Academy of Management Review*, Vol. 28, No. 2, 2003, pp. 257 – 274.

Hitt M. A. and Ahlstrom D. and Levitas E. and Dacin M. T. and Svobodina L. The Institutional Effects on Strategic Alliance Partner Selection in Transition Economics: China vs. Russia, *Organization Science*, Vol. 15, No. 2, 2004, pp. 173 – 185.

Howard E. Aldrich and C. Marlene Fiol. Fools Rush in? The Institutional Context of Industry Creation , *Academy of Management Review*, Vol. 19, No. 4,

1994, pp. 645 – 670.

H. Håkansson. *Industrial Technological Development.* A Network Approach, London: Croom Helm, 1987.

Ikujiro Nonaka. A Dynamic Theory of Organizational Knowledge Creation, *Organization Science*, Vol. 5, No. 1, 1994, pp. 14 – 37.

Jaider Vega – Jurado and Antonio Gutierrez – Gracia and Ignacio Fernandez – de – Lucio. Does External Knowledge Sourcing Matter for Innovation? Evidence from the Spanish Manufacturing Industry, *Industrial and Corporate Change*, Vol. 18, No. 4, 2009, pp. 637 – 670.

Jaider Vega – Jurado and Antonio Gutiérrez – Gracia and Ignacio Fernάndez – de – Lucio. Analyzing the Determinants of Firm's Absorptive Capacity: Beyond R&D, *R&D Management*, Vol. 38, No. 4, 2008, pp. 392 – 405.

Jenny Darroch and Rod McNaughton. Examining the Link between Knowledge Management Practices and Types of Innovation, *Journal of Intellectual Capital*, Vol. 3, No. 3, 2002, pp. 210 – 222.

John R. Kimberly and Michael J. Evanisko. Organizational Innovation: The Influence of Individual, Organizational, and Contextual Factors on Hospital Adoption of Technological and Administrative Innovations, *Academy of Management Journal*, Vol. 24 , No. 4, 1981, pp. 689 – 713.

Justin J. P. Jansen and Frans A. J. Van Den Bosch and Henk W. Volberda. Managing Potential and Realized Absorptive Capacity: Antecedents and Consequences. Paper to be Presented at the DRUID Summer Conference 2003 on Creating, Sharing and Transfering Knowledge. The Role of Geography, *Institutions and Organizations*, Vol. 48, No. 6, 2003, pp. 12 – 14.

Justin J. P. Jansen, Frans A. J. Van Den Bosch, Henk W. Volberda. Managing Potential and Realized Absorptive Capacity: How do Organizational Antecedents Matter? *Academy of Management Journal*, Vol. 48, No. 6, 2005, pp. 999 – 1016.

Justin Tan and David Tan. Environment-strategy Co-evolution and Co-alignment: a Staged Model of Chinese SOEs under Transition, *Strategic Management Journal*, Vol. 26, No. 2, 2005, pp. 141 – 157.

Jürgen Peters and Wolfgang Becker. Technological Opportunities, Academic Research, and Innovation Activities in the German Automobile Supply Industry, Working Paper Series of the Department of Economics No. 175. University of Augsburg. Augsburg, 1998.

J. S. Armstrong and T. S. Overton. Estimating Nonresponse Bias in Mail Surveys, *Journal of Marketing Research*, Vol. 14, No. 3, 1977, pp. 396 – 402.

J. Tilton. *International Diffusion of Technology: The Case of Semiconductors*. Washington DC: Brookings Institution, 1971.

Kaluzny A. D. and Veney J. E. and Gentry J. T. Innovation of Health Services: A Comparative Study of Hospitals and Health Departments, *Health and Society*, Vol. 52, No. 1, 1974, pp. 51 – 82.

Kao J. The Worldwide Web of Chinese Business, *Harvard Business Review*, Vol. 3, 1993, pp. 24 – 36.

Kevin Zheng Zhou and Fangwu Wu. Technoligical Capability, Strategic Flexibility, and Product Innovation, *Strategic Management Journal*, Vol. 31, No. 5, 2010, pp. 547 – 561.

Kim L. The Dynamics of Samsung's Technological Learning in Semiconductors, *California Management Review*, Vol. 39, No. 3, 1997, pp. 86 – 100.

Kira R. Fabrizio. Absorptive Capacity and the Search for Innovation, *Research Policy*, Vol. 38, No. 2, 2009, pp. 255 – 267.

Klaus E. and Meyer. Saul Estrin and Sumon Kumar Bhaumik and Mike W. Peng. Institutions, Resources, and Entry Strategies in Emerging Economies , *Strategic Management Journal*, Vol. 30, No. 1, 2009, pp. 61 – 80.

Knight K. E. A descriptive Mmodel of the Intra – firm Innovation Process, *Journal of Business*, Vol. 40, No. 4, 1967, pp. 478 – 496.

Lane P. and Koka B. and Pathak S. The Reification of Absorptive Capacity: A Critical Review and Rejuvenation of the Construct, *Academy of Management Review*, Vol. 31, No. 4, 2006, pp. 833 – 863.

Lane P. J. and Lubatkin M. Relative Absorptive Capacity and Interorganizational Learning, *Strategic Management Journal*, Vol. 19, No. 2, 1998, pp. 461 – 477.

Lau C. and Ngo H. Organization Development and Firm Performance: A Comparison of Multinational and Local Firms, *Journal of International Business Stud-*

*ies*, Vol. 32, No. 1, 2001, pp. 95 – 114.

Laursen K. A. and J. Salter. Open for Innovation: the Role of Openness in Explaining Innovation Performance among UK Manufacturing Firms, *Strategic Management Journal*, Vol. 27, No. 2, 2006, pp. 131 – 150.

Leifer R and McDermott C. and O'Conner G. and Peters L. and Rice M. and Veryzer, R. Radical Innovation. Boston MA: Harvard Business School Press, 2000.

Leifer R. and McDermott, C. M. and O' Connor, G. C. and Peters, L. S. and Rice, M. P. and Veryzer, R. W. *Radical Innovation: How Mature Companies Can Outsmart Upstarts.* Boston, MA: Harvard Business School Press, 2000.

Liao J. , H. Welsch, and M. Stoica. Organizational Absorptive Capacity and Responsiveness: an Empirical Investigation of Growth – oriented SMEs, *Entrepreneurship Theory and Practice*, Vol. 28, No. 1, 2003, pp. 63 – 85.

Liu X. and White R. S. The Relative Contributions of Foreign Technology and Domestic Inputs to Innovation in Chinese Manufacturing Industries, *Technovation*, Vol. 17, No. 3, 1997, pp. 119 – 125.

Luca Berchicci and Jeroen P. J. and de Jong Mark Freel Remote. Collaboration, Absorptive Capacity, and the Innovative Output of High – Tech Small Firms Paper Presented at the DRUID Society Conference Copenhagen, June DRUID. Working Paper No. 13, 2012, p. 1.

Luciana Andrawina, Rajesri Govindaraju, TMA. Ari Samadhi, Iman Sudirman. Absorptive Capacity Moderates the Relationship between Knowledge Sharing Capability and Innovation Capability. *IEEE.* No. 3, 2008, pp. 944 – 948.

Madel Carmen Haro – Domínguez and Daniel Arias – Aranda and Francisco Javier Lloréns – Montes and Antonia Ruíz Moreno. The Impact of Absorptive Capacity on Technological Acquisitions Engineering Consulting Companies, *Technovation*, Vol. 27, No. 8, 2007, pp. 417 – 425.

Malerba F. and Orsenigo L. Technological Regimes and Sectoral Patterns of Innovative Activities, *Industrial and Corporate Change*, Vol. 6, No. 1, 1997, pp. 83 – 117.

Mansfield, E. *Industrial Research and Technological Innovation.* New York: Norton, 1968.

March J. G. and H. A. Simon. *Organizations.* New York: Wiley, 1993.

March, J. G. Exploration and Exploitation in Organizational Learning, *Organization Science*, No. 2, 1991, pp. 71 -87.

Mariano Nieto and Pilar Quevedo. Absorptive Capacity, Technological Opportunity, Knowledge Spillovers, and Innovative Effort, *Technovation*, Vol. 25, No. 10, 2005, pp. 1141 -1157.

Mark Ebers and Indre Maurerb. Connections Count: How Relational Embeddedness and Relational Empowerment Foster Absorptive Capacity, *Research Policy*, Vol. 43, No. 2, 2014, pp. 318 -332.

Mary M. Crossan and Henry W. Lane and Roderick E. White. An Organizational Learning Framework: From Intuition to Institution. *Academy of Management Review*, Vol. 24, No. 3, 1999, pp. 522 -537.

María J. Oltra and Marisa Flor. The Impact of Technological Opportunities and Innovative Capabilities on Firms'Output, *Innovation Creativity and Innovation Management*, Vol. 2, No. 3, 2003, pp. 137 -144.

Matusik, S. F. and Heeley, M. B. Absorptive Capacity in the Software Industry: Identifying Dimensions that Affect Knowledge and Knowledge Creation Activities, *Journal of Management*, Vol. 31, No. 4, 2005, pp. 549 -572.

McEvily, B. and Marcus, A. Embedded Ties and the Acquisition of Competitive Capabilities, *Strategic Management Journal*, Vol. 26, No. 11, 2005, pp. 1033 -1055.

McMillan, J. Market institutions. In L. Blume and S. Durlauf (Eds.), The New Palgrave Dictionary of Economics (2nd ed.). Michael L. Tushman and Philip Anderson. Technological Discontinuities and Organizational Environments, *Administrative Science Quarterly*, Vol. 31, No. 3, 1986, pp. 439 -465.

Miika Varis and Hannu Littunen. Types of Innovation, Sources of Information and Performance in Entrepreneurial SMEs, *European Journal of Innovation Management*, Vol. 13, No. 2, 2010, pp. 128 -154.

Mike W. Peng and Yadong Luo. Managrial Ties and Firm Performance in a Trasition Economy: The Nature of a Micro - macro Link, *Academy of Management Review*, Vol. 43, No. 3, 2000, pp. 486 -501.

Mike W. Peng. Towards an Institution - based View of Business Strategy, *Asia Pacific Journal of Management*, Vol. 19, No. 2, 2002, pp. 251 -267.

Mitchell and W. K. Singh. Death of the Lethargic: Effects of Expansion into New Technical Subfields on Performance in a Firm's Base Business, *Organization Science*, Vol. 4, No. 2, 1993, pp. 152 - 180.

Mohan Subramaniam and Mark A. Youndt. The Influence of Intellectual Capital on the Types of Innovative Capabilities, *Academy of Management Review*, Vol. 48, No. 3, 2005, pp. 450 -463.

Moses Acquaah. Managerial Social Capital, Strategic Orientation, and Organizational Performance in an Emerging Economy, *Strategic Management Journal*, Vol. 28, No. 12, 2007, pp. 1235 - 1255.

Mowery D. C. and Oxley J. E. Inward Technology Transfer and Competitiveness: The Role of National Innovation Systems, *Cambridge Journal of Economics*, Vol. 19, No. 1, 1995, pp. 67 -93.

M. Farashahi and T. Hafsi. Strategy of Firms in Unstable Institutional Environments, *Asia Pacific Journal of Management*, Vol. 26, No. 4, 2009, pp. 643 -666.

M. W. Peng. *Business Strategies in Transition Economic*. Thousand Oaks, CA: Sage Publishing, 2000.

Nabil Amara, Re Jean Landry. Sources of Information as dDeterminants of Novelty of Innovation in Manufacturing Firms: Evidence from the 1999 Statistics Canada Innovation Survey, *Technovation*, Vol. 25, No. 3, 2005, pp. 245 -259.

Nicholls Nixon, C. Absorptive Capacity and Technological Sourcing: Implications for the Responsiveness of Established Firms. Ph. D. dissertation, Purdue University, 1993.

Nicholls-Niαon C. L. , Woo C. Y. Technology Sourcing and Output of Established Firm in a Kegine of Enconpassing Technological Changc. Stretogit managemeoot Jounnal, Vol. 24, No. 7, 2003, pp. 651 -666.

Nika Murovec, Igor Prodan. Absorptive Capacity, Its Determinants, and Influence on Innovationoutput: Cross - cultural Validation of the Structural Model, *Technovation*, Vol. 29, No. 12, 2009, pp. 859 -872.

Normann R. Organizational Innovativeness: Product Variation and Reorientation, *Administrative Science Quarterly*, Vol. 16, No. 2, 1971, pp. 203 -215.

North D. C. *Institutions, Institutional Change and Economic Performance*. Cambridge: Cambridge University Press, 1990.

Nunnally, Jum C. (second edition). *Psychometric Theory.* New York: McGraw - Hill, 1978.

OECD, Oslo Manual: Guidelines for Collecting and Interpreting Innovation Data. Organisation for Economic Cooperation and Development, Paris, 2005、

Om Narasimhan and Surendra Rajiv and Shantanu Dutta. Absorptive Capacity in High - technology Markets: The Competitive Advantage of the Haves, *Marketing Science*, Vol. 25, No. 5, 2006, pp. 510 - 524.

Paavo Ritala and Pia Hurmelinna - Laukkanen. Incremental and Radical Innovation in Coopetition - The Role of Absorptive Capacity and Appropriability, *Journalef Product Innovation Managemat*, Vol. 30, No. 1, 2013, pp. 154 - 169.

Pat H. Dickson and K. Mark Weaver. The Role of the Institutional Environment in Determining Firm Orientations Towards Entrepreneurial Behavior, *International Entrepreneurship and Management Journal*, Vol. 4, No. 4, 2008, pp. 467 - 483.

Pattnaik C. Do Institutional Quality and Institutional Distance Impact Subsidiary Performance? *Academy of Management Meeting*, Philadelphia, United States, Vol. 1 - 6, 2007.

Paul Milgrom and John Roberts. Complementarities and Fit Strategy, Structure, and Organizational Change in Manufacturing, *Journal of Accounting and Economics*, Vol. 19, No. 2, 1995, pp. 179 - 208.

Pavitt, K. What We Know about the Strategic Management of Technology, *California Management Review*, Vol. 32, No. 2, 1990, pp. 17 - 26.

Peng M. W. and Heath P. S. The Growth of the Firm in Planned Economics in Transition: Institutions, Organizations, and Strategic Choice, *Academy of Management Review*, Vol. 21, No. 2, 1996, pp. 492 - 528.

Peng M. W. Firm Growth in Transitional Economies: Three Longitudinal Cases from China, 1989 - 96, *Organization Studies*, Vol. 18, No. 3, 1997, pp. 385 - 413.

Peng M. W. and Shujun Zhang and Xinchun Li. CEO Duality and Firm Performance during China's Institutional Transitions, *Management and Organization Review*, Vol. 3, No. 2, 2007, pp. 205 - 225.

Peng M. W. *Business Strategies in Transition Economics*. Thousand Oaks, CA: Sage Publications, 2000.

Peng M. W. Institutional Transitions and Strategic Choices, *Academy of Management Review* , Vol. 28, No. 2, 2003, pp. 275 – 296.

Peng M. W. Learning to Compete in a Transition Economy: Experience, Environment, and Performance, *Journal of International Business Studies*, Vol. 30, No. 2, 1999, pp. 269 – 295.

Peter J. Lane and Bmanyalaji R. and Koka, Seemantini Pathak. The Reification of Absorptive Capacity: A Critical Review and Rejuvenation of Construct, *The Academy of Management Review* , Vol. 31, No. 4, 2006, pp. 833 – 863.

Peter J. Lane and Jane E. Salk and Marjorie A. Lyles. Absorptive Capacity, Learning, and Performance in International Joint Ventures, *Strategic Management Journal*, Vol. 22, No. 12, 2001, pp. 1139 – 1161.

Podsakoff, P. and M. Organ, D. W. Self – reports in Organizational Research: Problems and Prospects, *Journal of Management*, Vol. 12, No. 4, 1986, pp. 531 – 544.

Porter, M. E. *Competitive Strategies: Techniques for Analyzing Industries and Competition* . New York, The Free Press: 1980.

Prahalad. C. K. and G Hamel. The Core Competence of the Corporation, *Harvard Business Review*, No, 12, 1990, pp. 79 – 91.

Richard L. Daft. A Dual-core Model of Organizational Innovation, *Academy of Management Journal*, Vol. 21, No. 2, 1978, pp. 193 – 210.

Richard Reed and Robert J. and DeFillippi. Causal Ambiguity, Barriers to Imitation, and Sustainable Competitive Advantage, *The Academy of Management Review*, Vol. 15, No. 1, 1990, pp. 88 – 102.

Richard R. Nelson. The Co-evolution of Technology, Industrial Structure, and Supporting Institutions. *Industrial and Corporate* Change, Vol. 3, No. 1, 1994, pp. 47 – 63.

Richard Whittington and Andrew Pettigrew and Simon Peck and Evelyn Fenton and Martin Conyon. Change and Complementarities in the New Competitive Landscape: A European Panel Study, 1992 – 1996, *Organization Science*, Vol. 10, No. 5, 1999, pp. 583 – 600.

Riitta Katila and Gautam Ahuja. Something Old, Something New: A Longitudinal Study of Search Behavior and New Product Introduction, *The Academy of Management Review*, Vol. 45, No. 6, 2002, pp. 1183 – 1194.

Rita Gunther McGrath and Ian C. Macmillan and S. Venkataraman. Defining and Developing Competence: A Strategic Process Paradigm, *Strategic Management Journal*, Vol. 6, No. 4, 1995, pp. 251 – 275.

Robert M. Grant. Prospering in Dynamically Competitive Environments: Organizational Capability as Knowledge Integration, *Organization Science*, Vol. 7, No. 4, 1996, pp. 375 – 387.

Sakhdari K. and Burgers H. and Davidsson P. Capable But not Able: The Effect of Institutional Context and Search Breadth on the Absorptive Capacity – Corporate Entrepreneurship Relationship. In Davidsson, Per (Ed.) Australian Centre for Entrepreneurship Research Exchange Conference 2014 Proceedings, Queensland University of Technology, Sydney, NSW, pp. 954 – 974.

Salvatore Sciascia and Laura D' Oria and Massimiliano Bruni and Búrbara Larrañeta. Entrepreneurial Orientation in low – and medium – tech industries: The need for Absorptive Capacity to Increase Performance, *European Management Journal*, Vol. 32, No. 5, 2014, pp. 761 – 769.

Schmupeter J. A. *The Theory of Economic Development*. Translated by R. Opie. Cambridge: Harvard University Press, 1912.

Scott W. R. *Institutions and Organizations* (*Foundations for Organizational Science*). Thousand Oaks CA: Sage Publications, 1995.

Shaker A. and Zahra, Harry J. Sapienza, Per Davidsson. Entrepreneurship and Dynamic Capabilities: A Review, Model and Research Agenda, *Journal of Management Studies*, Vol. 43, No. 4, 2006, pp. 917 – 955.

Shaker A. and Zahra, James C. Hayton. The Effect of International Venturing on Firm Performance: The Moderating Influence of Absorptive Capacity, *Journal of Business Venturing*, Vol. 23, No. 2, 2008, pp. 195 – 220.

Shanxing Gao and Kai Xu and Jianjun Yang. Managerial Ties, Absorptive Capacity, and Innovation, *Asia Pacific Journal Management*, Vol. 22, No. 3, 2008, pp. 395 – 412.

Shona L. Brown and Kathleen M. Eisenhardt. Product Development: Past Research

Findings, and Future Directions, *Academy of Management Review*, Vol. 20, No. 2, 1995, pp. 343 – 378.

Song M. and Droge. C. and Hanvanich S. , Calantone R. Marketing and Technology Resource Complementarity: An Analysis of Their Interaction Effect in Two Environmental Contexts, *Strategic Management Journal*, Vol. 25, No. 3, 2005, pp. 259 – 276.

Spender J. C. *Industry Recipes the Nature and Sources of Managerial Judgement.* Oxford: Basil Blackwell, 1989.

Stanley F. and Slater and John C. Narver. Does Competitive Environment Moderate the Market Orientation-performance Relationship? *Journal of Marketing.* Vol. 58, No. 1, 1994, pp. 46 – 55.

Stanley F. Slater and John C. Narver. Market Orientation and the Learning Organization, *Journal of Marketing*, Vol. 59, No. 3, 1995, pp. 63 – 74.

Steensma H. K. , Marino L. , Weaver K. M. , Dickson P. H. The Influence of National Culture on The Formation of Technology Alliances by Entrepreneurial Firms, *Academy of Management Journal*, Vol. 43, No. 5, 2000, pp. 951 – 973 .

Stokes D. E. *Pasteur's Quadrant: Basic Science and Technological Innovation.* Washington DC: The Brooking Institution, 1997.

Sujinda Popaitoon and Sununta Siengthai. The Moderating Effect of Human Resource Management Practices on the Relationship between Knowledge Absorptive Capacity and Project Performance in Project – oriented Companies, *International Journal of Project Management*, Vol. 32, No. 6, 2014, pp. 21 – 38.

Szulanski G. Exploring Internal Stickiness: Impediments to the Transfer of Best Practice Within the Firm, *Strategic Management Journal*, No. 17, 1996, pp. 27 – 43.

Tali Sivan and Avi Fiegenbaum and Miriam Erez and Uzi De – Haan. The Fundamental Role of Absorptive Capacity in the Opportunity Exploitation Stage, It's Antecedence and the Effect on New Ventures Performance, *Frontiers of Entrepreneurship Research*, Vol. 10, No. 30, 2010, pp. 1 – 16.

Tanriverdi H. , Venkatraman, N. Knowledge Relatedness and the Performance of Multibusiness Firms, *Strategic Management Journal*, Vol. 26, No. 2,

2005, pp. 97 – 119.

Teece D. J. Explicating Dynamic Capabilities: The Nature and Microfoundations of Sustainable Enterprise Performance, *Strategic Management Journal*, Vol. 28, No. 13, 2007, pp. 1319 – 1350.

Tessa C. Flatten. Andreas Engelen. Shaker A. Zahra. Malte Brettel. A Measure of Absorptive Capacity: Scale Development and Validation, *European Management Journal*, Vol. 29, No. 2, 2011, pp. 98 – 116.

Tobias Schmidt. Absorptive Capacity – One Size Fits All? A firm – level Analysis of Absorptive Capacity for Different Kinds of Knowledge, *Managerial and Decision Economics*, Vol. 31, No. 1, 2010, pp. 1 – 18.

Torsten J. Gerpott, Nejc M. Jakopin. The Degree of Internationalization and the Financial Performance of European Mobile Network Operators, *Telecommunications Policy*, Vol. 29, No. 8, 2005, pp. 635 – 661.

Tortoriello Marco. The Social Underpinnings of Absorptive Capacity: External Knowledge, Social Networks, and Individual Innovativeness, ACAD MANAGE PROC, G1 – G6, 2006.

Tushman M. L. , O' Reillv. Evolution and Revolution: Mastering the Dynmaies of Innovation and Change, *California Management R*eview, Vol. 38, No. 4. 1996, pp. 8 – 30.

Ulrich Lichtenthaler. Absorptive Capacity, Environmental Turbulence, and the Complementarity of Organizational Learning Processes, *Academy of Management*, Vol. 52, No. 4, 2009, pp. 822 – 846.

Van Wijk R. , Van den Bosch F. , Volberda H. The Impact of Knowledge Depth and Breadth of Absorbed Knowledge on Levels of Exploration and Exploitation. Paper Presented at the Annual Meeting of the Academy of Management, Washington DC, 2001.

Vangelis S. External Communication Determinants of Innovation in the Context of a Newly Industrialised Country: A Comparison of Objective and Perceptual Results from Greece, *Technovation*, Vol. 21, No. 1, 2001, pp. 25 – 34.

Venkatraman N. The Concept of Fit in Strategy Research: Toward Verbal and Statistical Correspondence, *Academy of Management Review*, Vol. 14, No. 3, 1989, pp. 423 – 444.

Veugelers and Reinhilde, Internal R&D Expenditures and External Technology Sourcing, *Research Policy*, Vol. 26, No. 3, 1997, pp. 303 – 315.

Victor J. and Garcia – Morales and Antonia Ruiz – moreno and Francisco Javier and Llorens – montes. Effects of Technology Absorptive Capacity and Technology Proactivity on Organizational Learning, Innovation and Performance: An Empirical Examination, *Technology Analysis & Strategic Management*, Vol. 19, No. 4, 2007, pp. 527 – 558.

Victor Nee. Organizational Dynamics of Market Transition: Hybrid Forms, Property Rights, and Mixed Economy in China, *Administrative Science Quarterly*, Vol. 37, No. 1, 1992, pp. 1 – 27.

Volker Mahnke and Torber Pedersen and Markus Venzin. The Impact of Knowledge Management on MNC Subsidiary Performance: The Role of Absorptive Capacity, *Management International Review*, Vol. 45, No. 2, 2005, pp. 101 – 119.

Von Hippel E. *The Sources of Innovation.* Oxford University Press, New York, 1988.

V. Souitaris. External Communication Determinants of Innovation in the Context of a Newly Industrialised Country: A Comparison of Objective and Perceptual Results from Greece. *Technovation*, Vol. 21, No. 1, 2001, pp. 25 – 34.

Wenpin Tsai. Knowledge Transfer in Intraorganizational Networks: Effects of Eetwork Position and Absorptive Capacity on Business Unit Innovation and Performance, *The Academy of Management Journal*, Vol. 44, No. 5, 2001, pp. 996 – 1004.

Whittington, R. and Pettigrew, A. and Peck, S. and Fenton, E. and Conyon, M. Change and Complementarities in the New Competitive Landscape: A European Panel Study, 1992 – 1996, *Organization Science*, Vol. 10, No. 5, 1999, pp. 583 – 600.

William E. and Baker James M. and Sinkula. The Synergistic Effect of Market Orientation and Learning Orientation on Organizational Performance, *Science October*, Vol. 27, No. 4, 1999, pp. 411 – 427.

Xia T. and Roper S. From Capability to Connectivity – Absorptive Capacity and Exploratory Alliances in Biopharmaceutical Firms: A US – Europe Comparison, *Technovation*, No. 28, 2008, pp. 776 – 785.

Yaqun Yi and Yi Liu and Hong He and Yuan Li. Environment, Governance, Controls, and Radical Innovation during Institutional Transitions , *Asia Pacific Journal of Management* , Vol. 29, No. 3, 2012, pp. 689 – 708.

Yi Li and Yadong Luo and Ting Liu. Governing Buyer-supplier Relationships through Transactional and Relational Mechanisms: Evidence from China, *Journal of Operations Management*, Vol. 27, No. 1, 2009, pp. 294 – 309.

Yong Suhk Pak and Young – Ryeol Park. A Framework of Knowledge Transfer in Cross – border Joint Ventures: An Empirical Test of the Korean Context, *Management International Review*, No. 4, 2004, pp. 417 – 434.

Young Wook Seo, Seong Wook Chae, Kun Chang Lee. The Impact of Absorptive Capacity, Exploration, and Exploitation on Individual Creativity: Moderating Effect of Subjective Well – being, *Computers in Human Behavior*, 2014.

Yuan Li and Yong Feng Sun and Yi Liu. An Empirical Study of Soe's Market Orientation in Transitional China, *Asia Pacific Journal of Management*, Vol. 23, No. 20, 2006, pp. 93 – 113.

Yung – Ching Ho and Hui – Chen Fang and Jing – Fu Lin. Technological and Design Capabilities: Is Ambidexterity Possible? *Management Decision*, Vol. 29, No. 2, 2011, pp. 208 – 225.

Zahra S. A. and Ceorge G. Absorptive Capacity: A Review Reconceptualization and Extension, Academy of Management. Review, Vol. 27, No. 2, 2002, pp. 185 – 203.

Zhou K. Z. and Yim C. K. and Tse, D. K. The Effects of Strategic Orientations on Technology – and Market – based Breakthrough Innovations, Journal of Marketing, Vol. 69, No. 2, 2005, pp. 42 – 60.

# 索　引

## Z

# 后　记

本书完成之际，内心感慨良多，心中既充满了对所付出的辛劳的感慨，更充满了对所有给予我无私帮助的人的感激。

首先要感谢的是我的导师沈志渔老师，老师的精心培养与悉心指导使我在学术能力以及为人处世方面都有很大的提升。老师不仅仅在学术上给予了我莫大的帮助，他敏锐的洞察力以及严谨负责的治学风范更是深深地感染着我。老师正直的为人和真诚的处世风格也开启了我的心智，影响了我的观念。

我要感谢可爱的同事们，他们给予我的，不管是学术上的帮助还是心灵上的关怀，都促成了我温馨而美好的学术生活。

我要感谢我的博士导师邹国庆老师。邹老师的辛勤培育与支持鼓励为我管理学理论知识的积累和研究能力的培养指明了方向。邹老师的研究理论为我博士论文的撰写奠定了坚实的基础。

我要感谢我的家人，父母亲的辛苦养育和无私关怀使我在任何时候，不管遇到什么困难，都能感受到家的温暖。感谢我的爱人在我的研究、写作过程中给予我的支持，他在物质上给予我极大的支持，更在精神上给予我莫大的抚慰和鼓励。

本书的顺利完成和出版得到了中国社会科学院、经济管理出版社的领导和编辑的大力支持，在此一并表示深深的谢意！

要感谢的人真是太多了，正是这些人的帮助和关心使我的内心更加坚定，使我的人生更加精彩。

孙婧

2014 年 5 月 30 日